제2판

유아사회교육

문혁준 · 이희경 · 권희경 · 김정희 · 김혜연 · 이성복 · 강인숙

창지사

머리말

현대사회의 물질만능주의의 팽배, 도덕성 상실, 가치관의 혼란으로 야기되는 아동, 청소년의 일탈 행위는 심각한 사회 문제로 인식되고 있다. 이러한 문제를 근본적으로 해결해 나가기 위해서는 어린 시기부터 이루어지는 유아사회교육에 대한 각별한 관심이 요구된다.

인간은 다양한 사회적 관계 속에서 이루어지는 상호작용을 통하여 그 사회에 적응하고 그가 속한 사회의 구성원이 되어 간다. 즉, 모든 유아는 끊임없이 변화해 가는 그 사회의 여러 관습과 행위, 가치를 자연스럽게 습득함으로써 성인으로 성장해 나아가는 것이다.

유아기 교육의 중요한 과업 중의 하나는 유아가 자신이 속한 사회의 한 구성원으로서 행복한 삶을 누릴 수 있도록 기초적인 성장을 돕는 일인 것이다. 이를 위해 누리과정에서의 사회관계 영역의 목표는 유아가 자신을 알고 소중하게 여기며 가족, 또래와 함께 원만하게 지내는 방법뿐만 아니라 공동체에서 함께 살아가는 방법을 익히고 사회에 관심을 가지며 적응해 나갈 수 있는 기초능력과 인성을 기르기 위함으로 제시하고 있다.

본서는 대학에서 유아교육학, 아동학, 보육학, 아동복지학 등 영유아를 공부하는 학생들에게 전공서로 사용될 뿐만 아니라 현장에서 영유아를 지도하고 있는 교직원이 사회교육과 관련된 주제를 다룰 때 유용한 지침서로 사용할 수 있도록 내용을 계획하였다.

유아사회교육은 방대한 내용이지만 본서는 한 학기 강의계획에 맞춰 목차를 구성하였으며, 강의 및 연구 경력뿐만 아니라 실제적 현장 경험을 두루 갖춘 저자들에 의해 공동 집필되었다.

본서의 초판을 내고 수년이 흐른 지금, 개정 누리과정의 적용을 비롯하여 유아교육기관이 다양하게 변화되어 왔기에 제2판을 발행하게 되었다. 이후로도 계속 부족한 부분을 보완해 나갈 것을 약속드리며, 많은 격려와 충고를 부탁드린다.

마지막으로 변화된 여건 속에서도 기꺼이 출판을 맡아 수고해 주시는 창지사의 노고에 진심으로 감사드린다.

2020년 2월

저자 일동

목 차

CHAPTER 05 애 착 _ 103

CHAPTER 06 자아개념 _ 121

CHAPTER 01

Social Studies for Young Children

유아사회교육의 이해

Social Studies for Young Children ▸ ▸ ▸

1. 유아사회교육이란?

1) 유아사회교육의 의미

인간은 이미 형성되어 있는 사회에 태어나며 자신의 주변 사람들과 관계를 맺으며 살아간다.

현대사회는 다양성과 독자성이 공존하는 지구촌 사회이면서 개개인의 존엄과 국가의 발전을 추구하는 사회이다. 유아는 이러한 사회에서 어려서부터 부모 및 여러 사람과의 사회적 경험을 넓혀가며 점차 사회적 기술과 태도를 발달시키며 성장한다. 유아기의 중요성이나 사회적 경험을 강조하는 측면에서 볼 때 유아사회교육은 급변하는 현대사회에서 무엇보다 강조되는 교육의 영역이다. 유아교육의 목적이 유아의 심신의 건강과 조화로운 발달을 도와 민주시민의 기초를 형성하는 것(교육과학기술부, 2013)이라는 점에서 유아사회교육은 유아교육과정에서 중요하게 다루어지는 분야라 할 수 있다.

유아사회교육이란 무엇을 의미하는지 여러 학자의 견해를 모아 보면 다음과 같다. 유아사회교육은 유아에게 사회적 행동기술과 사회과학적 지식을 알려 줌으로써 사회적 발달을 촉진하는 과정이며(최혜순, 1992), 유아가 사회에서 여러 관계를 잘 유지하며 사회생활에 요구되는 인간다운 능력을 길러 현명하게 살아갈 수 있도록 지원하는 교육이다(이은화·김영옥, 2008).

또한 유아사회교육은 유아의 사회성 발달뿐만 아니라 역사, 지리, 경제, 다문화교육 등을 포함하는 사회생활 및 사회과학 지식을 통합하여 유아의 건전한 태도와 가치관을 형성하도록 하는 교육이다(Melendez, Beck, & Fletcher, 2000; Seefeldt, 2005). 다시 말해 교육의 입장에서 유아사회교육은 유아에게 사회과학 지식을 가르치고 사회적인 경험과 관계 및 태도를 길러 주는 활동이다. 또한 유아가 사회적 관계 속에서 사회생활과 의사결정에 잘 참여할 수 있는 민주시민으로 성장하도록 이루어지는 교육이다(Michaelis, 1980). 여러 견해에서 알 수 있듯이 유아사회교육은 유아의 사회성 및 사회적 발달이 잘 형성되도록 도와주며, 더불어 유아가 살아가는 과정에서 필요한 여러 가지 사회과학 지식을 알아 바람직한 사회적 태도와 가치관을 확립하는 방향으로 이루어져야 한다. 현대사회의 요구와 다양한 사회적 변화에 비추어, 오늘날 유아를 어리다는 이유로 사회교육 시기를 무조건 늦추거나 사회화가 저절로 이루어질 것이라는 기대로 사회교육의 중요한 시기를 놓쳐서는 안 될 것이다. 무엇보다 유아기에 사회교육의 기초가 바르게 확립되어야 하며 유아기에 이루어져야 할 사회교육에 대한 이해가 앞서야 할 것이다.

사회교육에 대한 여러 가지 주장을 종합해 볼 때 유아교육기관에서 이루어지는 유아사회교육이란 유아의 바람직한 사회성 및 사회적 발달을 지원하며 더불어 살아가는 데 필요한 사회적 지식, 기술 및 가치와 태도를 길러 주어 민주시민의 자질을 육성하는 교육의 영역이라 할 수 있다.

2) 유아사회교육의 성격

유아사회교육은 교육 대상이 유아라는 점에서 특징적인 성격을 보인다. 사회교육은 초등학교 이상의 학교에서 이루어지는 사회과 교육이나, 학교 밖의 사회에서 이루어지는 평생교육의 연장으로 이해되기 쉬운데, 여기서 의미하는 유아사회교육은 유아교육기관에서 교육과정 및 교육프로그램의 형태로 이루어지는 사회교육에 관한 것이다. 그러한 의미에서 유아사회교육은 다음과 같은 성격을 갖는다.

첫째, 유아사회교육은 유아교육이 추구하는 교육목표를 달성하는 데 무엇보다도 강조되는 교육 영역이다. 유아교육의 목표가 바람직한 민주시민을 양성하는 것이라 할 때 유아가 살아가는 세계의 시민적 자질을 길러 주기 위해서 사회교육이 강조된다. 즉, 유아사회교육은 유아들이 살아가면서 필요한 사회적 지식, 기술, 태도 그리고 가치를 얻을 수 있도록 돕기에 적합한 교육 영역이다.

둘째, 유아사회교육은 유아교육에서 교육과정의 한 영역으로 구분되는 성격을 갖는다. 우리나라 유치원 교육과정은 1969년에 처음 제정되어 지금의 누리과정에 이르고 있는 동안, 시대적인 변천에도 불구하고 지속적으로 사회교육 관련 영역이 포함되어 있다. 즉, 교육과정이 제정되면서 사용된 사회교육 관련 명칭이 1차 교육과정(1969년)에서는 '사회', 2차 교육과정(1979년)에서는 유아의 사회와 정서 발달을 아우르는 '사회·정서 발달', 3차(1981년) 및 4차(1987년)에서는 '사회성 발달', 그리고 제5차 교육과정(1992년)부터 '사회생활'로 명명되다가 현재 0~2세를 포함한 표준보육과정 및 누리과정에서는 '사회관계'로 구분되어 있다.

셋째, 유아사회교육은 유아교육의 여러 교과 중의 한 교과로 구분되지만 유아교육이 통합 교육의 성격을 가지는 것처럼 모든 영역에 통합되는 성격을 가진다. 즉, 언어, 수학, 과학, 음악, 미술 등은 모두 독립된 교과이지만 특히 사회교육 영역은 다른 교과에 통합되는 성격이 강하다. 예를 들어, 유치원 교실에 언어 영역, 수학 영역, 과학 영역, 음악 영역 등의 자유선택활동 영역이 있으나, 사회 영역은 별도 영역으로 구분되어 있지 않으며 모든 영역에 통합된 교육이 이루어지는 성격을 엿볼 수 있다. 많은 교육학자들이 사회교육과정을 모든 다른 영역을 통합시키는 중심교과로 보았다(이기숙, 2009; 최정혜, 2014; Hinitz, Krogh, 1995). 예를 들면, 유아들은 쌓기 놀이나 역할 놀이 영역뿐만 아니라 언어 영역, 미술 영역 등 모든 영역에서 주어진 활동을 하면서 사회성을 발휘하고 다양한 활동을 통해 사회적 경험을 확대해 나간다.

넷째, 유아사회교육은 교육과정의 전개 측면에서 0~2세 표준보육과정 및 초등학교 교육과정과 연계된 성격을 갖는다. 유아사회교육은 0~2세 표준보육과정의 기본생활습관 영역 및 사회관계 영역이 직접적으로 연계된다. 또한 초등학교 교육과정의 바른 생활과 슬기로운 생활, 사회 및 도덕 교과와 사회생활 영역[1)]의 관련이 높다(장영희·엄정애·박수진, 2007). 표준보육과정과 누리과정, 그리고 초등

1) 누리과정의 사회관계 영역이 2007 개정 교육과정에서는 사회생활 영역이었음.

교육과정의 사회교육 관련 영역 및 교과가 추구하는 성격은 학습자의 발달 수준 및 연령에 따라 다르면서 연계적이다.

2. 유아사회교육의 목표

교육의 목표는 학습자가 도달해야 하는 내용의 수준으로 진술된다. 사회교육의 목표는 유아가 속한 사회나 집단이 추구하는 교육목적에 따라 각기 다를 수 있다(조순옥·이경화·배인자·이정숙·김정원·민혜영, 2010). 일반적으로 '사회교육'은 주로 '사회교과'에서 이루어지는 교육을 의미하여, 역사, 지리, 경제, 문화, 정치 등을 포함하고 있어, 사회교육의 목표는 시대적 요구 및 학자의 강조하는 내용에 따라 다양하게 제시되었다. 또한 유아사회교육은 그 대상이 유아이므로 유아사회교육의 목표 내용 범주는 유아의 발달 및 경험 수준을 따르고 있다.

1) Michaelis

Michaelis(1980)사회교육의 목적을 책임감 있는 시민의 양성으로 보고, 이를 실현하기 위한 구체적인 목표로 지식, 사고과정, 기술, 태도·가치관·행동 양식의 범주로 나누어 설명하였다(구광현·이희경·김보현, 2012 재인용).

첫째, 사회적 지식은 주로 사회교육에서 다루는 제반 정보를 포함하는데, 유아 수준에서는 주로 사회적 지식의 개념을 형성하고 일반화하도록 한다. 사회적 지식은 지역, 국가, 지리, 정치, 문화, 종교, 환경, 에너지, 양성평등, 시사, 통신, 생활양식 등이 포함된다. 유아가 생활하는 사회 환경은 성인의 환경과 크게 다르지 않다. 여기서는 유아 수준에서 경험해야할 지식을 의미한다.

둘째, 유아의 사고 과정에 관심을 가진다. 즉, 유아의 비판적 사고 능력, 창조적 사고 능력, 문제해결 능력, 의사결정 능력, 적용 능력을 신장시킨다.

셋째, 사회교육에 요구되는 제반 기술을 발휘하도록 한다. 즉, 아이디어 발휘와 표현, 토의, 집단의 참여, 리더십, 정보 탐색 및 수집, 읽기 등의 제반 활동 기술을 발휘하도록 돕는다.

넷째, 유능한 시민으로 갖추어야 할 기본적 태도와 가치관, 행동양식을 형성하도록 한다. 이를 위해, ① 유아는 주변의 다양한 사람, 집단, 문화에 긍정적 태도를 형성하고, ② 도덕적 행동 및 의사결정 등에 있어서 바람직한 판단을 할 수 있는 개인적·사회적 가치관을 확립하며, ③ 인간의 존엄, 권리, 자유, 평등, 정의, 이타심, 책임감 등 민주시민의 행동 양식을 형성하도록 한다.

Michaelis(1980)가 소개한 내용은 최근까지도 많이 인용되고 있으며, 시대 및 사회 환경이 변하면서 사회의 다양한 요구 및 가치관의 변화에 따라 사회교육의 목표는 좀 더 구체적이고 다양하게 제시되고 있다.

2) NCSS

미국의 NCSS(1994)는 사회교육의 목적을 민주시민의 양성이라 하고, 이를 달성하기 위한 목표로 다음의 5가지를 제시하였다.

첫째, 유아 개인의 발달을 돕는다. 개인의 긍정적 발달을 돕고 효율적인 의사결정 능력을 촉진시킨다.

둘째, 유아의 사회적 시민 능력을 기른다. 사회생활에 요구되는 지식, 기술, 태도의 발달을 돕는다.

셋째, 사회적 지식을 습득하도록 한다. 사회적 지식을 익혀 생활에 적용하고 문제해결을 해 나가도록 돕는다.

넷째, 사회적 다양성을 이해하고 존중하도록 한다. 어릴 때부터 다양한 특성을 가진 개인 및 문화를 존중할 줄 알며 더불어 살아가는 태도를 기르도록 돕는다.

다섯째, 세계 시민 의식을 기른다. 개인의 시민 의식뿐만 아니라 세계 시민으로서의 감각을 발달시켜 나가도록 돕는다.

NCSS(1994)에서 제시한 목표는 유아 개인의 발달과 사회적 지식 및 태도, 사회의식을 포함하고 있으며, 유아가 성장하면서 개인뿐만 아니라 집단, 세계 시민으로 살아가는 데 필요한 능력을 발휘하도록 강조하고 있다.

그 외에도 Schickendanz와 그의 동료들(1990)은 유아기에 이루어야 할 사회교육의 목적을 자신과 가족에 대한 이해 증진, 개인과 사회에 관한 이해의 증진, 사회생활을 수행할 수 있는 기술의 발달, 가치관 및 태도의 형성 등을 들었다.

이경실(2011)은 국내외에서 이루어진 여러 유아사회교육의 목표를 분석하고 현대사회에 요구되는 사회교육의 목표를 민주시민의 양성과 관련지어 제시하였다. 즉, 유아사회교육은 유아가 사회문제를 해결할 수 있는 능력을 기르고 가치판단과 의사결정을 하여 민주사회의 일원이 될 수 있도록 교육하는 것이다. 이를 위해 유아가 살고 있는 사회에 대한 이해를 바탕으로 사회과학의 다양한 지식을 습득하여 실생활에 적용하는 능력을 기르는 것이다.

여러 연구 결과를 종합해 볼 때 사회과 혹은 사회교육의 목표는 교육 대상의 시기에 관계없이 누구나 민주시민으로 잘 살아가도록 지원하고 있음을 알 수 있다. 우리나라 누리과정은 만 3~5세 유아의 심신의 건강과 조화로운 발달을 도와 민주시민의 기초를 형성하는 것을 목적으로 하고 있으며, 누리과정의 사회관계 영역에서 '자신을 존중하고 다른 사람과 더불어 생활하는 능력과 태도를 기른다'의 목표는 유아가 어려서부터 사회관계 의식을 가지고 민주시민으로 더불어 살아가는 태도를 기르도록 하고 있다. 또한 우리나라 초등학교 교육과정의 바른생활 및 사회 교과의 목표에서도 민주시민의 자질 향상을 강조하고 있다. 종합적으로 교육과정에서 추구하는 유아사회교육의 목적은 유아가 민주시민으로 잘 살아가도록 교육적 노력을 하는 것이라 할 수 있다.

3. 유아사회교육의 내용

사회교육 내용은 사회교육의 범위를 어디까지 포함시키는가에 따라 일관된 분류체계를 제시하기가 어렵다. 이은화 등(2008)은 유아사회교육의 내용을 '사회화'와 '사회과학'으로 분류하여 사회화의 내용은 자아개념, 애착, 성역할, 사회인지 및 도덕성 등의 사회적 발달 내용을, 그리고 사회과학의 내용은 사회, 경제, 문화, 지리, 환경 등의 내용을 포함하여 제시하였다. Seefeldt(2005)는 유아사회교육의 내용으로 역사, 지리, 경제 등 사회과학의 주요 개념을 제시하는 등 학자에 따라 사회교육 내용의 범위가 다름을 알 수 있다. 일반적으로 '사회교과' 혹은 '사회'라는 과목에서 의미하는 사회교육은 주로 역사, 지리, 경제, 문화, 환경, 정치 등의 사회과학의 개념을 의미하는데, 유아사회교육은 유아의 사회화와 관련된 사회적 발달 내용과 사회과학 개념을 포함하고 있다. 또한 유아교사 양성교육과정의 '유아사회교육'은 크게 유아의 사회성 발달과 사회과학 개념을 다루고 있다. 따라서 유아사회교육 내용과 밀접한 사회화와 사회과학에 대하여 살펴보기로 한다.

1) 사회성과 사회화

(1) 사회성

사회성(sociality)은 인간이 가지는 중요한 특징 중의 하나이다. 건강한 사람이라면 누구나 사회적이라고 할 만큼 사회성은 인간의 성격(personality)을 일컫는 중요한 기제이다. 사회성에 관한 이론은 인간이 태어날 때부터 가지고 나오는 선천적이라는 입장과 성장하면서 주변 사람들의 영향을 받으며 형성되는 후천적이라는 입장이 있다. Adler(1870~1937)에 의하면 인간은 선천적으로 사회적 관심(social interest)을 가지고 태어나므로 다른 사람을 이해하고 공감하며 협동할 수 있다고 하여, 인간 고유의 사회성을 강조하였다. 일찍이 아리스토텔레스도 인간을 사회적 동물이라고 하였듯이, 오래전부터 인간의 성격적 특성이 사회적이라고 설명되어 왔음을 알 수 있다.

일반적으로 유아교육에서 의미하는 사회성은 유아의 성장과 발달과 함께 변화되고 발달해 가는 후천적 사회적 특성이 강조된다. 즉, 유아의 사회성은 주로 사회적 기술을 습득하여 발휘하는 사회적 능력(social competency)이나 사회적 상호작용, 혹은 사회적 유능성으로 설명된다. 유아의 사회성이란 유아가 한 성원으로 성장, 발달하는 동안 그 사회에서 공인된 언어, 사고, 감정, 행동 등을 포함하는 생활양식을 학습하여 타인과의 상호작용을 통한 건전한 사회생활을 할 수 있는 능력이다(유아교육사전, 1997). 따라서 유아교사는 유아가 성장하면서 제반 사회성 관련 내용을 학습하여 사회적 능력을 발휘하도록 지원해야 할 것이다. 유아는 교사의 지도를 받아 적절한 사회적 경험과 학습을 통해 사회적 유능성 및 사회적 능력을 기를 수 있다.

유아는 성장하면서 다양한 사람들과 관계를 맺는다. 유아의 사회성은 주로 인간관계를 통해 발휘되고 나타나는데, 자신이 처한 상황이나 집단에서 어떻게 행동해야 하는가를 배워 나간다. 유아의 사회성 발달에 영향을 주는 요인은 부모의 양육태도, 가족구조, 형제자매 관련 특성, 유아교육기관 및 또래집단의 특성, 지역사회 환경 등 다양하다. 유아가 나타내는 사회적 능력 및 유능성은 다양한 행동 특성으로 관찰된다. 유아는 가정 및 유아교육기관에서 사회생활에 필요한 여러 가지 기초적 태도와 자질을 학습하는데, 자신의 요구를 조절하면서 다른 사람과 잘 어울리며 문제해결을 해 나가야 한다. 유아의 사회성 발휘는 사회적 행동으로 나타나는데, 주로 친사회적 혹은 비사회적 행동으로 나타난다. 유아기에 나타나곤 하는 반감정적, 폭력적 행동은 반사회적 행동으로 여기기보다는 사회성 및 친사회적 기술의 부족으로 여겨진다. 친사회적 행동은 협동, 경쟁, 관용, 동정, 공감, 이타심, 모방, 애착 행동 등이 있으며, 비사회적 행동은 반항심, 말다툼, 괴롭히기 및 난폭한 행동, 우월성, 이기주의, 편견, 성 적대 등을 들 수 있다. 유아기에 요구되는 친사회적 사회성 유형을 소개하면 〈표 1-1〉과 같다.

〈표 1-1〉 유아기의 친사회적 사회성 유형

① 협동성
협동성은 공동의 목표에 도달하기 위한 개인 간의 행동으로 남을 도와주고 자신의 물건을 함께 나누고, 놀이와 규칙을 잘 지키는 긍정적인 행동이다. 유아는 성장해 가면서 자기중심적 성향에서 벗어나 협동적 활동이 증가하고 활발해진다. 유아의 사회적 능력은 다른 사람과 공유하고 협동하며 의견을 나누는 과정에서 발달한다. 교사는 유아들이 협력해서 놀게 하거나 함께 하는 과제 및 활동을 제공하며, 유아들이 성취감과 기쁨을 느낄 수 있도록 격려해 준다.

② 이타심
이타심은 자신에게 돌아올 이익에 관계없이 자발적으로 타인에게 이익이 되는 것을 목적으로 하는 친사회적 행동이다. 유아는 다른 사람의 어려움을 공감하고 도와주는 기회를 가질 수 있다. 교사는 이야기 나누기를 하거나 동화를 들려주면서 이타적 행동의 사례를 소개할 수 있으며, 서로 나누고 도와주는 행동에 대하여 긍정적인 생각을 하도록 지도한다.

③ 자율성
자율성은 어떤 권위나 제재 없이 자기 스스로 결정하여 행동하는 것이다. 유아의 발달수준에 맞는 활동이나 과제는 성인의 도움이 없이 스스로 할 수 있는 기회를 가지도록 한다. 유아는 자신의 능력을 존중하고 다른 사람과 상호작용하며 독립심도 함께 키워 간다. 교사는 유아가 여러 상황에서 주도적이며 솔선적 활동을 하도록 인정해 주며 의존심을 멀리하도록 지도한다.

④ 상호작용
상호작용은 둘 혹은 그 이상의 사람과 교호작용을 하는 것이다. 유아는 또래 간의 상호작용을 통해 협력하고 나누는 등 공동체의 구성원으로 인정받고 집단에 적극적으로 참여한다. 긍정적 상호작용은 유아의 수용 행동, 솔선 행동, 비공격적 행동, 사교적 행동을 증가시킨다. 교사는 유아가 다른 사람들과 잘 어울리고 의사소통을 할 수 있도록 협동과제나 놀이의 기회를 충분히 제공하도록 한다.

⑤ 공감
다른 사람의 느낌을 공유하며 인정해 주는 감정으로 흔히 감정이입으로 나타난다. 단순히 동정이나 따뜻함의 표현이 아니라 보다 같은 입장에서 생각하고 느끼는 것이다. 유아는 동화나 이야기 속의 대상을 보고 공감하며 반응한다. 따라서 교사는 좋은 모델을 수시로 제시하여 유아가 친사회적 생각과 행동에 공감할 수 있는 기회를 제공하도록 한다.

(2) 사회화

인간은 자기 고유의 사회성을 발휘하면서 점차 사회화되어 간다. 사회화(socialization)는 사회성과 같은 개인의 내적 성향 자체를 의미하는 것이 아니라 사회성이 외부로 표현되는 점진적인 과정이다. 사회화를 정의하면, 한 개인이 집단 속에 태어나서 그 집단이 가지는 가치관, 규범, 사회적 역학, 행동양식 등을 습득하여 그 사회의 성원으로 자격을 갖추어 가는 과정을 뜻한다(유아교육학사전, 1997). 인간은 태어나서 생을 마칠 때까지 사회화를 경험한다고 할 수 있다.

유아가 어릴 때에는 전적으로 부모의 영향을 받게 되므로 부모 및 가족은 유아의 사회화에 많은 작용을 할 것이다. 유아는 부모를 모방하고 동일시하면서 자신의 사회적 행동을 배워 가며 점자 성장하면서 유아교육기관의 또래친구들과 놀면서 또는 교사의 지도를 받으면서 유아 자신의 사회성을 발달시키고 점차 폭넓은 사회화 경험을 하게 된다. 유아교육기관에서 배운 규칙을 배워 지킬 수 있으며 다양한 사회적 경험을 통해 어느 정도 협동할 줄 알고 양보도 하고 도와주는 행동을 하게 된다. 때로는 친구들과 다투기도 하며 경쟁에서 이기고 지는 경험을 통해 다양한 감정을 조절하고 표현할 줄 알게 된다. 이러한 일련의 과정은 유아가 성장하면서 다양한 형태로 지속되므로, 유아의 사회화 과정이 어떻게 이루어지며 어떤 발달 과정을 거치는지 연구할 필요가 있다. 사회화는 사회학, 문화인류학, 심리학, 교육학 등에서 인간 형성의 과정을 설명하는 중요한 개념으로 인식되어 왔다. 사회화를 설명하는 주요 이론을 소개하면 다음과 같다.

① 구조기능론

구조기능론은 사회를 상호 관련적이며 의존적인 각 부분 사회(parts)가 서로 관련되어 하나의 전체(the whole)를 이루어 기능하는 것으로 보아, 유아의 사회화는 기존 사회의 기능에 적절하도록 형성되어야 하는 것을 강조한다. Parsons(Parsons and Bales, 1955)는 자녀의 사회화는 가족이 중요한 역할을 하는 것으로 보아, 부모의 가족부양뿐만 아니라 자녀의 양육태도 및 정서적 지원을 사회유지에 중요한 수단으로 보았다. 즉, 유아의 사회화는 사회가 요구하는 여러 제도와 규범, 문화 및 관습 등을 내면화하여 이를 발휘하는 능력을 기르는 것이다. Parsons는 유아가 성공적으로 사회생활을 하기 위해서 사회의 다양한 인간관계를 통한 상호작용에서 사회화를 내면화한다는 점을 중시했다. 그러나 구조기능론은 사회화 과정에서 개인과 사회와의 상호작용에 의한 이해를 강조하고 있지만, 인간의 주체적 결정이나 능동적 역할을 경시한다는 비판을 받고 있다. 즉, 인간은 변화하는 사회에 능동적으로 결정하고 참여하며 발전적·변화적으로 사회화된다.

② 정신분석이론

정신분석이론은 개인의 성격이 사람들과의 관계에서 어떠한 과정을 거쳐서 형성되는가에 관한 집중적 연구로, 유아의 사회화는 어릴 때 부모 및 다른 사람들과의 관계 속에서 발달해 간다고 설명하고 있다. Freud는 인간을 본능적 성충동(Libido)에 의해 영향을 받는 유기체로 보고 정신체계의 세 가지 부분인 원욕(Id), 자아(Ego), 초자아(Super-ego)가 발달해 나가는 특성에 따라 인간의 성격이 어떻게 변화하는가를 설명하였다. 영유아기에 양육과정을 거치는 동안 양육자와의 관계를 통해서 자신의 욕구를 충족하기도 하고 억제하는 경험을 하게 되는데, 유아의 욕구가 부모나 양육자에 의해 어떻게 다루어지는가에 따라 성격이 결정된다고 보았다. 그의 발달단계에 의하면 영유아기는 구강기(생후 2세까지), 항문기(2~3세), 남근기(4~5세)를 거치면서 양육자와 맺는 정서적 유대나 양육과정에서 욕구 충족이 어떻게 이루어지는가에 따라 유아의 성격이 달라진다는 것이다. 특히 유아는 부모의 행동을 동일시(identify)하며 부모의 행동을 따라 하게 된다. 이후에 Erikson은 Freud의 영향을 받아 인간의 발달을 8단계로 설명했는데, 인간은 사회의 요구에 대면하면서 위기를 맞으며 자아정체감(ego-identity)을 발달시킨다고 보았다. 인간은 각 단계의 위기를 극복해 가는데, 영유아기는 부모 및 다른 사람의 양육을 받으며 자아를 발달시키는 과정에서 신뢰감-불신감(생후 2세까지), 자율성-수치심(2~3세), 주도성-죄책감(4~5세)을 형성해 간다고 보았다. 인간의 성격 발달에 관하여 Freud

는 심리성적(psycho-sexual), Erikson은 심리사회적(psycho-social)으로 접근하여 설명한 차이를 알 수 있다.

③ 사회학습이론

사회학습이론은 유아의 사회화를 학습의 과정으로 설명하며, 특히 사회 환경의 영향력을 강조한 이론이다. 인간의 사회적 행동은 사회적으로 학습된 결과이며, 학습의 결과로 이루어지지 않은 행동은 사회적 행동이 아니라고 본다. Skinner, Watson 등의 행동주의에 바탕을 두고 있으며 유아의 사회화는 단순한 환경에서의 자극과 반응의 단계에서 시작하여 점차 복잡한 학습으로 진행되는 것으로 여긴다. 즉, 유아는 강화를 받아 행동을 증가시키며 반복적인 행동을 통해 사회적 행동 습관을 길러 간다. 대표적인 사회학습이론가 Bandura는 유아가 관찰이나 모방에 의해 새로운 행동을 배워 간다고 보았으며, 부모가 중요한 강화자이면서 모델이라고 보았다. 즉, 유아는 직접적인 강화가 없어도 부모의 행동을 모방하면서 사회적 행동을 익혀 나간다. 현대 사회학습이론에서는 유아가 여러 가지 사회적 요인(양육경험, 모델링, 언어적 지식 등)으로부터 얻은 정보를 종합하여 사회가 적합하다고 기대하는 행동에 대한 개념을 형성한다고 보고 있다.

④ 인지발달이론

인지발달이론은 유아의 사회화 과정을 인지발달의 연속상에서 설명하여, 유아의 사회화 과정은 유아가 출생 이후부터 경험하는 사회적 상호작용을 자신의 인지발달 능력에 따라 동화하고 조절해 가는 과정으로 본다. 유아는 자신의 인지구조(도식: cognitive schema)로 세상을 해석하는데, 환경으로부터 들어오는 자료를 동화시키고 동시에 환경의 요구에 맞게 자신을 조절해 가면서 자신의 도식을 재형성해 간다. Piaget에 의하면 유아의 인지는 일련의 단계를 거치면서 발달하고 각 단계에 따른 사고구조의 특성과 한계가 있다. 예를 들면, 감각운동기가 지난 유아기에는 상징적 사고와 표상적 사고가 증가하며, 직관적 판단, 자기중심성, 물활론적 사고, 도덕적 실재론, 꿈의 실재론, 비가역적 사고, 보존 개념의 결여 등 사고의 특징과 한계를 보인다. 유아는 인지발달과 더불어 사회적 자극을 해석하고 이해하며 반응한다(구광현 외, 2012). 그는 인지발달을 감각운동기(출생에서 2세까지), 전조작기(2~7세), 구체적 조작기(7~11세), 형식적 조작기(12세 이후 성인기 초기)의 단계로 설명하였다.

2) 유아사회과학

사회과학은 사회현상을 탐구의 대상으로 하는 학문으로 인간이 만든 도덕, 종교, 예술, 법, 정치, 경제, 교육 등을 대상으로 한다(유아교육사전, 1997). 여기서 말하는 사회과학은 유아교육에서 다루는 사회과학 지식의 내용을 의미한다. 유아교육에 포함되는 사회과학 지식은 유아 수준에서 경험할 수 있는 사회과학 내용으로 범주화될 수 있다. 여러 학자의 연구를 종합해 소개한 내용을 제시하면 다음과 같다(이경실, 2011).

〈표 1-2〉 유아사회교육의 사회과학 내용

학자	사회과학 내용
Seefeldt(2005)	역사(시간, 변화, 삶의 연속성, 과거), 지리(우리가 살고 있는 지구, 방향과 위치, 장소에서의 관계, 공간적 상호작용, 지역), 경제(부족한 자원, 경제적 생산, 직업)
이은화·김영옥 (2000)	사회, 경제, 환경, 문화, 전통, 정치, 지리, 인류, 국제 이해
이기숙(2000)	지리, 공공질서, 경제, 보존, 역사, 국제적 이해, 인류학, 사회학, 환경교육, 생태학
안선·김희진 (2003)	심리학(나), 사회학(가족, 교육기관, 지역사회), 역사학(시간, 변화, 지속성, 과거), 지리학(방향·위치), 지도, 우리가 살고 있는 지역, 지리적 환경과 대처방식, 다른 지역 간의 상호작용), 정치학(기본권리), 경제학(자원의 부족, 생산과 소비, 직업, 돈의 기능), 인류학(국가, 인종, 문화적 차이, 공통점), 생태학(상호의존성, 환경오염)

학자	사회과학 내용
송지선(2010)	사회(나, 가족, 지역사회), 역사(시간, 변화, 삶의 연속성, 과거), 지리(지구, 방향과 위치, 공간 내 관계, 공간의 상호작용, 지역), 경제(희소성, 생산과 소비, 돈의 기능, 직업), 정치(민주적 가치, 규칙, 책임, 기본권리, 의무), 국제관계(인종, 국가, 협력, 유사점, 문화적 차이, 타인에 대한 존중), 생태학(상호 의존성, 환경 보호)

유아사회과학의 내용은 학자마다 분류의 기준이나 범주가 다양하게 제시되어 있다. 유아사회과학 내용은 일반 사회과학에서 다루는 대상과 다르지 않으나, 유아교육과정에서 유아기 수준에서 경험할 수 있는 내용으로 소개된다. 종합해 볼 때 유아사회과학 내용의 범주는 사회, 역사, 지리, 경제, 정치, 환경, 문화, 민주시민 등으로 분류할 수 있으며, 각 범주의 내용은 유아교육과정에서 다루는 주제와 관련된 개념들로 다시 세분화될 수 있다. 예를 들면, '사회'의 범주는 나, 가족, 지역사회, 국가, 세계 등이 속하며, 이것은 우리나라 누리과정 교사용 지도서의 '유치원과 친구', '나와 가족', '우리 동네', '우리나라', '세계 여러 나라'에서 다루어진다. 즉, 유아사회과학 내용은 유아교육과정 및 프로그램 속에서 유아 수준으로 조직되고 계획되어 유아사회교육 내용으로 소개된다. 누리과정 교사용 지도서는 3~5세 유아가 경험해야 할 교육 내용을 담고 있다. 누리과정 지도서는 생활주제별 활동계획들로 구성되어 있는데, 홍혜진·조안나(2014)는 각 지도서에 나타난 사회관계 영역의 활동을 분석하여 사회과학적 지식의 범주를 지리, 역사, 경제, 다문화, 환경, 민주시민 정신의 6가지로 분류하였다.

유아는 일생 동안 사회에서 많은 관계를 잘 유지하고 인간답게 성장하기 위해 한 구성원으로서 자신이 속한 사회에서 요구되는 바람직한 가치와 태도를 배워야 한다(Kang et al., 2008). 유아사회교육은 유아가 어릴 때부터 바른 습관과 올바른 인성을 가질 수 있도록 계획되어야 하며 사회에서 필요로 하는 지식, 기능, 태도를 길러 주어 21세기에 능동적이고 함께 잘 어울려 살아갈 수 있는 밑거름이 되도록 실천되어야 할 것이다. 이를 위해 유아사회교육의 내용은 유아교육을 공부하는 교사가 알고 실천해야 할 중요한 과제가 된다.

〈표 1-3〉 누리과정 지도서의 사회과학 지식

구분	내용
지리	방향과 위치, 공간, 사는 지역, 생태, 사람들의 거주, 지형 등의 이해 등
역사	시간의 연속, 자신과 가족의 변화, 역사적 사건, 세대, 전통, 과거, 미래 등
경제	자원, 분배, 소비, 자본, 효용가치, 유통, 저축, 절약 등
다문화	다양한 나라, 다양한 모습, 다양한 의식주, 사회문제(가난, 전쟁, 폭력 등) 등
환경	환경 유지와 보호, 재활용, 자원 및 에너지 낭비하지 않기 등
민주시민	규칙준수, 국가상징 이해, 선거와 투표, 의사결정, 참여, 다른 사람 존중 등

CHAPTER

02

Social Studies for Young Children ▸ ▸ ▸

유아사회교육 관련 교육과정

Social Studies for Young Children ▸ ▸ ▸

유아사회교육은 유아가 자신을 소중히 알고 다른 사람과 함께 살아가는 방법을 익히고 주변 세계에 관심을 갖고 적응해 가는 기초 능력을 기를 수 있도록, '나-가족-이웃-사회'라는 동심원적인 원리에 의거하여 학습이 이루어진다.

유아들을 계획적·조직적으로 지도하기 위해서는 무엇을 지도할 것인지에 대한 구체적인 내용을 정해야 한다. 또한 유아교육을 효율적으로 지도하기 위해서는 연령에 적합한 목표를 먼저 정하고 그에 맞는 일정한 교육과정을 구성해야 한다.

본 장에서는 유아사회교육과 관련한 0~2세의 표준보육과정과 3~5세의 누리과정의 성격과 연령별 목표, 내용체계, 세부내용을 알아보고 초등교육과정의 연계성에 대해 알아보고자 한다.

1. 표준보육과정의 사회교육

우리나라의 영유아보육제도는 여성과 아동에 대한 복지라는 측면에서 발전되어 왔다.

2004년과 2005년에 걸쳐 개정·시행된 「영유아보육법」은 보육의 개념을 '영유아를 건강하고 안전하게 보호·양육하고 영유아의 발달 특성에 적합한 교육을 제공하는 사회복지 서비스'라고 규정하고 있으며, 이는 영유아의 연령 및 발달 수준에 적합한 보육 서비스를 제공하기 위한 국가 수준의 보육 지침이 되는 제1차 표준보육과정이 개발되는 토대를 마련하였으며, 2007년(여성가족부 고시), 2010년(보건복지부고시)에 이어 2012년 2월 보건복지부 고시로 제2차 표준보육과정과 2013년 제3차 어린이집 표준보육과정으로 운영하기에 이르렀다.

1) 성격

어린이집 표준보육과정은 어린이집의 0~2세 영유아들에게 국가 수준에서 제공하는 보편적이고 공통적인 보육의 목표와 내용을 제시한 것이다. 어린이집 표준보육과정은 0~1세 보육과정, 2세 보육과정으로 구성한다. 국가 수준의 어린이집 표준보육과정을 시행함으로써 영유아의 전인적 발달과 우리 문화에 적합한 내용을 일관성 있게 연계적으로 실천하며, 궁극적으로 사회에서 추구하는 인간상을 구현하고 전국 어린이집의 질적 수준을 높이는 데 기여하고자 한다.

사회관계 영역은 '나를 알고 존중하기', '나와 다른 사람의 감정 알기', '더불어 생활하기'의 세 가지 내용범주로 되어 있다.

'나를 알고 존중하기'는 영아가 자신이 개별적인 존재임을 인식하고 자신의 선호와 존중감을 가질 수 있도록 한다.

'더불어 생활하기'는 영아가 주 양육자, 가족, 또래, 지역사회 등 주변 사람들과의 관계를 이해하고 기본적인 사회적 가치를 경험해 볼 수 있다.

'나와 다른 사람의 감정 알기'는 영아가 자신의 감정을 말과 행동으로 표현하고 다른 사람의 감정 표현에 주의를 기울여 이에 반응을 보일 수 있도록 한다.

2) 사회관계 영역의 연령별 목표

0~1세 목표	2세 목표
가. 자신과 다른 사람을 구별된 존재로 인식한다.	가. 자기 존중감을 형성한다.
나. 분화된 기본 정서를 표현하고 다른 사람의 감정에 주의를 기울인다.	나. 자신의 감정을 알고 다른 사람의 감정에 반응을 보인다.
다. 안정적인 애착을 형성하고 또래나 교사와 함께 지낸다.	다. 가족을 사랑하고 또래, 교사와 즐겁게 지내며 간단한 규칙 등을 지킨다.

3) 사회관계 영역의 연령별 세부 내용

(1) 0~1세 보육과정

① 내용체계

<table>
<tr><th>내용범주</th><th>내용</th></tr>
<tr><td rowspan="2">나를 알고 존중하기</td><td>나를 구별하기</td></tr>
<tr><td>나의 것 인식하기</td></tr>
<tr><td rowspan="2">나와 다른 사람의 감정 알기</td><td>나의 감정을 나타내기</td></tr>
<tr><td>다른 사람에게 주의 기울이기</td></tr>
<tr><td rowspan="4">더불어 생활하기</td><td>안정적인 애착 형성하기</td></tr>
<tr><td>또래에 관심 갖기</td></tr>
<tr><td>자신이 속한 집단 알기</td></tr>
<tr><td>사회적 가치를 알기</td></tr>
</table>

② 세부내용

<table>
<tr><th>내용범주</th><th>내용</th><th>1수준</th><th>2수준</th><th>3수준</th><th>4수준</th></tr>
<tr><td rowspan="3">나를 알고 존중하기</td><td>나를 구별하기</td><td colspan="2">거울 속의 나에게 관심을 가진다.</td><td colspan="2">거울 속의 나를 알아본다.</td></tr>
<tr><td rowspan="2">나의 것 인식하기</td><td colspan="4">자기 이름을 부르는 소리에 반응한다.</td></tr>
<tr><td colspan="2"></td><td colspan="2">친숙한 자기 물건을 안다.</td></tr>
<tr><td rowspan="2">나와 다른 사람의 감정 알기</td><td>나의 감정을 나타내기</td><td colspan="4">나의 욕구와 감정을 나타낸다.</td></tr>
<tr><td>다른 사람에게 주의 기울이기</td><td colspan="2">다른 사람의 말과 표정, 몸짓에 주의를 기울인다.</td><td colspan="2">다른 사람이 나타내는 여러 가지 감정에 주의를 기울인다.</td></tr>
<tr><td>더불어 생활하기</td><td>안정적인 애착 형성하기</td><td>양육자와 시선을 맞춘다.</td><td colspan="3">양육자에게 적극적으로 관심과 욕구를 표현한다.</td></tr>
</table>

내용범주	내용	1수준	2수준	3수준	4수준
		주변의 친숙한 사람의 얼굴과 목소리를 인식한다.		주변의 친숙한 사람에게 애정을 표현한다.	
	또래에 관심 갖기	다른 영아와 함께 지내는 것을 경험한다.			
	자신이 속한 집단 알기	담임교사를 구별한다.		자기 반에서 지내며 안정감을 가진다.	
	사회적 가치를 알기			친숙한 물건의 자리를 안다.	
		만나고 헤어지는 인사를 해본다.			

(2) 2세 보육과정

1 내용체계

내용범주	내용
나를 알고 존중하기	나를 구별하기
	좋아하는 것 해보기
나와 다른 사람의 감정 알기	나의 감정을 나타내기
	다른 사람의 감정에 반응하기
더불어 생활하기	내 가족 알기
	또래와 관계하기
	자신이 속한 집단 알기
	사회적 가치를 알기

2 세부 내용

내용 범주	내용	1수준	2수준
나를 알고 존중하기	나를 구별하기	나와 다른 사람의 모습을 구별한다.	
	좋아하는 것 해보기	내가 좋아하는 것을 찾아본다.	

<table>
<tr><th>내용 범주</th><th>내용</th><th>1수준</th><th>2수준</th></tr>
<tr><td></td><td></td><td>좋아하는 놀이나 놀잇감을 선택해 본다.</td><td>스스로 선택한 놀이나 놀잇감을 즐긴다.</td></tr>
<tr><td rowspan="2">나와 다른 사람의 감정 알기</td><td>나의 감정을 나타내기</td><td colspan="2">여러 가지 감정을 말과 행동으로 나타낸다.</td></tr>
<tr><td>다른 사람의 감정에 반응하기</td><td colspan="2">다른 사람이 나타내는 여러 가지 감정에 반응을 보인다.</td></tr>
<tr><td rowspan="8">더불어 생활하기</td><td>내 가족 알기</td><td>내 가족에게 애정을 표현한다.</td><td>내 가족에게 다른 사람과는 구별된 특별한 감정을 갖는다.</td></tr>
<tr><td rowspan="2">또래와 관계하기</td><td>또래에게 관심을 보인다.</td><td>또래의 모습과 행동을 모방한다.</td></tr>
<tr><td>또래의 이름을 안다.</td><td>또래가 있는 곳에서 놀이를 한다.</td></tr>
<tr><td>자신이 속한 집단 알기</td><td>자신이 속한 반과 교사를 안다.</td><td>자신이 속한 반의 활동에 즐겁게 참여한다.</td></tr>
<tr><td rowspan="4">사회적 가치를 알기</td><td>도움 받아 물건을 정리한다.</td><td>스스로 물건을 정리한다.</td></tr>
<tr><td>자기 순서를 안다.</td><td>순서를 기다린다.</td></tr>
<tr><td colspan="2">바른 태도로 인사한다.</td></tr>
<tr><td colspan="2">간단한 약속을 지킨다.</td></tr>
</table>

2. 누리과정과 사회교육

누리과정의 '누리'는 세상을 뜻하는 순우리말로 국가가 책임지는 교육·보육을 통해 3~5세 유아가 유치원과 어린이집에서 행복한 세상을 열어 가고, 생활 속에서 꿈과 희망을 마음껏 누리도록 하겠다는 의미를 담고 있다.

1) 누리과정 내의 사회관계 영역

정부는 유아교육·보육에 대한 국가의 책임을 강화하기로 결정하고 2012년에 도입한 '5세 누리과정'에 이어, 2013년에는 3~5세까지의 누리과정을 확대하여 2020년 2월까지 시행하였다.

유아사회교육에 관련된 내용은 누리과정의 5개 영역에 모두 포함되어 있으나 그중에서도 사회관계 영역은 누리과정의 기본 방향에서 강조하는 질서, 배려, 협력 등을 가장 많이 포함하고 있다. '나를 알고 존중하기', '나와 다른 사람의 감정 알고 조절하기', '가족을 소중히 여기기', '다른 사람과 더불어 생활하기', '사회에 관심 갖기'의 다섯 가지 내용범주로 구성된다.

(1) 성격

사회관계 영역은 유아가 자신을 존중하고 소중하게 생각하며 가족, 또래와 함께 원만하게 지내는 방법뿐만 아니라 공동체에서 함께 살아가는 방법을 익히고 주변 세계에 관심을 가지고 적응해 나갈 수 있는 기초 능력과 인성을 기르기 위한 영역이다. 사회관계 영역에서는 자신과 타인에 대한 존중과 배려, 협력, 질서 등 타인과 더불어 살아가기 위해 필요한 기초 예술과 소양을 기르기 위해 힘쓴다. 유아가 원만한 대인 관계 속에서 건강한 자아를 지닌 유아로 성장할 수 있도록 인성교육에 강조점을 두며(김영옥, 2015), 오랜 역사를 거쳐 사람과 사람의 관계를 존중하는 우리나라의 세계관을 투영하고 나로부터 가족, 이웃, 사회로 관계와 관심이 확장되는 동심원적 체계가 반영되도록 범주를 구성하고 있다(조순옥·이경화·배인자·이정숙·김정원·민혜영, 2014).

(2) 목표

자신을 존중하고 다른 사람과 더불어 생활하는 능력과 태도를 기른다.

① 자신을 소중히 여기며 자율성을 기른다.

② 자신과 타인의 감정을 알고, 자신의 감정을 적절하게 표현하고 조절한다.

③ 가족과 화목하게 지내며 서로 협력한다.

④ 친구, 공동체 구성원들과 서로 돕고, 예의·규칙 등 사회적 가치를 알고 지킨다.

⑤ 우리 동네, 우리나라, 다른 나라에 관심을 가진다.

(3) 내용

① 3세 누리과정

[1] 내용체계

내용범주	내용
나를 알고 존중하기	나를 알고, 소중히 여기기
	나의 일 스스로 하기
나와 다른 사람의 감정 알고 조절하기	나와 다른 사람의 감정 알고 표현하기
	나의 감정 조절하기
가족을 소중히 여기기	가족과 화목하게 지내기
	가족과 협력하기
다른 사람과 더불어 생활하기	친구와 사이좋게 지내기
	공동체에서 화목하게 지내기
	사회적 가치를 알고 지키기
사회에 관심 갖기	지역사회에 관심 갖고 이해하기
	우리나라에 관심 갖고 이해하기

[2] 세부 내용

내용범주	내용	세부 내용
나를 알고 존중하기	나를 알고, 소중히 여기기	나에 대해 관심을 갖는다.
		나와 다른 사람의 차이에 관심을 갖는다.
		나를 소중하게 여긴다.

내용범주	내용	세부 내용
	나의 일 스스로 하기	내가 할 수 있는 일을 알아본다.
		내가 하고 싶은 일을 선택해 본다.
나와 다른 사람의 감정 알고 조절하기	나와 다른 사람의 감정 알고 표현하기	자신에게 여러 가지 감정이 있음을 안다.
		다른 사람의 감정에 관심을 갖는다.
	나의 감정 조절하기	자신의 감정을 조절해 본다.
가족을 소중히 여기기	가족과 화목하게 지내기	가족의 소중함을 안다.
	가족과 협력하기	가족 구성원을 알아본다.
		가족을 위하여 내가 할 수 있는 일을 알아본다.
다른 사람과 더불어 생활하기	친구와 사이좋게 지내기	친구와 함께 놀이한다.
		나와 친구의 의견에 차이가 있음을 안다.
	공동체에서 화목하게 지내기	교사 및 주변 사람과 화목하게 지낸다.
	사회적 가치를 알고 지키기	다른 사람의 소유물을 존중한다.
		약속과 규칙을 지켜야 함을 안다.
사회에 관심 갖기	지역사회에 관심 갖고 이해하기	우리 동네의 이름을 안다.
		우리 동네 사람들에 관심을 갖는다.
	우리나라에 관심 갖고 이해하기	우리나라를 상징하는 것에 관심을 가진다.
		우리나라의 전통 놀이와 풍습에 관심을 갖는다.

② 4세 누리과정

1 내용체계

내용범주	내용
나를 알고 존중하기	나를 알고, 소중히 여기기
	나의 일 스스로 하기

내용범주	내용
나와 다른 사람의 감정 알고 조절하기	나와 다른 사람의 감정 알고 표현하기
	나의 감정 조절하기
가족을 소중히 여기기	가족과 화목하게 지내기
	가족과 협력하기
다른 사람과 더불어 생활하기	친구와 사이좋게 지내기
	공동체에서 화목하게 지내기
	사회적 가치를 알고 지키기
사회에 관심 갖기	지역사회에 관심 갖고 이해하기
	우리나라에 관심 갖고 이해하기
	세계와 여러 문화에 관심 가지기

② 세부 내용

내용 범주	내용	세부 내용
나를 알고 존중하기	나를 알고, 소중히 여기기	나에 대해 알아본다.
		나와 다른 사람의 차이점을 알아본다.
		나에 대해 긍정적으로 생각하고 나를 소중하게 여긴다.
	나의 일 스스로 하기	내가 할 수 있는 일을 해본다.
		하고 싶은 일을 계획하고 해본다.
나와 다른 사람의 감정 알고 조절하기	나와 다른 사람의 감정 알고 표현하기	자신의 감정을 알고 표현한다.
		다른 사람의 감정을 안다.
	나의 감정 조절하기	자신의 감정을 조절해 본다.
가족을 소중히 여기기	가족과 화목하게 지내기	가족의 소중함을 안다.
	가족과 협력하기	가족 구성원의 역할에 대해 알아본다.

내용 범주	내용	세부 내용
		가족을 위하여 내가 할 수 있는 일을 알아보고 실천한다.
다른 사람과 더불어 생활하기	친구와 사이좋게 지내기	친구와 협동하며 놀이한다.
		친구와의 갈등을 긍정적인 방법으로 해결한다.
	공동체에서 화목하게 지내기	도움이 필요할 때 다른 사람과 도움을 주고받는다.
		교사 및 주변 사람과 화목하게 지낸다.
	사회적 가치를 알고 지키기	정직하게 말하고 행동한다.
		다른 사람의 생각, 행동을 존중한다.
		친구와 어른께 예의 바르게 행동한다.
		다른 사람과 한 약속이나 공공 규칙을 지킨다.
		자연과 자원을 아끼는 습관을 기른다.
사회에 관심 갖기	지역사회에 관심 갖고 이해하기	우리 동네에 대해 알아본다.
		우리 동네 사람들이 하는 일에 관심을 갖는다.
		물건을 살 때 돈이 필요함을 안다.
	우리나라에 관심 갖고 이해하기	우리나라를 상징하는 것에 관심을 가진다.
		우리나라의 전통 놀이와 풍습에 관심을 갖는다.
		우리나라에 대해 자부심을 갖는다.
	세계와 여러 문화에 관심 가지기	세계 여러 나라에 대해 관심을 갖는다.
		다양한 인종과 문화에 관심을 갖는다.

③ 5세 누리과정

1 내용체계

내용범주	내용
나를 알고 존중하기	나를 알고, 소중히 여기기
	나의 일 스스로 하기

내용범주	내용
나와 다른 사람의 감정 알고 조절하기	나와 다른 사람의 감정 알고 표현하기
	나의 감정 조절하기
가족을 소중히 여기기	가족과 화목하게 지내기
	가족과 협력하기
다른 사람과 더불어 생활하기	친구와 사이좋게 지내기
	공동체에서 화목하게 지내기
	사회적 가치를 알고 지키기
사회에 관심 갖기	지역사회에 관심 갖고 이해하기
	우리나라에 관심 갖고 이해하기
	세계와 여러 문화에 관심 가지기

② 세부 내용

내용범주	내용	세부 내용
나를 알고 존중하기	나를 알고, 소중히 여기기	나에 대해 알아본다.
		나와 다른 사람의 신체적, 사회적, 문화적 차이를 존중한다.
		나에 대해 긍정적으로 생각하고 나를 소중하게 여긴다.
	나의 일 스스로 하기	내가 할 수 있는 일을 스스로 한다.
		하고 싶은 일을 계획하고 해본다.
나와 다른 사람의 감정 알고 조절하기	나와 다른 사람의 감정 알고 표현하기	자신의 감정을 알고 표현한다.
		다른 사람의 감정을 알고 공감한다.
	나의 감정 조절하기	자신의 감정을 상황에 맞게 조절한다.
가족을 소중히 여기기	가족과 화목하게 지내기	가족의 의미와 소중함을 안다.
		가족과 화목하게 지낸다.

내용범주	내용	세부 내용
	가족과 협력하기	다양한 가족 구조에 대해 알아본다.
		가족은 서로 도와야 함을 알고 실천한다.
다른 사람과 더불어 생활하기	친구와 사이좋게 지내기	친구와 협동하며 놀이한다.
		친구와의 갈등을 긍정적인 방법으로 해결한다.
	공동체에서 화목하게 지내기	다른 사람과 도움을 주고받고, 서로 협력한다.
		교사 및 주변 사람과 화목하게 지낸다.
	사회적 가치를 알고 지키기	정직하게 말하고 행동한다.
		다른 사람을 배려하여 행동한다.
		친구와 어른께 예의 바르게 행동한다.
		다른 사람과 한 약속이나 공공 규칙을 지킨다.
		자연과 자원을 아끼는 습관을 기른다.
사회에 관심 갖기	지역사회에 관심 갖고 이해하기	우리 동네에 대해 알아본다.
		다양한 직업에 관심을 갖는다.
		일상생활에서 돈의 쓰임에 대해 안다.
	우리나라에 관심 갖고 이해하기	우리나라를 상징하는 것을 알고 예절을 지킨다.
		우리나라의 전통, 역사, 문화에 관심을 갖는다.
		우리나라에 대해 자부심을 갖는다.
	세계와 여러 문화에 관심 가지기	세계 여러 나라에 대해 관심을 갖고 서로 협력해야 함을 안다.
		다양한 인종과 문화를 알아보고 존중한다.

2) 2019 개정 누리과정 내의 사회관계 영역

2020년 3월 1일부터 개정 누리과정이 시행되고 있다(교육부·보건복지부, 2019). 개정 누리과정 내에 사회관계 영역의 목표와 내용을 제시하면 다음과 같다.

(1) 목표

자신을 존중하고 더불어 생활하는 태도를 가진다.

- 자신을 이해하고 존중한다.
- 다른 사람과 사이좋게 지낸다.
- 우리가 사는 사회와 다양한 문화에 관심을 가진다.

(2) 내용

내용범주	내용
나를 알고 존중하기	나를 알고 소중히 여긴다.
	나의 감정을 알고 상황에 맞게 표현한다.
	내가 할 수 있는 것을 스스로 한다.
더불어 생활하기	가족의 의미를 알고 화목하게 지낸다.
	친구와 서로 도우며 사이좋게 지낸다.
	친구와의 갈등을 긍정적인 방법으로 해결한다.
	서로 다른 감정, 생각, 행동을 존중한다.
	친구와 어른께 예의 바르게 행동한다.
	약속과 규칙의 필요성을 알고 지킨다.
사회에 관심 가지기	내가 살고 있는 곳에 대해 궁금한 것을 알아본다.
	우리나라에 대해 자부심을 가진다.
	다양한 문화에 관심을 가진다.

(3) 목표 및 내용범주 이해하기

사회관계 영역의 목표와 내용범주는 유아가 자신을 이해하고 존중하며, 친구와 가족 또는 다른 사람들과 사이좋게 지내며, 유아가 속한 지역사회와 우리나라, 다양한 문화에 관심을 갖는 내용으로 구성하였다.

- '나를 알고 존중하기'는 기존 누리과정의 '나'와 관련된 세부 내용을 통합하여 새롭게 제시하였다.
- 유아가 자신과 가장 가까운 가족 및 친구를 중심으로 다른 사람과의 관계에서 경험하는 사회적 가치나 태도를 '더불어 생활하기'로 통합하여 제시하였으며, 또한 예(禮), 존중, 배려, 협력 등의 인성 덕목을 반영하였다.
- '사회에 관심 가지기'에서는 문화 다양성을 이해하고 존중하는 내용이 포함되어 있다.

내용범주	내용
나를 알고 존중하기	유아가 자신을 나타낼 수 있는 것과 자신의 감정을 알고 상황에 맞게 적절하게 표현하며, 자신이 할 수 있는 것을 스스로 해 봄으로써, 긍정적인 자아존중감과 자율성을 경험하는 내용이다.
더불어 생활하기	유아가 가족의 의미와 소중함을 알며, 친구와 서로 돕고 양보, 배려, 협력하며 사이좋게 지내고, 사람들마다 감정, 생각, 행동이 각기 다름을 알고 존중하여, 친구와의 갈등을 여러 가지 긍정적인 방법으로 해결하는 내용이다. 또한 친구와 어른께 예의 바른 태도로 말하고 행동하며, 사회 공동체의 일원으로서 약속과 규칙의 필요성을 알고 지키는 내용이다.
사회에 관심 가지기	유아가 사회 구성원으로서 자신이 사는 지역에 관심을 가지고 탐구하며, 우리나라의 상징, 언어, 문화를 알아 가면서 대한민국 국민으로서 긍지와 자부심을 가지는 내용이다. 그리고 다른 나라의 다양한 문화에 관심을 가지고 존중하는 경험을 담고 있다.

3. 초등학교와의 연계성

유아교육에 대한 공교육의 확대가 추진됨에 따라 유아교육과 초등교육의 연계는 자연스럽게 이루지고 있으며 많은 선행 연구에서도 발달적 특성이 유사하므로 유아교육과 초등교육 연계의 중요성을 강조하고 있다.

유아교육과 초등학교 교육의 연계성이 중시되는 것은 성장·발달의 계속성과 성취의 계속성을 위한 것으로 학습자의 연속적인 발달 특성을 고려할 때 사회교육 내용은 오랜 시간을 두고 습관화·내면화 될 때 그 효과가 지속되므로 특히 초등학교와의 연계가 중요하다고 할 수 있다. 유아교육기관은 생활 영역으로 구분되어 재구성되는 데 비하여 초등학교는 교과로 구분되어 있다. 사회교육은 어느 한 영역을 지칭하기보다 교육 전반에 걸쳐 이루어져야 하며 유아교육과 초등학교의 교육편제를 연관 지어 보면 다음과 같다(김영옥, 2015).

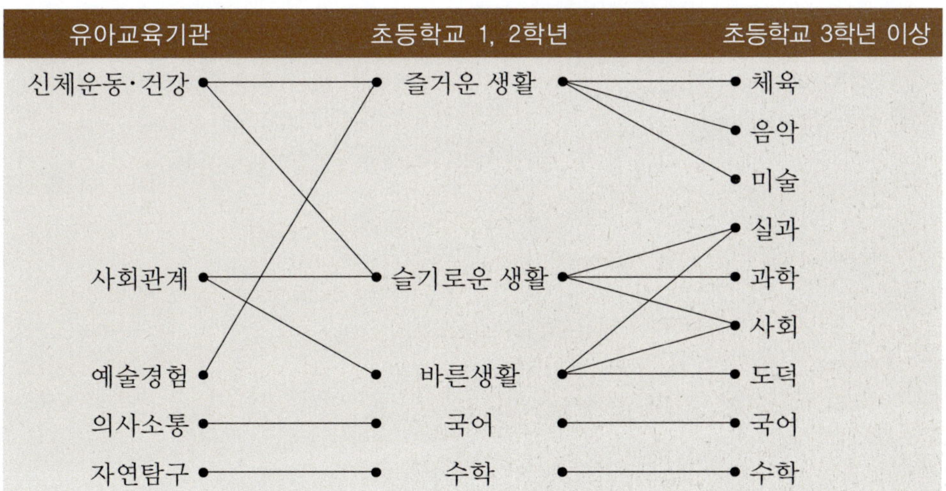

[그림 2-1] 유아교육과정과 초등교육과정과의 연계

CHAPTER

03

Social Studies for Young Children

유아사회교육의 교수-학습 방법

유아에게 있어서의 모든 학습은 주위의 세상을 탐색하고 싶어 하는 자연스러운 호기심을 기초로 하여 이루어지며, 주변의 사물과 유기체와의 관계를 통하여 끊임없는 탐구와 정보를 비교·관찰하며 이해하고 학습해 나간다. 따라서 유아교사는 유아의 전인발달을 도모하기 위하여 무엇을, 어떻게 학습할 것인지를 결정하고 이를 토대로 유아사회교육 과정을 계획하여야 한다.

본 장에서는 유아사회교육의 바람직한 교수-학습 방법을 위해서는 체계적인 경험을 융통성 있게 전개해 나가는 교사의 준비가 필요하다는 근거하에 유아사회교육에서 사용되는 교수-학습 원리와 다양한 교수-학습 활동 유형을 알아보고자 한다.

1. 유아사회교육의 교수-학습 원리

유아사회교육에서의 교수-학습 원리는 통합적이고, 유아에게 유의미하여야 하며 유아의 발달수준과 흥미에 기초한 구체적이고 실제적인 경험을 통하여 유아의 사회적 탐구와 능력을 발달시킬 수 있어야 한다.

1) 유아사회교육의 교수-학습 원리

유아사회교육의 교수-학습 원리는 유아교육과정의 교수-학습 원리를 따른다.

〈표 3-1〉 유아교육과정의 교수-학습원리

구체적 활동성	유아들의 학습은 구체적인 것의 학습으로부터 추상적인 것의 학습으로 진전된다. 따라서 유아들을 위한 활동 및 자료는 유아들이 만지고 조작할 수 있도록 구체적이고 실제적이어야 한다.

다양성 및 융통성	다양한 능력과 흥미를 가진 유아들의 개인차를 고려한 교수-학습이 되기 위해서는 다양한 교수 환경을 제공하고 유아 스스로 활동을 선택할 수 있도록 교수 전략이 다양하고 교수 내용이 융통적이어야 한다.
통합성	유아를 위한 교수 활동은 유아의 신체적, 사회적, 인지적, 정서적, 언어적 발달의 통합적 발달이 이루어지도록 하여야 한다. 뿐만 아니라 여러 교과의 학습이 통합적 학습과 발달이 이루어질 수 있도록 하여야 한다.
개별화	유아교육은 학습자인 유아를 개별적 존재로 인정해야 하며 유아 개인에 적합한 교수-학습 방법을 제공하여야 한다.
자발성	유아 스스로 학습하고자 하는 자발적인 동기가 내재된 학습일 때 효율적인 학습이 이루어진다. 유아의 흥미, 요구, 관심에 기초한 자발적인 학습이 이루어지도록 교수-학습 방법이 유아의 발달 단계나 능력에 적합하여야 한다.

출처: 조순옥 외(2014).

유아사회교육은 사회적 지식과 기술을 포함하여 여러 영역과 상호작용하며 통합될 수 있도록 운영해야 하며, 교사는 모든 활동이 유아를 중심으로 이루어지도록 구성해야 하고 놀이 중심, 개별화, 탐구적이며 생활 속에서 일과 및 교육활동 전반을 통하여 전개될 수 있도록 한다.

2) 유아사회교육 활동 시 고려해야 할 점

유아사회교육은 유아들의 문화, 개인적인 경험, 흥미와 요구 등을 반영하고, 유아들에 대한 이해, 유아들이 살고 있는 지역사회에 대한 이해, 그리고 사회교육의 내용에 대한 이해를 근거로 교육과정을 구성하는데 유아사회교육 활동 시 고려해야 할 점은 다음과 같다(하수연·신현경·이해정·정재은·김보경·서영민, 2015).

(1) 통합적 접근이어야 한다

유아는 가정, 유치원, 지역사회 등과 관련되어 있으므로 유아의 문화적 배경, 개인적 경험에 근거하고 가족 및 지역사회와 통합되도록 한다.

(2) 유아에게 유의미한 활동이어야 한다

자신을 존중하고 다른 사람과 더불어 생활하는 태도를 기르기 위한 내용으로서 유아 주변에서 일어나는 생활을 이해할 수 있으며 호기심을 가지고 자발적으로 탐색하고 유아들이 사회적 지식, 기술, 태도를 형성할 수 있도록 한다.

(3) 유아의 발달적 수준에 적합하고 방법이 균형을 갖도록 해야 한다

유아의 사고가 확장될 수 있도록 현재 발달 수준을 고려하여 대·소집단과 개인 활동 간의 균형, 자유놀이와 구조적인 놀이 간의 균형을 이루도록 한다.

(4) 유아 개인의 흥미와 욕구, 필요에 부합하는 활동이어야 한다

유아의 흥미와 관심, 욕구에 따라 교육의 내용을 융통성 있게 변화할 수 있다. 유아와 환경적 상황의 변화에 따라 계획된 것보다 융통성 있게 진행되도록 한다.

(5) 유아와 지역사회의 문화적 특성에 부합하는 활동이어야 한다

유아사회교육 활동은 사회·문화에 따라 영향을 받으므로 유아가 거주하는 지역사회의 특성과 자원을 포함시키는 것이 필요하다. 지역사회 관련 자료 비치, 견학, 전문가 활용 등 지역사회의 문화적 특성을 이해하고 적응하는 데 적합한 활동이 되도록 한다.

(6) 유아들의 적극적인 참여가 가능한 활동이어야 한다

유아사회교육 활동은 유아들이 생활 속에서 일상적으로 경험하는 것들이다. 혼자 또는 또래와 함께 활동하며 공통된 관심사에 대한 학습의 과정을 거치게 되는데 유아들이 적극적으로 참여할 수 있는 활동이 되도록 한다.

(7) 유아의 연령과 발달에 적합한 교재·교구와 환경을 구성하여야 한다

유아가 자신의 생각을 자유롭게 표현하고 의사소통할 수 있도록 다양하게 선택할 수 있는 교재와 교구를 마련하고 조작하는 경험을 할 수 있는 환경이 되도록 한다.

3) 유아사회교육을 지도하는 교사의 역할

유아의 발달적 수준에 적합하고 흥미를 유발하는 사회학습 환경의 구성을 위해 교사는 다음과 같은 점을 유의하여 지도하여야 한다(이영자·유효순·이정욱, 2001).

(1) 유아가 자율적으로 활동을 수행할 기회를 제공한다

유아는 성장하면서 스스로 일을 수행하며 자신을 독립된 존재로 생각하기 시작한다. 유아의 주변 환경에 대해서도 호기심을 가지고 탐색하면서 자신의 능력에 긍정적인 확신을 가지게 된다. 이때 유아에게 독립적이고 자율적인 존재로서 일을 수행하도록 격려한다면 유아는 사회적인 존재로 성장할 수 있을 것이다.

(2) 유아 스스로 활동을 계획하고 진행하며 평가하는 과정에 참여하는 기회를 제공한다

유아들이 책임감을 가지고 학습 활동을 계획하고 수행하고 평가하는 과정에 참여하는 기회를 제공하는 것은 유아의 자아 존중감과 독립심을 갖게 하는 핵심적인 요소이다. 또한 유아에게는 스스로 하고자 하는 활동과 활용하고자 하는 자료를 스스로 선택하고 정리하는 과정이 필요하다. 이러한 과정을 통해 유아는 스스로 수행한 활동에 책임감을 가지며, 자신의 활동을 통제하는 능력을 지니게 될 것이다.

(3) 비지시적이고 긍정적인 언어적 상호작용의 기회를 제공한다

유아들은 관심 있는 것, 흥미 있는 것, 느낀 것 등에 대해 교사와 이야기할 기회를 원한다. 이러한 기회를 통한 교사와의 바람직한 언어적 상호작용은 유아의 사고와 학습 수준을 향상시켜 준다. 또한 교사의 비지시적인 언어적 상호작용은 유아의 행동에 스스로 생각할 기회를 주고 스스로 자신의 행동을 조절할 수 있는 기회를 준다. 반면 교사들은 유아와의 언어적 상호작용에서 바람직하지 않은 반응을 보여서는 안 된다. 예를 들면, 이유 없이 관심의 방향을 돌리거나 일방적인 지시하기, 너무나 많은 개념을 한꺼번에 전달하는 식으로 이야기하는 것은 바람직하지 않다.

(4) 구체적인 사물과의 상호작용 기회를 제공한다

유아는 주변 환경을 직접 탐색하고 조작하고 놀이하면서 새로운 개념을 학습하고 주변 세계에 대한 이해가 증진된다. 또한 이러한 과정에서 유아들은 주변 환경에 대한 영향력이 커지며, 주변 환경을 스스로 통제할 수 있다는 성취감을 가지게 된다. 이러한 성취감은 건전한 사회인으로 성장하는 데 중요한 요인이다.

(5) 유아의 사회성 발달을 촉진할 수 있는 다양한 전략을 사용한다

교사는 유아의 감정에 대한 존중감 표현하기, 유아의 성격을 긍정적으로 표현하기, 충동을 조절하도록 돕기, 친사회적 성향 강화하기, 사건에 대처하도록 돕기, 기본 규칙 상기시키기 등의 방법으로 유아의 사회성 발달을 도울 수 있다. 교사의 행동은 항상 유아의 모델이 된다. 따라서 교사의 다양한 전략들은 유아의 긍정적인 사회성 발달을 위한 중요한 요인이다.

(6) 상황에 따라 유아의 행동을 조정·관리할 학급 운영 기술(허용, 인내, 간섭)을 적절히 사용한다

교실에서는 유아의 여러 종류 행동이 일어난다. 교사는 이러한 행동들을 조정하고 관리하고 바람직한 방향으로 수정하는 데 있어 중요한 허용, 인내, 간섭 등의 학급 운영 기술이 필요하다.

2. 유아사회교육 교수-학습 활동 유형

유아를 위한 사회교육은 유아의 흥미와 발달 수준에 적합하고 다양한 형태로 각 활동마다 체계적이고 일관성 있게 이루어져야 하는데, 유아사회교육에 적합한 교수-학습 활동 유형으로는 견학, 극놀이, 지역사회 인사와 시설의 활용, 토의하기, 시청각 자료의 활용 등이 있다.

1) 견학(현장학습)

견학(field trip)은 유아가 유아교육기관에서 직접 경험할 수 없는 정보들을 지역사회나 공공기관 및 자연 등의 현장에 직접 참여하여 감각을 통해 느끼고 경험하는 능동적인 학습으로, 유아로 하여금 주변의 물리적 세계를 탐색하는 기회를 주며, 유아에게 사회현상을 바르게 이해하고 사회 구성원으로서 살아가는 데 필요한 지식, 가치, 태도를 형성하도록 돕는 효과적인 방법이다. 이러한 교육적 경험을 제공하는 견학은 흥미와 욕구를 충족시키므로 사회학습을 위해 매우 중요하고 가치 있는 활동이다.

이러한 견학의 교육적 가치는 다음과 같다(박찬옥·서동미·엄은나, 2015).

- 교실 내에서는 경험하기 어려운 것을 직접 체험하여 주변 환경에 대한 지식을 확장시킬 수 있다.
- 견학을 통해 주변 환경을 보다 자세히 알게 되고, 지역사회에 대한 친근감을 갖게 된다.
- 주변 환경을 관찰하여 정보를 수집하고 종합하여 결론으로 이끄는 사회과학적 탐구 태도를 갖는다.
- 지역사회 내의 다양한 기관과 장소에서 이루어지는 직접적이고 구체적인 체

험들을 통해 유아는 사회과학의 개념 지식뿐만 아니라 사회 적응을 위한 다양한 기술과 태도를 습득할 수 있다.

- 유아교육기관 주변을 산책하면서 동네에 있는 가게와 기관들에 대해 관심을 갖고, 거리의 이름 찾기나 지도 그리기 활동 과정에서 방향·공간 개념, 지도 사용 기술 등을 익힐 수 있는 기회를 갖게 된다.

(1) 사전활동

사전활동은 유아에게 배경지식을 제공하거나 안전교육 및 견학의 목표를 인식하고 견학에 대한 흥미와 관심을 갖도록 돕는 과정이다.

견학 준비에서 고려해야 할 사항은 다음과 같다.

1 현장 견학의 교육목표를 명확히 해야 한다.

교사는 유아가 견학을 통하여 기대하고자 하는 사항을 정확히 확인하고 견학 장소가 목적성에 부합되는 장소인지 검토한다.

2 견학 목적지를 사전 답사한다.

교사는 견학 목적지를 사전에 답사하여 유아의 학습장소로 안전한지, 화장실 사용이 용이한지, 휴식 공간이 충분하지 등은 물론, 유아들과 둘러볼 시간은 얼마나 소요되는지 등에 대해 점검하고 중요한 장소는 사진을 찍어 두도록 한다.

또한 유아의 특수성에 대비하기 위하여 현장 안내자와 정보를 공유하고 의견을 나눈다.

3 견학에 대한 안내서 발송

견학을 위한 준비에 최선을 다하기 위하여 교통편과 현장학습 목적, 장소, 소요시간, 복장, 준비물, 기타사항에 관한 가정통신문을 학부모에게 보내고 견학 동의서를 받는다. 또한 자원봉사자나 날씨 등 예기치 않은 상황에 대비한 대체활동을 준비한다.

④ 유아에게 사전정보 제공 및 협의

견학 사전답사 시에 수집한 자료를 중심으로 장소와 일정에 관한 사전정보를 유아에게 제공하고, 혼자서 돌아다니지 않기, 허락 없이 아무것이나 만지지 않기, 소리 지르거나 위험한 장난하지 않기, 예의 바르게 행동하기 등 현장에서 지켜야 할 약속을 함께 정해 보고 안전하고 편안한 견학이 되도록 한다.

(2) 본 활동

① 차를 타고 견학을 가는 경우 유아에게 차량 사용 시 지켜야 하는 예절에 대해 안내하고 운전사에게 탑승 인원, 견학 일정, 목적지를 알린다.

② 견학지에 도착해서는 인원을 점검하고 교사 주도적인 설명과 통제보다는 유아가 관심 갖고 있는 것을 효과적인 방법으로 스스로 관찰·탐색한 후 조사·기록·채집·질문할 수 있도록 충분한 시간을 허용한다.

③ 일정 장소에서 충분한 시간을 제공하고 휴식을 취하면서 사후 활동에 활용할 수 있도록 빈 봉투를 준비하여 견학 장소에서 수집한 자료를 담도록 한 후 사진을 찍도록 한다.

④ 유아가 흩어지지 않도록 수시로 유아 수를 확인하여 안전사고나 미아사고가 일어나지 않도록 만전을 기해야 한다.

(3) 사후활동

사후활동은 견학에 대한 기억을 되살려 보고 경험을 재구성하고 새로운 개념을 형성해 보는 시간이다. 교사는 유아와 함께 견학을 떠나기 전의 약속을 모두 잘 지켰는지 평가 시간을 갖고, 보고 느낀 것을 언어로 표현해 보고 토의하기나 견학한 곳과 관련된 소품이나 교구들을 관련 흥미 영역에 제공하여 유아가 놀이로 연결해 보도록 한다. 또한 견학과 관련된 도서나 그림 자료, 자원인사의 초청 등과 같은 활동을 통해 견학에서 얻은 경험을 재구성하고 구체화할 수 있도록 한다.

견학을 다녀온 교사는 전반적인 견학 활동에 대해 평가해 보아야 하는데, 견학

일지에 견학과 관련된 전반적인 사항을 자세히 기록해 두어 다음 견학활동 때 참고자료로 활용하도록 한다.

〈표 3-2〉 견학안내서 및 견학동의서

-견 학 안 내 서-

2○○○년 ○월○○일

안녕하십니까?

본 유치원(어린이집)에서는 유아들의 ________에 대한 학습활동의 일환으로 다음과 같이 견학을 가고자 하오니 자녀(유아이름)를 견학에 참여시킬 것인지의 여부를 아래에 있는 동의서에 서명하셔서 유아 편에 유치원(어린이집)으로 보내 주시기 바랍니다.

- 일시: 출발 시간 ________________
  도착 예정 시간 ________________
- 견학 장소: ____________________
- 준비물: ______________________

-견 학 동 의 서-

○○○의 ______________________________________ 견학에 동의합니다.

______년 ___월 ___일

보호자 ____________ (인)

출처: 윤기영·성혜자·김성민·이정분·김현식·최희숙(2008).

〈표 3-3〉 견학 계획안(예시)

<table>
<tr><th colspan="5">견 학 계 획 안</th></tr>
<tr><td>일 시</td><td colspan="2">20○○년 ○월 ○○일 금요일</td><td>장 소</td><td>검은 오름</td></tr>
<tr><td>목 표</td><td colspan="4">오름을 오르는 경험을 통해 자연의 아름다움을 느끼고 신체 대·소근육의 발달을 돕는다.</td></tr>
<tr><td>교사 준비물</td><td colspan="2">비상약품, 여벌 옷, 물티슈, 카메라, 물, 휴지</td><td>연 령</td><td>만 4, 5세</td></tr>
<tr><td>답사 후
주의사항</td><td colspan="4">• 등반하는 길이 가파르기 때문에 조심해서 올라갈 수 있도록 한다.
• 모기가 많으므로 긴팔 웃옷, 긴바지를 입고 오도록 한다.
• 유아가 교사보다 먼저 가지 않도록 지도한다.
• 친구와 심한 장난을 하거나 밀면서 올라가지 않도록 한다.
• 버스를 타고 내릴 때, 이동할 때 항상 교사와 친구들과 함께 다닌다.</td></tr>
<tr><td rowspan="3">주요활동</td><td>10:30~11:10
이동</td><td colspan="3">반별로 차례로 버스에 탑승한 후 검은 오름으로 이동한다.</td></tr>
<tr><td>11:10~13:00
활동내용</td><td colspan="3">• 오늘의 견학 할 장소를 소개한다(사진자료를 보며).
• 견학 시 지켜야 할 약속에 대해 이야기 나눈다.
- 버스에서의 약속 지키기: 안전벨트 풀지 않기, 바르게 앉아서 이동하기, 큰 목소리로 이야기하지 않기, 창문 밖으로 손을 내밀지 않기, 한 명씩 차례로 타기 등
- 산을 오르고 내려갈 때 길이 가파르기 때문에 뛰거나 친구를 밀지 않기
- 곤충이나 식물을 함부로 만지지 않기
• 버스에서 내려 견학 장소로 이동한다.
• 약속을 지키면서 검은 오름을 등반하고 자연의 경치를 감상하며 내려온다.
• 손을 깨끗이 씻은 후, 반별로 모여서 맛있게 점심을 먹는다.
• 점심을 다 먹은 유아는 도시락을 정리 후 교사와 함께 주변탐색을 하며 놀이한다.</td></tr>
<tr><td>13:00~13:40
이동</td><td colspan="3">버스를 타고 유치원(어린이집)으로 이동한다.</td></tr>
</table>

<table>
<tr><th></th><th>구분</th><th>활동명</th><th>활동내용</th></tr>
<tr><td rowspan="3">우천 시
대체활동</td><td>이야기
나누기</td><td>우리 가족이
좋아하는 것</td><td>우리 가족에 대해 소개를 하며 우리 가족이 좋아하는 것은 무엇인지 이야기를 나눈다.</td></tr>
<tr><td>산 책</td><td>빗소리 듣고
표현해요</td><td>주변을 산책하며 듣는 빗소리를 몸으로 표현해 본다.</td></tr>
<tr><td>점심</td><td colspan="2">유치원(어린이집)에서 점심을 먹는다.</td></tr>
<tr><td>평가</td><td colspan="3">답사 후 모기가 크고 많아 긴팔 웃옷, 긴바지를 모두 입고 올 수 있도록 미리 공지가 되어 대비할 수 있었으며, 오름에 있는 올챙이, 도롱뇽의 모습을 탐색하며 유아들이 많은 관심을 보일 수 있었음.</td></tr>
</table>

출처: 제주관광대학교 부속어린이집.

[사진 3-1] 귤 밭으로 견학 가기

[사진 3-2] 소방서로 견학 가기

2) 극놀이(dramatic play)

극놀이는 유아가 능동적으로 참여하여 자신을 창의적으로 표현하는 놀이 중의 하나로 이야기 줄거리 또는 일상생활에서 일어나고 있는 일을 극적 구체화 과정을 통해 생각이나 느낌을 표현하는 가작화 요소(as-if)가 포함된 놀이이다.

극놀이는 현실적 요소와 가상적 요소가 내재되어 유아가 가장 즐겨 하는 활동으로 유아가 상징적 사고를 하고 그 사고를 발전시켜 현실을 재구성하고 자신에게 영향을 주는 인물에 대해 모방해 보는 일종의 자기표현 활동으로 사회학습의 한 형태이며 다양하게 적용되고 있다.

따라서 유아는 이러한 경험을 통해 갈등요소를 표출시키고 정서적 이완과 즐거움을 느끼며, 다양한 사회적인 역할들을 학습하고 주변 사회를 이해하여 다양한 사회문제들에 대처해 나가는 사회적 기술을 습득하게 된다. 또한 또래와 함께 극놀이를 진행해 나가는 동안 자기중심적인 사고에서 벗어나 점차 다른 사람들을 이해하고 수용하는 타인 조망능력을 발달시키며, 다른 유아와의 언어적 의사교환을 통해 언어표현력의 발달과 의사소통할 수 있는 능력도 발달시켜 나갈 수 있게 된다.

극놀이의 종류로는 일상생활에서 일어나고 있는 사건을 재현해 보는 생활 극놀이, 다른 사람의 입장이나 역할을 모방해 보는 상상놀이(예: 엄마·아빠놀이, 병원놀이, 미장원놀이 등), 동화 속의 주인공이 되어 이야기를 전개해 나가는 극화놀이(예: 백설공주, 흥부·놀부 등), 소리를 내지 않고 하거나 의성어나 의태어 소리만 내어 표현하는 무언극놀이 등이 있다(성혜자·김성민·이정분·김현식·최희숙·장경숙 외, 2008).

[사진 3-3] 동화 속의 주인공이 되어 전개해 나가는 극화놀이

극놀이를 의미 있게 진행하기 위한 교사의 역할은 다음과 같다(홍순정·김희태 2010).

첫째, 극놀이를 위한 분위기를 조성한다. 유아가 자신의 생각을 자유롭게 말하고 표현할 수 있는 허용적인 분위기를 조성해야 한다. 특히 다양한 방식으로 생각을 구체화하는 놀이 주제에 대한 토론, 다양한 역할에 대한 의견교환 등이 이루어질 수 있고 새로운 아이디어를 시도할 수 있는 창의적 생각과 행동에 동기부여하기 등의 기회가 주어져야 한다.

둘째, 극놀이의 계획하기이다. 자유선택 활동 시간은 유아의 극놀이를 조장하는 중요한 시간이다. 이 시간을 효과적으로 활용하여 유아가 필요로 하는 사회적 지식이나 가치, 태도 등을 학습할 수 있도록 계획한다. 이를 위해 충분한 자유선택 활동 시간을 제공하도록 한다.

셋째, 교실의 환경 구성하기이다. 교실의 활동 장소가 어떻게 조직되고 구성되는가도 유아의 극놀이에 영향을 미친다. 실내에서 극놀이는 역할놀이 영역과 쌓기 영역에서 가장 빈번하게 일어나는데, 두 영역을 인접하여 구성해 주면 훨씬 다양하고 상호작용이 높은 역할을 제공할 수 있으며, 이때 충분한 시설과 자료를 준비하여 유아의 극놀이가 풍부하게 일어나도록 구성해야 한다.

넷째, 유아의 극놀이를 관찰하고 이를 확장시키도록 한다. 유아의 사회 극놀이를 관찰하고 있지 않을 경우 유아의 사고나 생각, 감정이 어떻게 전개되는지 알 수 없으므로 교사는 극놀이를 연장·확대할 수 있는 경험을 제공하기 위하여 동화책 읽어 주기, 그림자료 제시하기, 토의하기, 지역사회 자원인사 초청하기 등을 통하여 유아의 극놀이를 격려해 준다. 또한 극놀이가 연결되지 못하고 끊어질 경우 혹은 확장시켜야 할 극놀이에 교사가 개입하여 놀이를 확장시킬 필요가 있다.

이외에도 교사는 극놀이에 필요한 소품이나 의상을 준비하여 활발한 극놀이가 이루어질 수 있게 충분한 시간과 공간을 고려해야 하는데 주제와 관련된 소품은 다음과 같다.

- 우체국놀이: 우편물 가방, 우체부 모자, 소포상자, 편지, 저울, 놀이용 돈, 스티커, 컴퓨터 등
- 환경미화원놀이: 빗자루, 휴지통, 수레, 환경미화원 옷 등
- 경찰관놀이: 경찰봉, 모자, 계급장, 경찰복, 신분증, 방망이, 교통신호판, 수갑, 열쇠, 메모지와 볼펜 등
- 병원놀이: 의사 가운, 간호사 옷, 주사기, 청진기, 체온계, 약병, 환자를 대신할 인형, 전화기, 컴퓨터 등
- 미용실놀이: 의자, 헤어드라이기, 거울, 고데기, 가운, 샴푸병, 매니큐어, 가발, 빗 등
- 소방서놀이: 호스, 소방수 모자·옷, 모형 사다리, 모형 소화기 등
- 가게놀이: 선반용 가구, 플라스틱 과일과 야채, 놀이용 돈, 계산기, 식료품 세일 포스터, 과일을 담을 수 있는 용기나 비닐봉투 등

3) 지역사회 인사 및 시설 활용

지역사회는 유아와 밀접한 관련을 맺고 있는 공간으로 지역사회로부터 살아가는 데 필요한 가치와 태도 및 지식을 습득할 수 있다. 지역사회 인사와 시설의 활용은 지역사회의 인사들을 유아 교실로 초청하거나 시설을 방문하여 지역사회의 역사나 풍습에 관한 이야기를 듣기도 하고 직업에 관한 것을 듣거나 보는 등 사회학습의 경험을 넓힐 수 있는 효율적인 학습 방법으로, 유아에게 많은 정보를 제공해 주고 흥미와 관심을 갖고 참여할 수 있다는 이점이 있다.

지역사회 인사로 초대될 수 있는 자원 인사로는 특정 분야의 전문가이거나 특정 직업을 대표하는 사람들, 또는 전쟁과 같은 역사적 사실을 직접 경험한 사람, 특별한 취미나 재능이 있는 사람, 외국에 살았던 경험이 있는 한국인이나 외국인, 세대 전이 교육을 활용하기 위한 할머니·할아버지 등 각기 다양한 분야에서 일하고 있는 지역사회 인사들로 유아에게 깊은 관심을 가진 사람이면 누구나 가능하

다. 특히 학부모 중에서 인사 초빙의 목적에 맞는 사람을 초대할 경우 교육과정 주제에 맞추어 일일수업을 계획할 수도 있으며 특정 기념일(예: 어린이날, 크리스마스 등)의 참여도 가능하다.

[사진 3-4] 어린이날 학부모가 준비한 인형극 공연

지역사회 인사로 초대되어 온 인사는 자신의 방문목적을 분명히 숙지해야 하므로, 교사는 유아의 발달 수준이나 특성을 미리 알려 주어 유아의 학습 수준에 대한 이해를 돕도록 한다. 뿐만 아니라 유아와의 사전활동을 통해 주제에 대한 궁금한 내용이나 질문사항들을 미리 준비해 두어 지역사회 인사와 유아와의 상호작용이 활발히 이루어질 수 있도록 하며 지역사회인사나 유아 모두에게 즐거운 시간과 경험이 되도록 한다.

그리고 유아는 학습 주제에 따라 지역사회의 시설, 즉 도서관이나 체육시설, 공원, 문화센터 등도 다양하게 활용할 수 있다.

[사진 3-5] 안전교육 전문강사를 초빙한 교통체험교육

[사진 3-6] 건강검진센터 전문강사를 통한 비만교육

4) 토의하기

토의하기는 두 사람 이상이 하나의 주제를 중심으로 공통의 관심사에 대해 서로 의견을 나누는 것으로 궁극적으로는 갈등상황을 해결하기 위하여 논의해 보는 과정이며 사회교육의 교수-학습 방법으로 가장 널리 이용되고 있다.

유아는 자기중심적인 사고를 가지고 있어 다른 사람의 감정을 이해하고 수용하는 능력이 부족하여 자신의 감정을 표현하는 방식도 자기중심적이지만, 토의과정을 통해 타인을 배려하는 조망능력을 가지게 되며, 자신의 의견을 제시하고 다른 사람의 생각을 비교할 수 있어 활동 주제에 대한 자신의 경험과 생각 및 정보 등을 정리할 수 있다

토의의 주제는 상반된 갈등과 문제점을 내포하여야 하며, 유아의 공통된 관심을 끌 수 있는 친근한 내용이어야 한다. 또한 유아가 일상생활 속에서 경험할 수 있는 구체적인 상황(싸움, 양보, 줄 서기 등)이나 유아가 알아야 할 도덕적 가치관에 관한 것이어야 하며, 사회·시사적인 문제(환경오염, 쓰레기 문제, 동물학대 등)들은 유아 수준에서 사회적 현상에 대한 사회적 인식이 증가될 수 있도록 접근한다.

유아교육기관의 경우 토의의 참여 형태는 5명에서 10명 정도의 소그룹 형태로 이루어지며 원 또는 반원(magic circle)으로 둥글게 앉아 서로가 얼굴을 보며 이야기할 수 있도록 하고 언어소통뿐만 아니라 비언어적인 소통도 가능하게 하여 효율적인 상호작용이 일어나도록 한다.

토의활동을 진행하는 과정은 다음과 같다(오채선·이석순·박은미·장혜자·김영신·김미애, 2008).

① 토의를 위한 주제를 선정한다.
② 토의 환경을 위해 장소뿐 만 아니라 토의에 필요한 교수-학습 자료도 함께 준비한다.
③ 교사는 토의 주제에 대하여 충분히 숙지하고 있어야 하며, 토의의 진행을 돕기 위한 질문 목록을 준비한다.

④ 토의 시에 지켜야 할 약속에 대하여 이야기한다.

⑤ 교사는 토의 과정을 지켜보다가 유아의 대화가 토의 주제에서 벗어날 경우 주제로 관심을 모으거나 유아의 말을 명료화해 준다.

⑥ 토의 시 토의의 시작 시간과 마무리 시간을 정한다.

⑦ 토의 결과는 소집단 유아나 전체 집단 유아에게 발표할 기회를 준다. 이러한 경험을 통하여 유아는 자신이 참여한 토의 내용과 결과에 대하여 더 잘 알게 된다.

[사진 3-7] 토의하기의 진행과정

토의 시 유아는 자기중심적인 특성으로, 주의 깊게 듣는 태도와 의사표현 능력이 미숙하므로 이를 돕기 위해 교사는 유아가 자신의 느낌이나 생각을 자유롭게 이야기할 수 있는 수용적인 분위기를 조성하고 격려하며, 토의과정에 참여하여 중재자, 촉진자, 제안자의 역할을 한다.

토의하기 시 교사가 고려해야 할 사항은 다음과 같다(고정곤·이영희·김의석·김운상·류혜원·김지영, 2014).

① 교사는 유아가 자신의 느낌이나 생각을 자유로이 발표할 수 있도록 한다.
② 교사는 토의의 중재자이며 촉진자의 역할을 해야 한다.
③ 교사는 유아가 생각할 시간적 여유를 주어야 한다.
④ 교사는 유아가 객관적이고 수용적인 태도로 토의에 임할 수 있게 한다.
⑤ 교사는 집단토의 시 참가자들에게 도움말을 준다.
⑥ 교사는 상반되는 가치문제의 경우 어떤 한 입장만을 취하지 않도록 한다.
⑦ 교사는 유아의 제안과 결정을 종합·정리해 주어야 한다.
⑧ 교사는 토의 시 유아 간의 상호작용이 활발히 이루어지도록 한다.
⑨ 교사는 주제에 따라 관련된 다양한 시청각 자료를 활용할 수 있다.
⑩ 토의 시간은 유아의 연령에 따라 다소 다르겠으나 10분에서 20분 정도가 적당하다.

5) 시청각 자료의 활용

시청각 자료란 유아의 흥미를 유발하고 필요한 정보를 제공해 주며 구체적이고 직접적인 경험을 하게 해줌으로써 학습활동을 촉진시키는 교수매체이다. 특히 유아가 학습할 내용을 말로 설명하는 것보다 인상적인 학습효과를 통해 보다 쉽게 이해할 수 있도록 도와줌으로써 수업의 질을 높일 수 있다.

교사가 유아에게 설명하기 어려운 개념이나 전달하기 힘든 내용, 실제로 접근하기 어려운 장소나 위험한 사례들을 적절한 시청각 자료를 통해 보여 준다면 유아는 유사한 경험뿐만 아니라 확장된 경험을 할 수 있다(성혜자 외, 2008: 조순옥·이경화·배인자·이정숙·김정원·민혜영, 2009).

교사는 시청각 자료를 효과적으로 사용하기 위하여 평소에 자료를 꾸준히 수집하고 자료에 따라 보관법을 숙지하는 등 많은 준비와 세심한 노력이 필요하다.

시청각 자료의 종류에는 도서, 실물, 모형, 사진과 그림, 게시판, 전자매체(TV, 컴퓨터와 인터넷, 녹음기) 등이 있다.

(1) 도서

유아는 글을 읽지 못하더라도 그림책을 보고 즐길 수 있으며 그림책은 유아에게 사회의 가치를 제시해 주는 좋은 매개물이다. 특히 유아는 그림책을 통해 다른 사람의 입장을 고려할 수 있으며 새로운 개념들에 대한 이해를 넓혀 가고 새로운 사실들을 습득해 간다.

유아사회교육에서 그림책이 지니는 가치는 다음과 같다(하수연 외, 2015).

- 주위 환경이나 세상에 대한 이해를 넓혀 주고 새로운 사실을 습득한다.
- 다른 사람이 말하고 느끼고 생각한 것을 알려 준다.
- 옳고 그른 것, 즉 도덕성에 대해 학습할 기회를 준다.
- 다양한 역할 모델을 제시해 주고 성 역할 학습에 중요한 영향을 준다.

그림책을 활용하는 방법으로는 그림책을 읽어 주고 내용과 관련지어 토의하는 활동을 할 수 있다. 유아사회교육을 위한 그림책의 선정 조건은 문학성이 있고 유아의 발달에 적합하여야 할 뿐만 아니라 주인공의 감정과 갈등이 명확하고 분명하게 드러나 있어서 감정이입이 잘되어야 한다. 또한 상위 추론 수준(타인 중심, 감정이입 단계)에서 성공적으로 갈등이 해결되어야 하며, 극화놀이나 토의와 같은 후속 활동도 가능한 이야기 내용의 책을 선정하는 것이 바람직하다(최윤정, 1998).

(2) 실물이나 모형

실물은 어떤 개조도 이루어지지 않은 원래대로의 실물 자체를 의미하며, 유아가 보고 듣고 만지고 냄새 맡고 맛보는 등 모든 감각을 활용하여 경험할 수 있다(전예화·최미현·천희영·서현아·황해익·오경녀, 2012).

이와 같이 유아도 실물을 관찰하고 조작하고 토의하는 과정에서 호기심과 흥미를 가질 수 있으며, 교사는 실물을 확보하기 위해 늘 주변의 생활에 관심을 기울이고 유아에게 바람직한 학습의 기회를 제공하여야 한다.

유아를 위한 사회교육은 실물을 통한 직접적인 경험이 중요하기도 하지만 때론 직접적인 경험의 제공이 어려울 경우, 실물의 표상이 될 수 있는 모형 등을 활용하여 대리적 경험을 제공하기도 한다. 예를 들면, 지구에 대해 학습한다고 가정할 때 지구를 직접 경험할 수 없으므로 지구본이라는 모형을 제시하여 지구의 다양한 내용에 대해 학습할 수 있는 기회를 제공할 수 있다. 이와 같이 모형이 사회학습 자료로 활용될 때 학습효과를 기대할 수 있다.

제시될 수 있는 모형으로는 자동차 등의 다양한 교통수단의 종류, 교통표지판, 여러 부속품, 공룡이나 동물 모형, 인형들, 음식물 모형 견본, 그리고 원근법을 사용해 만든 입체적 모델의 디오라마 등이 있다.

실물과 모형의 효율적인 활용방법은 다음과 같다(고정곤 외, 2014).

- 주제 도입 시 주제와 관련된 개념을 풍부하게 하거나, 종결활동 시 경험을 나누기 위해 실물을 활용할 수 있다.
- 유아가 실물이 어떻게 작동되는지 다루어 볼 수 있는 기회를 주고, 깨지기 쉬운 것은 유아에게 시범 또는 전시하여 보여 준다.
- 유아가 실물을 다룰 때 유아의 질문을 유의하여 듣고 유아의 흥미나 잘못 형성된 개념을 찾아 지도할 수 있다.
- 모형은 실물의 특징을 잘 살려 제작하며 필요에 따라 실물과 번갈아 가며 활용할 수도 있다

(3) 사진과 그림, 게시판

사진이나 그림은 필요에 따라 교사가 직접 학습 내용이 담긴 사진을 찍거나 그림을 그려서 사용할 수 있으므로 자료수집이 용이하고 이동 및 보관이 편리하다는 장점이 있어 가장 많이 사용되는 시각적 학습 매체로, 사실이나 정보를 언어보

다 구체적으로 의미 있게 제공해 주며, 학습 내용을 소개하거나 토의를 전개할 때 유용하다.

그림이나 사진은 유아의 주변 세계에 대한 이해를 도모하고 학습 경험을 확장시킬 수 있으며 사고의 폭을 넓게 해주기 때문에 사회학습의 자료로 많이 활용된다.

사진과 그림 자료 선택 시에는 활동에 참여하는 유아의 수에 따라 사진과 그림 크기가 적절해야 하며, 내용이 산만하지 않아야 한다. 또한 주제와 관련이 있고, 적절한 순서로 제시되어야 하며, 색채와 해상도가 뛰어나고, 전달하고자 하는 분명한 내용이 담겨 있어야 한다.

그림이나 사진은 화보나 잡지, 그림엽서, 관광안내서, 각종 선전 간행물, 각종 카탈로그, 달력, 신문, 포스터 등 주변 어디에서나 쉽게 구할 수 있는데, 그림이나 사진을 교실에 제시할 때는 유아가 충분히 볼 수 있도록 게시판에 붙여 둔다.

게시판은 학습 주제나 개념에 대한 자료를 게시하거나 유아의 작품을 전시하는 공간으로, 교실의 학습 분위기 조성에 도움을 주고 학습 경험에 직접 참여하고자 하는 동기를 자극하며 학습의 효율성을 높여 학습 내용에 대한 개념을 이해하는 데 도움을 준다.

(4) **전자매체**(technology in the classroom)

오늘날 현대 기술의 발달로 TV, 컴퓨터와 인터넷, 녹음기가 중요한 교육적인 자원으로 활용되고 있다. 전자매체는 유아의 흥미와 호기심을 효과적으로 자극하며 다양한 정보를 제공할 뿐만 아니라 가치 있는 학습 자원으로 사회적인 개념 발달에 중요한 기능을 한다. 따라서 교사는 전자매체를 신중하게 선택하고 활용하여 유아의 학습 경험을 확장하는 데 많은 도움을 주도록 해야 한다.

1 TV

TV는 교실에서 쉽게 사용하는 전자매체로 사회현상이나 사실을 보고 듣도록 생동감 있고 현실적으로 학습에 활용될 수 있다. 그러나 TV에서 자주 사용되는 부정적인 언어나 폭력적인 사건, 인물들의 묘사로 유아에게 바람직하지 않은 영향을 주고 수동적인 학습을 조장할 수 있다는 우려 때문에 항상 교육적이고 긍정적인 것만은 아니다. 그러나 부모나 교사가 유아에게 유익한 프로그램을 선택해 주고 함께 시청하는 기회를 통해 바람직하게 활용할 수 있다. 예를 들면, 동 시간대에 다른 지역의 사건과 생활을 경험하는 동시성의 장점과 잘 구성된 자연 다큐 프로그램을 통해 동식물의 생태, 특징, 환경과의 관계, 인간 생활의 영향 등에 대해 학습할 수 있다. 이와 같이 유아와 TV를 시청하고 이야기를 나누는 경험을 통해 학습 활동을 강화하는 보조역할을 할 수 있고 현실과 유사한 경험을 제공함으로써 학습의 효율성을 높일 수 있다.

2 컴퓨터(인터넷)

컴퓨터(인터넷)의 사용은 교육적 요소로서만이 아니라 모든 학습자에게 정보를 얻기 위해 필요한 기술로 인식되는데, 유아도 교실에서 컴퓨터(인터넷)를 활용하여 다양한 개념을 배우고 정보를 수집하고 기술을 연습하는 기회를 가진다.

컴퓨터 활동은 유아 간의 상호작용을 증진시킬 수 있도록 두 명 이상의 유아가 대화하면서 활동할 수 있는 환경을 조성해 주어야 하는데, 이 과정을 통해 유아는 도와주기, 협력하기, 자료 공유하기, 차례 바꾸기, 다른 사람 생각 존중하기, 친구와 함께 작업 완수하기 등 기본적인 사회적 기술을 발달시킬 수 있게 된다(구광현·이희경·김보현, 2014).

컴퓨터에 사용되는 프로그램은 사전에 점검하여 발달에 적합한 교육과정 목표의 맥락에서 평가하여야 하며 폭력성을 배제하고 반편견적인 내용을 포함한 것, 활동 주제와 관련된 것 등을 선택하여 유아의 개념이 확장될 수 있도록 해주는 것이 바람직하다.

3 녹음자료

녹음자료는 전축, 카세트, 녹음기, 릴녹음기 등 청각을 통해서 학습 내용을 전달하는 자료로 쉽게 녹음하고 재생할 수 있으며 보관, 운반, 조작 등이 간편하다. 이와 같이 녹음자료는 전달하려는 내용을 여러 번 반복하여 사용할 수 있는 반복성과 어디서나 비치·활용할 수 있는 보편성, 특정한 사건, 대화 또는 음악, 사건의 흐름 등을 사실대로 기록해 두는 기록성과 보존성, 시간과 장소에 구애받지 않고 필요한 장소에서 활용할 수 있는 공간의 극복성 외에도 자료 제작에 돈이 들지 않는 경제성, 사실성, 편집의 용이성 등의 특성을 가진 학습도구이다(최혜순, 2012).

녹음자료는 일과 운영 시 동화 읽기, 노래 부르기 등을 녹음한 후 다시 듣고 잘못된 부분을 교정·비교·발전 과정을 이해하는 데 활용하거나, 다른 사람과의 인터뷰 녹음 내용이나 친구들과 토의한 내용, 견학에서 녹음한 소리와 내용을 다시 듣고 분석할 때 학습보조 자료로도 활용할 수 있다.

CHAPTER 04

Social Studies for Young Children

유아사회교육의 평가

1. 유아사회교육 평가의 목적

유아사회교육은 유아가 자신을 소중하게 알고 사랑하며, 자신의 생각과 행동을 조절하여 가족과 친구를 비롯한 다른 사람과 화목하게 살아가는 방법을 익히고, 유아를 둘러싼 생활 세계에 대해 관심을 갖고 적응해 나갈 수 있는 기초능력을 기르기 위한 영역이다(박찬옥·이경림·장명림, 2007). 따라서 평가는 유아사회교육의 결과가 유아의 사회적 성장발달에 도움이 되었는지를 전체적으로 파악하는 것을 목적으로 한다. 유아사회교육의 평가는 유아사회생활의 내용이 유아교육현장에서 잘 이루어지는지를 판단하여 더 나은 효과를 이룰 수 있는 정보를 제공할 수 있다. 그러므로 유아사회교육 평가는 유아의 사회성 발달과 사회과학적 지식의 습득, 사회적 기술의 증진과 태도의 함양이 어느 정도 이루어졌는지를 판단하며, 유아사회교육을 위한 교육과정이나 프로그램의 효과와 적합성을 판단하기 위한 과정이라 본다.

구체적으로, 유아가 사회생활을 하는 데 필요한 사회적 기술과 태도가 긍정적으로 형성되어 가고 있는지, 사회적 참여를 적극적으로 하는지, 사회과학적 지식들을 적극적으로 구성해 가는지를 알아보는 데 평가의 중점을 둔다. 평가의 결과는 현장의 교사가 학습계획을 세우고, 학습범위를 결정하고, 교수자료를 선정하거나 교수방법 및 프로그램을 평가할 때 활용할 수 있으며, 부모와 상담 시 유아의 사회성 발달과 관련된 현재 발달수준과 현장의 수업내용에 대해 구체적으로 알려주는 데 자료를 제공할 수 있다. 결국 유아사회교육의 평가는 유아의 긍정적인 자아개념과 도덕성 발달, 친사회적 기술과 성향 등의 사회성 발달 촉진과 경제 개념, 문화와 전통, 세계에 대한 이해와 집단생활에서 요구되는 태도 및 성향을 형성시키기 위한 교육의 효과를 높이는 데 목적을 둔다.

2. 유아사회교육 프로그램 및 교육활동 평가

유아사회교육 프로그램 및 교육활동이 유아의 현재 발달상태를 고려하고 있는지, 앞으로 발달의 변화 양상에 긍정적인 영향을 줄 수 있는지, 유아의 흥미에 적합한지, 교육내용이나 방법이 사회문화와 시대적 상황에서 타당하며 적합한지에 대하여 분석할 필요가 있다. 따라서 프로그램 및 교육활동 평가는 수업이 본래 의도한 목적과 유아들이 달성한 학습결과와의 차이를 비교하는 목표 평가, 수업을 이끄는 데 필요한 자원인 교육내용 평가, 교육자원을 프로그램에서 어떻게 활용하는가의 방법으로서 교사의 수업방식과 교사와 유아의 상호작용을 평가하는 교수-학습과정 평가, 유아사회교육과 관련한 제반환경의 평가가 있다.

1) 교육목표 평가

어떤 프로그램이나 교육활동은 교육목표의 설정에서부터 시작된다. 교육목표는 활동의 수행으로 유아에게 일어날 바람직한 변화의 상태를 예상하게 한다. 유아사회교육 프로그램이나 교육활동에서 목표가 선정되었다면 그 활동이 종료되고 나서 그 목표가 얼마나 성취되었는가를 확인하여 성과를 판단하게 된다. 활동 종료 후 목표가 달성되지 못했다면 그 원인이 무엇인지, 교육내용 선정이 부적절했는지, 교육방법이 효율적이지 않았는지를 분석해 보고 일련의 교육과정을 변화시켜야 한다.

2) 교육내용 평가

유아사회교육의 내용이 적절히 선정되었는지를 판단하는 기준은 목표를 성취하기 위한 것이어야 하며, 무엇보다 유아의 발달에 적합한 것이어야 하고 사회적으로 가치 있는 것이어야 한다. 이는 교육내용의 적합성과 타당성을 분석하는 기준이 된다. 예를 들면, 유아에게 환경을 보호하는 태도와 행동을 갖게 하는 것이 교육목표라고 할 때, 유아가 살고 있는 동네의 지저분한 곳을 조사하고 쓰레기를 집게로 주운 후 비닐봉지에 담아 와 휴지통에 버리는 활동과 분리수거를 하는 활동을 진행하였다면 환경보호를 위한 적합한 교육내용이라고 할 수 있다.

3) 교수-학습과정 평가

교사는 유아사회교육의 목표를 달성하기 위해 선정된 교육내용을 유아가 가장 적합한 방법으로 학습할 수 있도록 활동을 제공해야 하는데, 유아가 교육 내용을 적절히 경험하기 위해서는 교사의 교수전략과 교수매체가 적합해야 한다는 것이다. 교사와 유아 간의 상호작용이나 유아와 교구와의 상호작용, 유아와 유아 간의 상호작용이 어떠한가에 따라 교육내용의 전달 정도가 달라질 수 있다. 예를 들어, 쓰레기 분리수거와 관련된 교육 내용을 관련 사진을 이용해서 교사 주도의 이야기 나누기로 진행할 수도 있고, 대집단 신체게임 활동을 실시할 수 있으며, 자유선택 활동시간을 활용하여 관련 교구를 유아 스스로 조작해 볼 수도 있다.

4) 교육환경 평가

유아를 둘러싼 교육환경은 미시적인 환경부터 거시적인 환경까지 매우 포괄적인데, 가정과 유아교육기관, 지역사회가 대표적인 환경체계이다. 가정은 유아가 태어나서 최초로 접하는 일차적인 사회화 집단인데, 사회교육을 돕는 부모, 친인척, 형제 등이 인적 자원이 될 수 있다. 물리적 자원으로는 놀잇감, 책 등이 해당되며, 정서적인 분위기도 유아의 사회성 발달에 중요한 영향을 미친다. 유아교육기관은 또래와 사회적 관계를 맺게 되는 곳으로 공동체 생활을 통하여 다른 사람들과 더불어 살 수 있는 지식과 사회적 기술, 태도 및 성향을 형성하는 데 도움을 준다. 더불어 유아가 생활하는 지역사회는 유아가 자신의 정체성과 사회적 관계를 알아 가는 데 중요한 자원이 된다. 치과, 공원, 소방서 등 지역사회의 물리적 자원과 다양한 직업과 역할을 하는 사람들을 포함한 인적 자원은 유아사회교육을 효과적으로 하는 데 중요한 역할을 한다. 유아교육기관의 교사는 이러한 자원을 최대한 활용할 수 있도록 충분한 사전조사를 진행하고 계획을 세워야 할 것이다.

3. 유아사회교육 평가의 방법

1) 관찰

관찰법은 대부분 도구를 사용하지 않고 관찰자가 자신의 감각기관을 사용하여 일상적인 상태로 진행되는 자연스러운 상황에서 유아의 행동을 직접 관찰하여 자료를 수집하는 방법으로, 만약 도구를 사용하는 경우라 해도 관찰을 하는 사람에게는 영향이 있지만 관찰을 받는 대상에게는 영향을 주지 않는다. 특히 유아교육기관에서 관찰법이 선호되는 이유는 유아의 발달적 특성 때문이다(황해익, 2004). 우선 언어적 제약을 들 수 있다. 유아는 눈빛, 목소리, 몸짓, 행동방식, 웃음 등으로 의사소통을 한다. 유아가 언어로 자신의 감정과 생각을 제대로 전달하기에는 상당히 오랜 기간이 필요하다. 따라서 유아의 행동, 성장, 학습에 대한 정보를 얻기 위해 교사는 유아가 말하는 것뿐만 아니라 몸짓으로 행동하는 것에 대한 정보도 기록해야 한다.

(1) 일화기록

사전에 계획한 시간 안에 일어나는 모든 것을 기록하는 표본식 기술과는 달리 일화기록법은 시간과 장소에 상관없이 관찰자에게 의미 있다고 생각되는 짧은 내용의 사건, 즉 기록할 만한 가치가 있는 행동이나 변화, 주의를 끌 만한 사건 등을 제3자의 입장에서 본 그대로 기술하는 것으로 관찰한 후에 그 상황에 대하여 일상적인 기록을 남기는 서술식 설명을 말한다. 일화기록법은 한 인간의 성격 및 행동 특성 적응양식을 이해하기 위해서 구체적인 행동사례를 될 수 있는 대로 상세하게 기록하는 방법으로 유아의 정의적 학습과 사회 적응의 평가에 사용되며, 지적 발달에 대한 평가를 위해서도 이용된다(이순복·김성원·박지영·석은조, 2013).

특히 유아의 일상적인 행동 이해와 성격 및 사회·정서적 특성이나 집단 내에서 맺게 되는 다른 유아와의 관계분석과 더불어 유아가 가진 문제점을 분석·진단하는 데 유용하게 활용된다. 일화기록법은 동일 유아의 활동과정을 관찰시점과 범위를 명확히 하여 종단적으로 장기간 관찰한 기록이 있으면 한층 가치 있는 귀중한 자료로 활용된다. 특정 유아의 문제행동을 해결하는 경우에는 어떤 과정을 거쳐 왔는지에 대한 예전의 정보가 그 문제행동을 연구하는 데 도움이 되기 때문이다. 따라서 일화기록법으로 관찰할 때 관찰자는 기록할 사건의 요점을 잘 파악할 수 있는 능력을 함양하는 것이 중요하다.

일화기록을 할 때에는 다음과 같은 점에 유의한다(최석란·이경희·이상화·서원경, 2006).

첫째, 사건이 생긴 후 곧 기록한다. 따라서 언제나 기록할 수 있도록 연필과 기록카드를 항상 가까이에 준비해 놓도록 한다. 그러나 관찰대상 유아가 자신이 관찰의 대상이 되고 있음을 의식하게 되면 부자연스럽게 행동할 우려가 있으므로 유아가 보는 앞에서는 기록하지 않도록 한다.

둘째, 대상 유아의 말과 행동을 구별해서 기록한다.

셋째, 관찰시간, 장면, 진행 중인 활동 등 상황적인 자료를 반드시 기록에 포함시키도록 한다.

넷째, 대상 유아의 언어와 행동을 기록함과 동시에 그 상황에 있는 다른 사람들의 반응도 기록한다.

다섯째, 대화의 정확한 의미를 파악하기 위해서 대상 유아가 사용한 말을 그대로 인용한다.

여섯째, 일련의 사건을 기록할 때에는 사건이 일어난 순서대로 기록한다. 즉, 일화기록에는 시작, 중간, 끝이 있어야 한다.

일곱째, 일화의 내용을 구체적으로 쓰도록 하며 일반적이고 평가적인 면으로 기록하는 것은 피한다(예: 일반적→영이는 언제나 음악을 좋아한다 / 평가적→영이는 대단히 감상적이다).

여덟째, 객관적이고 사실적이며 완전한 기록이어야 한다. 길게 설명을 덧붙여서 쓰는 것보다는 간결하나 객관적이고 사실 그대로를 기록하도록 유의한다. 특히 관찰자의 편견이 개입되지 않도록 한다.

일화기록법은 한 가지 행동이나 상황에 대한 단편적인 사건의 기록이므로 한 번에 한 가지 사건이 기록되어야 하며 관찰대상 유아의 발달과 성장을 이해하는 데 의미 있는 자료가 되어야 한다. 그러나 사건이 일어나야 관찰이 이루어지고, 그 내용을 기록하는 것으로는 체계적인 자료를 얻지 못할 뿐만 아니라 의미 있고 신뢰 있는 해석을 하기 어렵기 때문에 관찰자는 기간을 정해 몇 번의 지속적인 일화자료에 기초하여 작성해 가는 것이 바람직하다. 〈표 4-1〉은 일화기록 관찰양식에 관한 예이다.

일화기록법의 장점은 사전에 특별한 계획이나 준비가 없어도 이루어질 수 있으며 간결하게 기록할 수 있어 많은 시간을 필요로 하지 않기 때문에 현장에서 쉽게 활용할 수 있다. 관찰한 모든 내용이 아닌 유아의 구체적인 행동사례를 집중적으로 상세하게 기록하기 때문에 당시 상황을 더 분명하게 남길 수 있다. 또 일화를 기록하는 관찰지 외에 일화기록관찰 누계표를 만들어 놓고 지속적인 관찰을 통해 기록된 자료를 비교·분석하면 유아의 흥미나 발달패턴 능력 등에 관한 다양한 정보를 제공하여 유아에 대한 교사의 이해를 더욱 증진시킬 수 있다. 단점으로는 관찰자가 의미 있다고 생각하는 행동을 기록하므로 관찰자의 주관적인 판단이나 감정이 관찰기록에 포함될 수 있으며 관찰 즉시 기록하지 못할 경우, 그때의 상황을 정확히 기억하지 못하고 관찰자 자신의 편견이 들어가는 경우가 발생할 수 있다.

또한 사건의 상황묘사가 적은 단편적인 기록이기 때문에 지속적인 관찰이 이루어지지 않을 때는 유아에 대한 객관적인 판단이 흐려질 수도 있다.

〈표 4-1〉 일화기록 관찰양식

• 관찰유아: • 관찰일시:		• 생년월일: 년 월 일(남·여) • 관찰자:	
관찰일시			
관찰장면			
관찰의 초점			
관찰내용			
발달 영역			
해석			
지도계획			

(2) 표본기술법

표본식 기술은 관찰자가 관찰할 대상과 장면, 시간 등 어떤 조건을 미리 정해 놓고 그 시간 내에 발생하는 유아의 행동을 관찰하여 그 내용 전부를 정해진 양식 없이 순서대로 자세하게 완전히 기술하는 방법으로 지속적 관찰기록이라고도 한다. 미리 정한 어떤 기준에 따라 관련된 행동이나 사건내용 전체를 기록하고 그것이 일어나게 된 환경적 배경을 상세하게 이야기식으로 서술하는 것이다. 대개 표본식 기술상황이나 행동을 자세히 묘사하기 때문에 유아를 직접 다루는 교사들에게 유용한 자료를 제공해 준다. 특히 표본식 기술의 가치는 시간이 흐르면서 수집된 정보들을 서로 비교할 수 있고 진행상황을 도표화하거나 변화 양상을 검토하고 평가할 수 있다는 데 있다.

표본기술법은 가능한 한 많은 자료를 수집하는 것이 중요하므로 관찰자가 일정한 기간, 혹은 활동이 끝날 때까지 유아가 말하고 행동한 모든 것을 객관적으로 자세히 순서대로 기록하고 그 자료를 활용하여 여러 측면에서 유아의 발달을 볼 수 있다.

다음은 표본식 기술을 사용하여 관찰할 때 고려해야 할 지침이다(박성연·박응임·서소정·안지영·이주연·임희수 외, 2007).

- 보통 10~30분 정도의 시간에 걸쳐 관찰한다.
- 관찰지에 관찰날짜, 시간, 관찰대상(생년월일과 성별), 관찰자의 이름을 미리 기입해 둔다.
- 관찰대상인 유아의 행동이 관찰된 장소와 관찰장면을 기록한다.
- 보고 들은 바를 그대로 기록한다. 객관적 사실만 기록하여 주관적 판단과 추론을 배제한다.
- 관찰대상인 유아의 말과 행동을 가능한 한 자세히 기록하여야 하며, 직접 화법과 현재형으로 유아의 대화를 그대로 기록하도록 한다.
- 관찰대상인 유아뿐만 아니라 유아의 상호작용 대상자의 말과 행동도 기록한다.
- 사건이 진행된 시간 순서대로 기입한다(매 1~5분마다 또는 장면이 바뀔 때마다 시간 표시).
- 관찰지의 왼쪽 여백을 이용하여 유아의 행동지속 시간이나 관찰장면이 바뀔 때 기록한다. 시간을 표시해 두면 유아가 관심을 갖는 활동을 파악할 수 있고 유아의 주의집중 시간의 지표가 되기도 한다.
- 활동에 대한 보충설명과 해석은 별도로 기입한다.
- 관찰유아의 행동을 긍정적으로 기술한다(예: "이런, 이런 말을 했다").
- 마지막에 발달영역별로 간단히 요약을 한다.

표본식 기술의 가장 큰 장점은 관찰을 위하여 관찰자의 특별한 기술이나 도구를 준비하지 않아도 관찰한 것을 기록할 용지와 필기도구만 있으면 관찰한 모든 상황을 자세하게 기록할 수 있다는 점이다. 기술된 관찰기록을 통해 사건의 전·후 상황을 알고 관찰 유아에 대한 많은 정보를 제공하여 교사들의 이해와 교육계획

수립에 도움을 줄 수 있다.

특히 학기 초 교사가 유아를 이해하는 데 도움을 받을 수 있으며 문제행동을 가진 유아의 지도에도 도움이 된다. 그러나 모든 상황을 자세하게 기록하기 때문에 시간이 많이 걸리고 기록된 자료가 많을 때는 분석하는 데도 어려움이 있다. 또한 관찰자의 주관적인 해석이 이루어질 수도 있으며 관찰대상으로 대개 한 명의 유아만을 대상으로 해야 한다는 것 등은 단점이 된다. 〈표 4-2〉는 표본식 기술의 관찰양식 예이다.

〈표 4-2〉 표본식 기술의 관찰양식

• 관찰유아: • 관찰자: • 관찰장면:	• 생년월일: 년 월 일(남·여) • 관찰일시: 년 월 일 • 관찰일:	
관찰시간	관찰기록	관찰내용 분석

지도계획:

※ 관찰시간이 10분인 경우는 매 1분마다, 30분이면 매 5분마다 시간 표시를 하거나 관찰장면이 바뀔 때마다 시간 표시를 한다.

(3) 행동목록법

관찰자인 교사가 사전에 특정 행동목록을 만들어 관찰된 것이 어떤 것이든 그 행동이 나타났는지 여부를 표시하는 것으로 어떤 행동의 발생 유무에 관심이 있을 때 사용한다. 미리 준비한 목록에 따라 관찰대상의 현재 상태를 평가하여 행동의 발생 여부를 '예', '아니오'로 기록하거나 체크하기 때문에 체크리스트법이라고 하기도 한다. 관찰하기 전에 행동특성의 목록이 미리 작성되므로 관찰자의 주관적 평가를 배제할 수 있으며 목록에 있는 행동의 발생 유무에 따라 '예', '아니오'로 답을 기록하지만 시간을 두고 반복관찰을 통해 같은 행동목록을 사용하여 기록을 하면 유아의 행동변화를 알 수도 있다. 〈표 4-3〉은 사회성 발달 체크리스트의 예이다.

〈표 4-3〉 행동목록법 관찰양식-사회성 발달 체크리스트-

• 관찰유아: • 생년월일: • 성별: 남·여
• 관 찰 자: • 관 찰 일: • 관찰일 현재 연령: 년 월
-관찰할 유아를 선택한 후 Checklist에 있는 행동이 나타나면 ∨로 표시한다.
-관찰결과를 요약·정리한다.

문 항	예	아니오	비고
1. 친구들과 함께 놀이를 한다.			
2. 다양한 놀이에 참여한다.			
3. 친하게 지내는 친구가 많다.			
4. 친구에게 놀이를 하자고 제안한다.			
5. 새로운 교구에 흥미를 보인다.			
6. 새로운 환경에 적응을 한다.			
7. 이미 진행되고 있는 놀이에 자연스럽게 끼어든다.			
8. 친구의 놀이나 활동을 방해하지 않는다.			
9. 문제 상황이 생기면 말로 해결한다.			
10. 다른 친구의 물건을 사용할 때 허락을 구한다.			
11. 자기보다 약한 친구를 도와준다.			
12. 친구가 도와주면 "고맙다"라고 말한다.			
13. 집단생활에서 여러 친구들과 협동한다.			
14. 친구와 약속을 지킨다.			
15. 친구들이 좋아한다.			
16. 집단생활에서의 규칙을 지킨다.			
17. 새로운 활동에 적극적으로 참여한다.			

문 항	예	아니오	비고
18. 차례를 잘 지키고 잘 기다린다.			
19. 내 물건과 다른 사람의 물건을 구별하여 사용한다.			
20. 활동에 자신감을 갖고 참여한다.			
21. 교사와 관계가 능동적이다.			
22. 교사와 상호작용을 잘한다.			
23. 친구들의 이름을 알고 있으며 가끔 친구에 대해 이야기한다.			
24. 다른 유아와의 문제해결을 위해 교사나 다른 성인들의 도움을 요청한다.			
25. 또래와 상호작용을 잘한다.			

출처: 전남련·황연옥·이혜배·강은숙·권경미(2011).

행동목록을 작성할 때의 유의점은 다음과 같다(황해익·임재택, 1997).

첫째, 문항은 관찰 가능한 행동을 기술한 것이어야 한다.

둘째, 문항은 관찰대상 행동을 모두 포괄하며 문항 간에 상호 배타적이어야 한다. 즉, 서로 중복되는 문항이 없어야 한다.

셋째, 관찰자가 행동관찰 결과를 보다 쉽게 기록할 수 있도록 체크리스트의 순서나 위치를 논리적으로 조절한다.

넷째, 행동목록을 이용하여 얻어지는 자료의 질은 각 항목의 명료성 혹은 관찰자가 얼마나 정확하게 각 항목을 평가하느냐에 달려 있으므로 행동목록의 지침은 모호하지 않고 정확하고 명료하게 기록되어 있어야 한다.

다섯째, 모든 관찰기록 방법과 마찬가지로 관찰기록지에 관찰자명, 참여대상 이름, 연령, 성별 및 관찰일 등 관찰과 관련된 기록란이 반드시 필요하다.

(4) 평정척도법

평정척도법은 행동목록법처럼 미리 어떤 특성이나 활동들이 예시되어 있어 무엇을 관찰할 것인가를 알고 있을 때 사용하는 것으로 객관적인 가치척도에 근거하여 관찰자가 평정을 기록하는 것이다. 그렇지만 관찰대상 유아의 행동발생 여부만을 표시하는 행동목록법과 달리 평정척도법은 행동을 기술된 문장이나 숫자의 연속성 위에 분류하는 방법으로 행동의 빈도뿐만 아니라 행동특성과 행동의 정도 또는 질적 수준까지 평가할 수 있다.

평정에 사용하는 척도의 종류는 수집하려는 자료의 성격과 관찰의 목표에 입각하여 결정한다. 대체로 척도는 행동에 대한 질적인 특성이나 발생빈도에 따라 수량적인 정도의 차이를 나타내도록 구성한다(김지은·김진숙, 2010).

평정척도법의 유형에는 기술평정척도, 숫자평정척도, 도식평정척도, 표준평정척도 등이 있으며 각 유형의 특징은 다음과 같다.

① 기술평정척도(category rating scale)

기술평정척도는 행동의 특징을 질적인 차이가 있는 몇 개의 연속성 있는 단계로 나누어 간단한 단어나 문장으로 기술하고 관찰대상의 행동에 가장 적합한 내용을 관찰자가 선택하는 방법을 말한다. 보통 한 가지 행동에 대해 3~5개의 범주로 나누어지며 문장은 범주 간의 차이가 있는 행동적인 표현으로 기술되는 것이 바람직하다.

〈표 4-4〉 기술평정척도 관찰양식의 예

• 이름:	• 생년월일:	• 성별: 남·여
• 관찰자:	• 관찰일:	• 관찰일 현재 유아의 연령: 년 월
지시: 다음 각 문항에서 유아의 행동을 가장 잘 진술한 범주에 ∨를 한다.		
• 놀이시설 이용 시 차례를 잘 지킨다. ( ) 언제나 차례를 지키지 않는다. ( ) 어른이 말하면 마지못해 차례를 지킨다. ( ) 어른이 말하면 차례를 지킨다. ( ) 가끔 스스로 차례를 지키는 경우가 있다. ( ) 언제나 스스로 차례를 잘 지킨다.		

- 다른 친구의 놀이를 방해하지 않는다.
  (   ) 주의를 주어도 다른 친구들의 놀이를 방해한다.
  (   ) 주의를 주면 마지못해 멈춘다.
  (   ) 주의를 주면 다른 친구들의 놀이를 방해하지 않는다.
  (   ) 대체로 다른 친구들의 놀이를 방해하지 않는 편이다.
  (   ) 언제나 다른 친구들의 놀이를 방해하지 않는다.

② 숫자평정척도(numerical rating scale)

숫자평정척도는 평가를 하려는 행동의 특성을 기술한 척도치에 평정하려는 정도에 따라 점수로 환산할 수 있는 숫자를 부여하는 것으로 결과의 수량화와 통계적인 분석까지 가능한 방법이다. 이때 숫자는 가장 긍정적인 척도치에 높은 점수를 주는 것이 일반적인 원칙이다. 이미 개발되어 있는 기술평정척도의 범주가 있다면 각 범주에 숫자를 배정하여 숫자평정척도로 바꾸어 활용할 수도 있다. 점수가 3점 척도인 경우는 3, 2, 1점으로, 5점 척도면 5, 4, 3, 2, 1점으로 부여하는데 대개 5점 척도인 경우가 많다.

일반적으로 숫자평정척도는 기술평정척도와 병행하여 사용하는 것이 바람직하다고 생각된다. 왜냐하면 숫자평정만으로는 평정자마다 평정의 준거가 다를 수 있으므로 각 척도치를 기술하는 행동적 준거가 필요하기 때문이다. 또한 기술평정만으로는 자료를 수량화할 수 없고 기술적 유목에 따른 척도치가 점수화되어야 유용하기 때문이다(김지은 외, 2010).

〈표 4-5〉 숫자평정척도 관찰양식의 예

<table>
<tr><th colspan="6">유아의 친사회적 행동 숫자평정척도</th></tr>
<tr><td colspan="6">• 이름: • 생년월일: • 성별: 남·여
• 관찰자: • 관찰일: • 관찰일 현재 유아의 연령: 년 월</td></tr>
<tr><td colspan="6">지시: 유아의 친사회적행동(prosocial behavior)에 대해 다음과 같이 1~5로 평정하여 해당 숫자에 ○표를 한다.</td></tr>
<tr><td>유아의 친사회적 행동</td><td>1.
아주 못함</td><td>2.
못함</td><td>3.
보통</td><td>4.
잘함</td><td>5.
아주 잘함</td></tr>
<tr><td>1. 친구와 장난감을 교환하며 놀이를 한다.</td><td>①</td><td>②</td><td>③</td><td>④</td><td>⑤</td></tr>
<tr><td>2. 교사나 친구에게 친절하다.</td><td>①</td><td>②</td><td>③</td><td>④</td><td>⑤</td></tr>
<tr><td>3. 친구를 위해 간식 그릇을 치워 주거나 책상 정리를 해준다.</td><td>①</td><td>②</td><td>③</td><td>④</td><td>⑤</td></tr>
<tr><td>4. 친구나 교사를 도와준다.</td><td>①</td><td>②</td><td>③</td><td>④</td><td>⑤</td></tr>
<tr><td>5. 친구에게 나누어 주기를 한다.</td><td>①</td><td>②</td><td>③</td><td>④</td><td>⑤</td></tr>
</table>

출처: 전남련 외(2011).

③ 도식평정척도(graphic rating scale)

도식평정척도는 기술된 유목에 관찰자의 용이한 평정을 위해 시각적인 도식을 제공하는 것으로 대개 횡적인 직선을 많이 사용하며 척도치에 따라 몇 개의 동간으로 나누어져 있는 경우가 대부분이다. 관찰자는 직선의 나누어진 위치에 따라 시각적 단서로 활용하여 관찰하려는 행동의 연속성을 가정할 수 있게 되고 판단에 따라 적합한 곳에 표시한다.

〈표 4-6〉 도식평정척도 관찰양식의 예

유아의 사회·인지적 놀이			
• 관찰유아: • 관찰자:		• 생년월일: 년 월 일(남·여) • 관찰일: 년 월 일	
지시: 다음 각 항목을 읽고 관찰하는 유아의 사회·인지적 발달에 평점을 주도록 한다.			
1. 놀이형태	주로 혼자서 논다.		친구와 함께 논다.
2. 놀이방법	단순한 기능놀이 또는 연습놀이를 한다.		친구와 역할놀이를 한다.
3. 놀이시간	한 곳에서 오랫동안 놀이하지 못하고 자주 이동한다.		다양한 대화나 놀이방법으로 오랫동안 놀이를 지속한다.

출처: 황해익(2004).

2) 면접법

면대면(face-to-face)의 접촉을 통한 면접법은 유아에 대한 정보를 유아와 면담하거나 부모 및 교사 등 유아를 잘 아는 성인과 면담을 통하여 얻는 방법이다. 면접에서 가장 중요한 것은 신뢰 있는 분위기 조성이다. 면접법의 장점으로는 풍부하고 정확한 정보와 깊이 있는 반응을 얻을 수 있으며, 무응답이 적고 회수율이 높다는 것이다. 단점으로는 시간이 많이 들어 비경제적이며 피면접자가 정직하게 대답하지 않을 경우 신뢰도가 떨어진다는 것이다. 또한 면접자의 편견이 개입할 여지가 있고 면접기술과 능력에 따라 다른 정보를 얻을 수 있다는 것이다.

언어능력이 부족한 유아를 면접할 때는 의사전달에 제약이 있기 때문에 올바른 정보를 얻기가 어려우므로 주의를 기울여야 할 점은 다음과 같다(최기영·우수경·양진희·이학선·이인원, 2008). 첫째, 질문을 말로만 하지 않고 그림과 함께 제시하고 응답도 제시한 그림을 보고 선택하도록 한다. 둘째, 유아들은 주의집중할 수 있는 시간이 짧기 때문에 면접시간을 짧게 한다. 셋째, 유아들은 질문에 대한 요지를 이해하는 능력이 부족하기 때문에 충분한 설명을 해주어야 한다. 넷째, 유아의 상상과 실제사고를 잘 구분해야 한다. 다섯째, 수줍음을 많이 타는 유아, 산만한 유아의 경우에는 면접 실시 이전에 집중할 수 있는 간단한 게임이나 놀이를 하는 것이 좋다.

면접법의 종류에는 면접의 질문계획 정도에 따라 구조적 면접과 준구조적 면접, 비구조적 면접으로 나눌 수 있다. 구조적 면접은 질문내용, 질문순서, 방법 등이 사전에 정해진 것이다. 준구조적 면접은 사전에 면접에 관한 세밀한 계획을 세우되 면접장면에서 면접자가 융통성 있는 면접을 하는 방법이다. 비구조적 면접은 면접의 목적만 정하고 질문의 구조, 순서, 방법은 면접자에 의해 정해진다.

3) 검사법

(1) 질문지법

질문지법은 어떤 문제나 사물에 관한 필요한 사항을 알아보기 위하여 만든 일련의 문항들을 체계적으로 조직하고 작성하여 유아, 교사, 부모 등 평가대상자의 반응이나 객관적인 사실, 주관적인 의견 및 태도 등을 파악하는 방법이다. 질문지법은 문장으로 제시된 체계적인 문항을 통하여 정보를 수집하기 때문에 문해능력이 없는 유아에게는 활용되기 어렵다. 유아사회교육을 위한 평가를 활용하기 위해서는 유아뿐만 아니라 이들과 직접적인 연관이 있는 학부모나 교사를 대상으로 자료를 수집하는 경우가 많은데, 이럴 경우 질문지법을 활용할 수 있다.

질문지의 형식에 따라 구조적 질문지와 비구조적 질문지로 구분할 수 있다. 구조적 질문지는 폐쇄형이라고 하며 미리 나올 만한 여러 개의 선택지를 제시하고 그중에서 선택을 하게 하거나 서열을 매기도록 하는 문항형식이다. 장점으로는 결과의 분석이 용이하고 응답자의 반응을 상호 비교할 수 있다는 것이다. 단점으로는 선택지의 내용을 포괄적이고 문항 간 배타적으로 작성하기가 어렵고, 응답자의 창의적인 반응을 얻을 수 없다는 것이다.

비구조적 질문지는 개방형에 해당하는데 응답자가 주어진 질문에 대하여 비교적 자유롭게 반응할 수 있도록 만든 문항형식이다. 이 형식은 응답자의 표현능력이 높고 성실하게 반응할 수 있도록 만든 문항형식이다. 일반적으로 개인의 흥미, 태도, 가치관 등을 조사할 때 활용된다. 장점으로는 응답자가 자연스럽게 창의적으로 반응할 수 있다는 점과 조사하려는 문제에 대해 폭넓은 의견이나 태도를 알 수 있다는 점이다. 단점으로는 반응결과를 정리하기가 어렵고 주관적인 판단이 개입되기 쉬우며, 응답자에게 많은 시간과 노력을 요구하므로 성의 없는 반응이나 무응답의 가능성이 많다는 것이다.

질문지법을 통하여 부모 또는 교사에게 자료를 얻고자 할 때 고려해야 할 점은 다음과 같다.

첫째, 응답자가 솔직하고 성실하게 답변할 수 있는 내용인가?

둘째, 질문지를 통해 필요한 정보를 얻을 수 있는가?

셋째, 불필요한 문항 수를 줄여 필요한 사항만을 묻고 있는가?

넷째, 질문지 결과가 응답자에게 불리하게 작용하지 않을 것이라는 사실을 사전에 충분히 인식시켰는가?

(2) 표준화검사법

표준화검사법은 누가 사용하더라도 검사의 실시와 채점, 결과의 해석이 동일하도록 모든 절차와 방법을 일정하게 만들어 놓은 검사로서, 개인이 지니고 있는 신체적·심리적 특성의 질과 양을 측정할 목적으로 일정한 조건하에 특정한 문제나 작업을 부과하여 피검자가 나타내는 반응을 체계적으로 관찰하는 절차를 말한다(황해익 외, 1997).

유아를 대상으로 사회적 행동이나 태도를 분석하기 위해 만들어진 표준화검사는 유아의 사회성 발달 및 행동특징을 진단할 수 있으며, 유아의 개인차나 집단 간 차이, 개인 내 차이와 유아사회교육 프로그램의 효과를 판단하는 수단으로도 활용될 수 있다. 유아사회교육 분야에서 활용되는 표준화검사는 대부분 개별검사가 많지만 여러 명의 유아에게 동시에 실시하는 집단검사도 있다. 집단검사는 개별검사에 비하여 시간과 노력이 적게 들고, 실시방법도 용이하다고 할 수 있다. 자기표현기술이 발달된 유아의 경우 집단검사를 할 수 있으나 어린 유아의 경우 집단검사보다는 개별검사를 해야 하는 경우가 많다. 유아들을 대상으로 하는 개별검사는 검사자의 지시나 요구를 잘 이해하지 못하기 때문에 세심한 주의를 기울일 필요가 있다. 무엇보다 검사의 신뢰성을 위해 검사자와 유아 간의 래포(rapport) 형성이 중요하다. 이러한 이유로 유아를 대상으로 한 개별검사는 시간과 노력이 많이 든다. 유아를 대상으로 한 표준화검사는 지능검사, 창의성 검사, 자아개념 검사, 사회적 능력 검사 등이 있다.

(3) 사회성 측정법

교사는 교실에서 유아의 사회적 지위나 집단 속 역학관계, 집단 내 소집단의 형성관계를 알아볼 수 있다(Moreno, 1953). 이때 교사는 사회성 측정법(sociometry)을 사용할 수 있다. 사회성 측정법은 아동이 또래를 통해 자신의 사회적 요소를 통합적으로 평가받는 것으로 조직이나 학급 내에서 개인이 처한 현실을 가장 짧은 문항을 가진 측정도구와 신속한 자료처리의 방법을 통하여 가장 많은 정보를 제공받는 방법이라고 말할 수 있다. 일반적으로 학급에서 가장 좋은 친구를 3~5명 정도 지명하여 쓸 것을 요구하는 또래지명법 질문지를 통하여 자료를 받은 다음 이 자료를 빈도 처리하여 가장 많은 빈도 수를 받은 상위 25%에 해당되는 아동을 인기아동(star), 중위 50%를 평범아동(average), 하위 25%에 속한 아동을 배척아동(isolate, rejected)으로 명명하여 아동들 간의 태도나 행동적인 측면을 비교할 수 있다. 또래평정법은 각 유아에게 학급 구성원 전체의 이름이 적혀 있는 명단을 나누어 준 후 한 사람도 빠뜨리지 않고 모두를 평정하게 하는 것이다.

사회성 측정법의 절차는 먼저 사회성 측정 검사지를 제작한 후 사회성 측정 행렬표를 〈표 4-7〉과 같이 작성하고, 이를 근거로 [그림 4-1]과 같이 사회도(sociogram)를 작성한다. 분석된 행렬표를 기초로 각 유아들 간의 선택과 배척관계를 인기 아이, 배척당하는 아이, 무시되는 아이, 단짝관계 등으로 한눈에 확인할 수 있다.

〈표 4-7〉은 6명으로 구성된 유아집단에서 각각 좋아하는 친구를 3명씩 선택한다고 했을 때의 결과를 보여준다. 구체적으로 보면, 예혁이의 피선택 수는 5로서 높은 인기도를 나타내며, 민수는 1로서 다른 유아로부터 수용도가 낮음을 나타낸다. 피선택 수가 적을수록 집단에서 고립되거나 경시되는 사람이라고 볼 수 있다.

〈표 4-7〉 사회성 측정 행렬표 예시

피선택자 / 선택자	은민	희영	청아	민수	예혁	솔빈	선택 수
은민		1	1		1		3
희영	1			1	1		3
청아	1				1	1	3
민수		1	1		1		3
예혁			1			1	3
솔빈	1		1		1		3
선택 수	3	2	4	1	5	2	

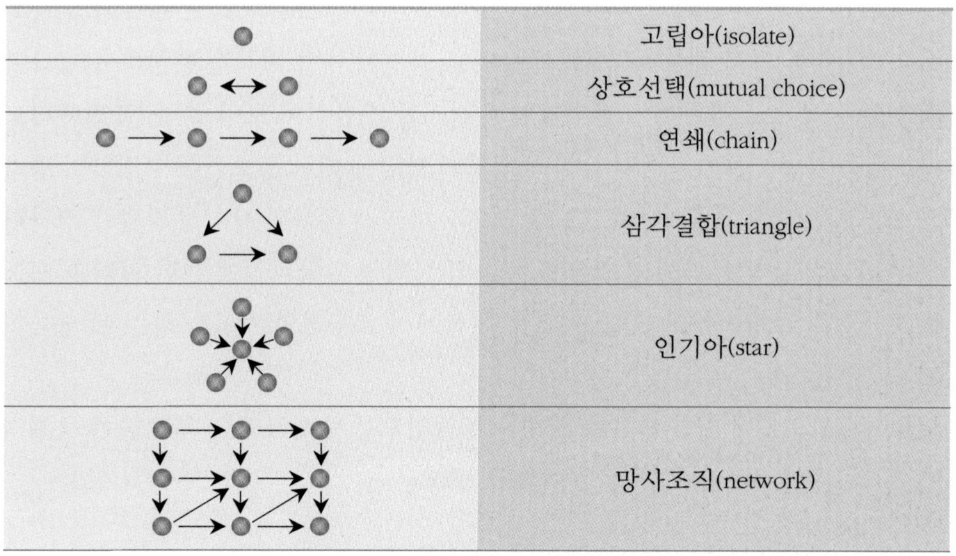

[그림 4-1] 사회도의 기본형

〈사회성 측정법의 장점〉

- 단순하고 실시하기가 용이다.
- 유아들 사이의 집단역동이나 집단 내 비형식적인 소집단의 구조를 파악하기 쉽다.
- 자료수집 방법이 수월하다.
- 현장교육에 실제적으로 유용하게 활용된다.

〈사회성 측정법의 단점〉

- 사회성 측정결과와 실제 관찰결과가 일치하지 않을 수 있다.
- 순간의 상황에 따라 유아의 감정이 즉흥적으로 반영될 수 있다.
- 특정 친구를 좋아하는지, 싫어하는지에 대한 정보만 있을 뿐, 왜 좋아하거나 싫어하는지에 대한 정보는 파악하기 어렵다.

4) 포트폴리오

(1) 포트폴리오의 개념

포트폴리오는 유아의 인지적, 정의적 발달에 대한 기록들을 시간의 흐름에 따라 조직적으로 모아 놓은 것이다. 사회교육과 관련된 포트폴리오는 유아의 사회적 기술, 성향, 가치, 태도 및 사회적 상황과 환경에 대한 지식을 추론하고 평가할 수 있는 기록으로 연속적인 발달과정과 결과를 종합하여 보여 준다. 포트폴리오 평가는 다차원적인 수준에서 유아의 성장과 발달에 대한 정보들을 수집하여 평가하고 더 나은 발달을 위한 자료를 제공한다. 따라서 유아의 사회성 발달을 평가하기 위한 포트폴리오 방법의 활용은 유아의 사회성 발달과정에 대한 지식과 태도를 효과적으로 평가하고, 이를 기초로 현장에서 효율적인 지도를 하는 데 도움이 될 수 있다.

유아사회교육에 대한 평가를 위해 포트폴리오를 구성하면 다음과 같은 구체적인 목적을 이룰 수 있다(안영진·이숙정, 2008).

- 현재 유아의 사회성 발달상태와 사회화 과정 등의 발달과정을 파악할 수 있다.

- 사회교육에 있어서 효과적인 교수법을 위한 다양한 정보를 수집할 수 있다.
- 포트폴리오는 유아의 사회생활 전반에 대한 수행평가의 기능을 하기 때문에, 학부모와 유아의 사회화 과정과 사회관계에 대한 원활한 의사소통이 가능하다.
- 유아의 자기평가를 통해서 이후 행동을 동기화시키고 반성적 사고를 길러 줄 수 있다.

(2) 유아사회교육과 관련된 포트폴리오 내용

유아사회교육과 관련된 포트폴리오 내용은 일상적인 하루 일과를 통해서 유아의 행동이나 활동결과물, 학부모의 이야기 등으로 이루어질 수 있다. 구체적인 내용은 〈표 4-8〉과 같다.

〈표 4-8〉 유아 사회성 발달과 관련한 포트폴리오 내용

일상활동	- 출석 및 지각 기록 - 발달에 따른 유아의 행동특성 - 낮잠 시 행동특성 - 배고픔 정도, 피곤함 정도에 대한 특성 - 선호하는 활동시간, 조용한 시간, 시끄러움과 새로운 상황에 대한 유아의 반응, 유아의 학습방법
사회관계활동	- 또래관계에 대한 교사의 관찰기록 - 집단활동, 학급과제, 야외활동 등 협동상황에서의 유아의 태도에 대한 관찰기록, 유아의 자기보고 - 갈등 시 사회적 문제해결능력에 대한 관찰 - 유아의 또래관계 속 사회적 위치 관찰 - 자아개념에 대한 자기보고 및 관찰 - 유아의 우정관계 관찰 및 자기표현
유아의 자기표현, 성향	- 유아의 독특성, 개별적 학습스타일, 흥미, 성향에 대한 기록 - 주어진 과제에 소요되는 시간을 보여 주는 견본 - 흥미영역에서 활동을 수행하는 동안 관찰된 유아의 동기, 태도, 성향에 대한 기술 - 활동, 과제에 대한 유아의 선택을 보여 주는 견본

	- 역할놀이, 수조작놀이, 조형작품 등 활동의 결과물에 대한 유아의 느낌, 평가물 - 사회관계 영역과 관련한 지식과 기술 - 유아가 좋아하는 활동, 책, 사물 등에 대한 기록 - 가정에서 좋아하는 것, 즐기는 놀이 등에 대한 이유와 자기표현 자료

(3) 포트폴리오 구성방법

① 실행계획

- 평가의 계획과 실행방안을 원장과 부모에게 알리고 협력을 구한다.
- 관찰하고자 하는 내용과 포트폴리오에 함께 포함시킬 평가자료 목록을 선정한다.
- 관찰기록 형식과 도구들을 준비한다.
- 자료수집 시기를 정한다.
- 포트폴리오 보관 장소를 정한다.

② 자료수집

- 분명한 목적을 가지고 자료를 수집한다.
- 유아의 일상적인 활동 중에 자료를 수집해야 하는데, 유아의 언어적·비언어적 반응, 활동과정은 물론 부모와의 면담자료도 수집한다.
- 교사의 관찰을 바탕으로 기록한 일화기록, 평정척도에 의한 평정기록, 관찰일지, 활동일지, 교사의 저널, 유아의 쓰기 결과물, 작업 결과물, 대화기록, 편지, 녹음테이프, 활동사진, 동영상기록물, 입체 결과물 사진, 독서목록, 반성적 자기평가지, 부모의 관찰기록 등을 다양하게 수집한다.
- 교사가 자료수집 시 유의해야 할 내용으로는 목록표를 미리 작성하여 자료가 첨가될 때마다 수집한 날짜와 자료형태를 기록하고, 시간의 흐름에 따른 변화를 알 수 있도록 새로운 활동의 각 시점에서 기준작품을 수집하고, 모든 수집 자료에는 날짜와 교사의 견해를 첨부한다(최기영 외, 2008).

③ 조직 및 관리

- 장기간에 걸쳐 포트폴리오 자료가 수집되므로 수집된 자료에 유아의 자기평가, 교사와 부모의 논평을 기록하여 장기간 동안 관리되어야 한다.
- 자료보관 방법으로 파일, 봉투, 바인더, 컴퓨터, 앨범 등을 활용할 수 있으며, 일정한 곳에 안정되게 보관할 수 있는 장소를 확보해야 한다.
- 자료의 보관 장소는 유아들이 쉽게 접근할 수 있어 새로운 자료를 쉽게 첨가할 수 있고, 유아 스스로 관리할 수 있어 애착을 갖게 하는 것이 필요하다.
- 자료의 분류를 위한 기준이 필요하다. 예를 들면, 유아사회교육과 관련하여 유아의 기본생활습관, 개인생활, 집단생활, 사회현상 및 환경 등과 같이 교육과정의 내용체계가 분류기준이 될 수 있다.

④ 해석 및 활용

- 유아의 모든 영역에서의 변화가 잘 드러나도록 구성한다.
- 발달특징 및 교육과정에 근거하여 유아의 개별적인 발달을 평가한다.
- 유아의 학습과 발달에 영향을 미치는 사회문화적 맥락을 고려한다.
- 유아의 행동특성과 수행에서 드러난 능력과 기술 등을 개념화하고 수집된 자료들을 분석한다.
- 학부모와의 면담 시 포트폴리오를 활용하여 유아의 발달특성 및 개인적인 선호도 등을 공유한다.

CHAPTER 05

Social Studies for Young Children ▸ ▸ ▸

애 착

Social Studies for Young Children ▸ ▸ ▸

1. 애착의 개념

애착이란 영아와 어머니 사이에 형성되는 상호적이고 강력한 정서적 유대관계를 말한다. 6개월 이후 자기의 기본적 욕구를 해결해 주고, 자극을 주는 친숙한 사람에게 애착을 형성하게 된다. 이러한 애착은 두 사람의 관계의 질을 결정하는 중요한 요소이다. 영아기의 중요한 발달과업 중의 하나가 주 양육자(부모)와의 애착관계를 형성하는 것이며 이 시기에 형성된 애착은 영아기 이후의 전인발달의 근간이 된다. 영아의 애착 형성과정을 밝히고자 하였던 Harlow는 애착실험을 통해 애착과 관련된 중요한 사실을 규명하였다.

Harlow와 Zimmerman(1959)은 원숭이를 대상으로 실험연구를 수행하였다. 새끼 원숭이를 먹이가 나오지 않는 헝겊어미와 먹이가 나오는 철사로 된 어미 원숭이 두 모형에서 길렀다. 철사어미와 헝겊어미에게 우유병을 부착해서 이 중 반은 철사어미가 수유를 하고 나머지 반은 헝겊어미가 수유를 하였다. 그 결과 원숭이 새끼들은 어떤 어미에게서 수유를 받았든 상관없이 모두 헝겊어미와 애착을 형성하는 것을 관찰하였다. 또한 공포 상황에서 헝겊어미에게 달려가고, 헝겊어미와 더 깊은 애착관계를 형성하였다. 이를 통해 애착형성은 생리적 요구인 수유가 충족된다고 형성되는 것이 아니라 신체적 접촉에 의해 애착이 결정된다고 결론지었다. 영아가 수유를 자주 하지 않는 아버지, 형제자매, 조부모와 애착관계를 형성하는 것도 이러한 사실을 증명해 준다(이영환, 1993). 아이들이 장난감, 담요, 베개 같은 물건에 애착을 형성하는 것을 보아도 애착형성에서 신체적 접촉이 중요한 조건인 것을 알 수 있다.

Bowlby(1969)는 영아와 엄마와의 애착형성 과정을 비교생태학적 입장에서 설명하였다. 인간은 본능적으로 생존하기 위해 애착관계를 형성한다. 즉, 신생아는 선천적으로 성인에게 신호를 보내는 능력을 가지고 태어났으며 이 신호가 성인으로부터 양육 및 사회적 반응을 이끌어 낸다. 아이는 위험한 상황에 처했을 때 부모를 옆에 가까이 있게 할 수 있는 행동을 선천적으로 가지고 태어나므로 위험으로부터 보호받을 수 있게 된다. 즉, 애착관계는 생물학적 본능이며 진화론의 입장에서 가장 잘 이해될 수 있다고 주장하였다.

[사진 5-1] Harlow의 원숭이 실험 사진

영아가 형성하는 애착의 질과 유형은 개인차가 있다. Ainsworth(1973)은 1세에서 2세 영아의 애착관계의 질(quality of attachment)을 관찰하기 위한 낯선 상황 실험(strange situation)을 통해 영아와 애착대상과의 애착관계 안정성을 측정하여 애착유형을 구별하였다.

1) 애착유형

(1) **안정애착**(secure attachment)

안정애착을 형성한 영아는 부모를 안전기지로 활용한다. 부모와 함께 있을 때 낯선 사람에게 긍정적으로 반응하고 낯선 상황을 탐색한다. 부모와 떨어졌을 때 울기도 하지만 쉽게 달래진다. 부모가 돌아왔을 때 능동적으로 부모에게 다가가고 울음을 금방 그친다. 실험대상 영아의 65%가 이 유형에 속한다.

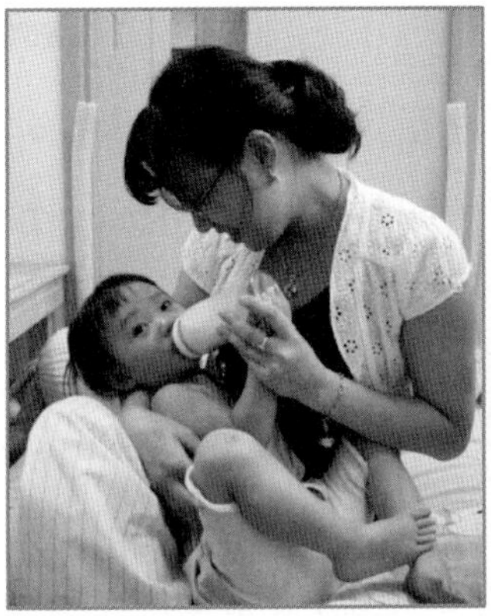

[사진 5-2] 부모와 영아가 서로에게 신뢰와 애정적인 관계가 형성된 안정애착 유형

(2) 회피애착(avoidment attachment)

부모와 떨어져도 울지 않으며 낯선 사람에게도 부모에게 무관심한 것처럼 관심을 보이지 않는다. 부모가 다시 돌아왔을 때 무관심하거나 혼자 놀면서 부모를 회피하거나 무시한다. 신체적 접촉이나 상호작용을 하지 않으며 부모를 안전기지로 생각하지 않는다. 실험대상 영아의 20%가 이 유형에 속한다.

(3) 저항애착(resistant attachment)

부모와 함께 있을 때에도 불안해 하며 부모 곁에 지속적으로 머무르려고 애쓰며 놀이를 하려고 하지 않는다. 낯선 사람에 대해 경계를 나타내며 부모와 떨어질 때 큰 소리로 울고 심한 분리불안을 보인다. 부모가 돌아왔을 때 분노를 나타내거나, 저항하는 행동, 차거나 미는 행동을 보인다. 부모가 안아주어도 계속해서 울거나 쉽게 달래지지 않는다. 실험대상 영아의 10~15%가 이 유형에 속한다.

[사진 5-3] 영아가 부모로부터 떨어지지 않으려는 저항애착 유형

(4) 애착이 형성되지 않은 유형(disorganized/disoriented attachment)

애착이 전혀 형성되지 않는 유형이다. 부모가 돌아왔을 때 처음에는 다가가서 안겼다가 이내 화난 듯이 밀어 버리거나 부모에게서 떠나는 혼란스러운 행동을 보인다. 부모가 안을 때 먼 곳을 쳐다본다든지 우울한 표정으로 바라본다. 대부분 영아는 나른한 얼굴 표정으로 일관성 없는 이야기를 하고 진정되었다가 갑자기 울기도 한다. 놀라는 표정을 보이고 이상한 행동을 한다. 실험대상 영아의 5~10%가 이 유형에 속한다.

Ainsworth(1973)의 낯선 상황 실험에 관한 내용은 〈표 5-1〉에 제시하였다.

〈표 5-1〉 Ainsworth의 낯선 상황 실험

번호	등장인물	지속 시간	관찰되는 애착행동	내용
1	어머니, 아기, 관찰자	30초		관찰자가 어머니와 아기에게 놀이실을 보여 준 후 놀이실을 떠난다.
2	어머니와 아기	3분	안전기지로서의 어머니	어머니는 아기가 방을 탐색하도록 허용한다. 아기가 아무것도 하지 않을 경우 2분이 지난 후 놀이를 하도록 격려한다.
3	낯선 사람, 어머니와 아기	3분	낯선 사람에 대한 반응	낯선 사람이 들어온다. 최초 1분은 침묵, 두 번째 1분은 낯선 이가 어머니와 대화, 세 번째 1분은 낯선 이가 아기에게 접근, 3분이 다 지난 후 어머니가 조용히 방을 나간다.
4	낯선 사람과 아기	3분 또는 보다 짧게	분리불안	• 첫 번째 격리 낯선 사람이 아기와 상호작용하고, 아기가 불안 반응을 보이면 진정시킨다.
5	어머니와 아기	3분 또는 보다 길게	재회했을 때의 반응	• 첫 번째 재회 어머니가 아기를 반기거나 달랜 후

번호	등장인물	지속 시간	관찰되는 애착행동	내용
				다시 놀이를 하도록 도와준다. 낯선 사람이 방을 나간다.
6	아기 혼자	3분 또는 보다 짧게	분리불안	• 두 번째 격리 어머니가 방을 나간다.
7	낯선 사람과 아기	3분 또는 보다 짧게	낯선 사람이 달랬을 때 진정되는 정도	낯선 사람이 방에 들어와서 아기를 진정시킨다.
8	어머니와 아기	3분	두 번째 재회	어머니가 들어와서 아기를 반기고 안아 준다. 그사이에 낯선 이는 가만히 방을 나간다.

참고: 권민균·문혁준·권희경·성미영·신유림·안선희 외(2012).

참고

– 낯선 상황 실험에 대해 다시 알아보기 –

낯선 상황 실험이 영아의 애착을 측정하는 연구이기는 하나 애착실험에 대한 비판이 제기되었다. 낯선 상황 자체가 영아에게는 친숙하지 않은 상황이며 인위적으로 만들어진 상황이라는 것이다. 이러한 상황에서 측정된 영아의 반응을 타당화하기에는 여러 가지 문제가 있다. 낯선 상황 실험을 미국과 일본 영아를 대상으로 비교해 본 결과 일본 영아들이 미국 영아들보다 훨씬 높은 비율로 저항애착을 보이는 것으로 나타났는데 이러한 결과는 문화적 차이에 기인한 것이다. 일본 영아들은 미국 영아들에 비해 상대적으로 엄마와 분리를 많이 경험하지 않는 경우가 많고 전업주부가 미국보다 일본이 더 많기 때문이다. 또한 이러한 낯선 상황이 일본영아들에게는 매우 스트레스를 주는 환경이다.

이러한 단점을 보완하기 위해 애착 Q-set(AQS) 실험을 고안해 내었다(Walter & Deane, 1985). 어머니에게 아이가 많이 우는지, 많이 보채는지 등을 묘사하도록 한 후 안정적 애착을 형성한 영아의 반응과 비교한다. 이러한 방법이 영아의 애착 유형과 어머니의 애착민감성을 측정하는 타당한 방법임이 밝혀졌다.

2. 애착의 발달

1) 애착발달 단계

Bowlby(1969)는 애착의 발달 단계를 전 애착 단계, 애착형성 단계, 완전한 애착 단계, 호혜적 관계의 형성 단계로 구분하였다.

(1) 전 애착의 단계(The preattachment phase: 출생 후에서 6주까지)

잡기, 미소, 울음, 응시 등과 같은 타고난 본능적 신호를 통해 영아와 양육자 간의 친밀한 관계가 형성이 된다. 엄마의 목소리나 냄새 등을 인식하지만 애착관계가 형성된 단계는 아니다.

(2) 애착형성 단계 (The attachment in the making: 생후 6주에서 8개월까지)

친숙한 사람과 친숙하지 않은 사람에 대한 반응이 구별되기 시작한다. 부모와의 상호작용을 통해 영아는 안정감을 느끼고, 자신의 행동이 주변 환경에 영향을 미치는 것을 알게 되고 부모에 대한 신뢰감을 형성하기 시작한다. 부모와 격리되는 상황이 발생해도 반항하거나 거부하지 않는다.

(3) 완전한 애착 단계 (6~8개월에서 18개월까지)

친숙한 사람과 애착관계가 형성된다. 애착관계가 형성된 사람과 격리불안이 나타난다. 주로 6개월부터 나타나기 시작하고 15개월이 되면 최고조에 달한다. 매달리거나, 따라다니기 등과 같은 신체적 애착을 표현한다. 애착대상을 안전기지로 삼아 사물을 탐색하거나 주변 환경을 탐색할 때 정서적 지원을 받고자 한다.

(4) 호혜적 관계의 형성 (18개월에서 2세까지)

부모와 헤어지는 상황에서 협상하기 시작한다. 무조건 매달리지 않는다. 2세 말이 되면 의사소통능력과 표상능력이 발달함으로써 부모가 돌아올 것이라는 것을 이해하게 되고 격리반항(separation protest)이 줄어들기 시작한다. 영아는 부모와 애정적 관계를 형성함으로써 부모가 없는 동안 애정적 관계를 안전기지로(a secure base) 이용한다. 이 시기에 형성된 애착관계가 이후의 성격발달에 중요한 요소가 된다. 초기 양육자와의 질 좋은 애착관계가 이후에 아동이 스트레스를 겪게 될 때 가지게 되는 기대감을 결정하게 된다.

2) 낯가림과 분리불안(stranger anxiety and separation anxiety)

낯가림은 영아가 애착을 형성한 이후에 나타나는 정서적 인지적 반응이다. 생후 6개월 이전의 영아는 낯선 사람에게 부정적인 반응을 보이는 경우가 드물지만 8개월에서 9개월 사이의 영아는 낯선 사람에 대해 부정적인 반응을 보이고 이러한 현상은 첫돌 때까지 지속된다. 영아가 낯선 사람에 대해 낯가림을 하는 것은 사람의 얼굴을 인식하고 낯선 사람의 얼굴과 엄마의 얼굴이 다르다는 것을 알기 때문이다. 영아의 낯가림은 영아가 낯선 사람과 점차 친숙한 상황에 있게 되면 사라지게 된다. 대부분의 영아가 낯선 사람에 대한 불안반응을 보이지만 낯가림의 정도는 영아의 기질이나 환경요인에 따라 다르게 나타난다. 부보가 가까이에 있고 낯선 사람이 갑자기 접근하지 않는다면 영아는 낯선 사람에 대해 호기심과 호감을 보일 수 있다. 낯선 사람이 영아와 상호작용하는 방식도 중요한데 재미있는 장난감을 건네면서 친숙한 놀이를 한다거나, 온유하게 서서히 상호작용하면 두려움을 줄일 수 있다.

분리불안은 영아가 부모나 애착을 느끼는 대상과 분리될 때 느끼는 불안을 의미한다. 분리불안은 돌 전후에 나타나기 시작해서 20~24개월경에 없어진다(정옥분, 2002). 분리불안은 친숙한 사람과 분리되는 상황보다는 부모 이외의 다른 사람의 양육의 질이 더 중요하다. 부모 대신 돌보는 사람이 영아가 울기 전에 따뜻하고 반응적이며 함께 잘 놀아 줄 경우 영아의 울음은 줄어들고 양육자가 영아와 반응을 잘하지 않을 경우는 영아가 분리불안을 더 느끼게 된다. 분리불안을 줄이기 위해서는 부모 이외에 여러 사람과 자주 접촉할 수 있는 기회를 제공하여 친숙하지 않은 사람에 대한 두려움이 서서히 사라지도록 하는 것이 좋다. 시간이 지나면 애착관계가 형성된 사람과의 일시적 격리도 고통 없이 받아들이게 된다. 그러나 낯선 사람과 너무 빈번하게 접촉하게 되면 분리불안을 많이 경험하게 되어 영아기 이후의 사회적 행동에 부정적인 영향을 미칠 수 있다. 그러므로 일관성 있는 환경을 경험할 수 있도록 배려할 필요가 있다.

양육 안정성은 영아의 분리불안을 줄이는 중요한 요인이다. 부모의 양육방법과 대리양육자의 양육방법이 동일할 때 영아는 양육자에 대해 안정적인 애착을 형성할 수 있다. 또한 영아는 애착을 부모와만 형성하는 것이 아니므로 양육이 안정적일 때 다른 대리양육자와도 안정적인 애착을 형성할 수 있게 된다.

3) 애착과 후기 발달

영아가 부모와 안정애착을 형성하는 것은 영아기 이후의 정서적·사회적·인지적 효능감을 형성하는 것과 관련이 있다(van IJzendoorn & Sagi, 1997). 부모에 대해 안정애착을 형성하면 할수록 영아는 이후에 다른 사람과 좋은 관계를 형성할 확률이 높아진다. 영아가 안정애착을 형성하게 되면 주변세계를 능동적으로 탐색하게 되고 자신감을 가지게 되는 것이다. 안정애착을 형성한 영아는 낯선 상황에 노출되어도 스트레스를 적게 느끼게 되고 언어표현도 더 다양하게 하게 된다(Meins, 1998). 또래와 놀이할 때에도 또래보다 더 친숙한 태도로 놀이를 한다. 이에 비해 안정애착을 형성하지 못한 영아는 낯선 상황에 노출될 경우 스트레스를 많이 느끼고 공포심과 두려움을 느껴 주변세계를 탐색하지 못하게 된다. 안정애착을 형성한 영아가 유아기에 도달하면 호기심이 많고, 열정적이며, 자기 확신감이 높고, 다른 사람과 잘 어울려 놀고, 효능감이 높은 사람이 된다. 부모나 교사와도 긍정적인 상호작용을 할 뿐만 아니라 갈등상황을 잘 해결해 나갈 수 있는 능력을 가지게 되며 자신에 대한 매우 긍정적인 자아개념을 형성하게 된다. 안정애착을 형성한 영아는 아동기에 이르러 친구와 매우 친밀한 우정관계를 형성하게 된다.

이와는 달리 회피애착을 형성한 영아는 걸음마기 영아기, 유아기, 아동기에 친구에 대해 부정적인 감정을 가지고 친구에 대해 적대감을 형성하고 아동기에는 의존성이 높아진다. 또한 불안정한 애착을 형성한 영아는 학령기에 학교에서 문제행동을 일으키고 청소년기에 정신적인 문제를 일으킨다. 회피애착을 형성한 영아는 이후에 사회성 발달이 느리고 공격적인 행동을 보이며 분노를 많이 표출한다. 그러나 아동기에는 부모의 양육태도가 유아의 애착형성보다 더 중요하다. 비록 불안정애착이나 애착이 형성되지 않은 영아라도 부모의 양육태도가 긍정적으로 변화될 경우, 아동기에 학교에서 공격성이 줄어들고, 안정애착을 형성한 영아라도 부모의 양육태도가 민감하지 않게 되면 발달에 부정적인 영향을 미치게 된다. 따라서 애착형성과 부모의 양육행동은 매우 밀접한 관련성을 가지고 있으며 애착형성이 영아의 발달에 미치는 영향력도 가정환경과의 지속적인 관련성 내에서 살펴보아야 한다.

안정애착을 형성한 5세 유아들은 리더십과 공감능력이 뛰어나고 또래보다 사회적 유능감이 높아진다. 불안정 회피애착을 형성한 유아는 취학 전 시기를 제대로 잘 보내지 못하는 경향이 있으며 또래관계에서 고립되고, 의존심이 높고, 사회적 기술이 빈약하고, 불순종 행동 등 비사회적 행동을 많이 보인다. 이러한 아동에 대해 교사들은 적의적이고 충동적이며 의기소침해지는 경향이 있다고 보고하였다. 회피적인 유아는 또래에 대해 부정적인 표현을 하며 또래 행동에 대해 적의적인 것으로 해석하는 경향이 있다(김정희·김현주·손은경·송연숙, 2014 재인용). 이러한 결과를 볼 때 영아기의 애착형성은 이후의 사회정서 발달과 밀접한 관련성을 가지고 있음을 알 수 있다. 따라서 부모는 영아에게 민감하게 반응하여 영아와 긍정적인 상호작용을 지속하는 것이 좋고 애정적이고 민주적인 양육태도로 자녀를 양육하는 것이 매우 중요하다.

3. 애착에 영향을 주는 요인

영아기에 부모와 안정애착을 형성하는 것은 영아기 이후 발달과정에서 형성하는 사회적 관계의 밑바탕이 된다. 안정애착 형성에 영향을 미치는 다양한 요인을 살펴보면 다음과 같다.

1) 애착의 기회

영아기에 가지게 되는 애착의 기회는 안정애착 형성과 밀접한 관련이 있다. 3~12개월 사이에 시설이 좋지 않은 보육원에서 자란 아기들을 관찰했을 때 엄마와 격리 이전에는 밝고 명랑한 성격을 보였으나 엄마와 격리 이후에는 주변 환경을 탐색하지 않고 체중 저하 현상이 있었으며 수면장애를 일으켰다. 엄마를 대신해 줄 양육자가 없는 경우에 우울한 성격이 지속되며 애착을 형성할 기회를 상실하여 영아기 이후에 정서장애를 겪는 아이가 나타나기도 한다.

2) 양육의 질

부모가 제공하는 양육의 질에 따라 애착형성이 영향을 받는다. 영아의 욕구에 적절히 반응하고, 일관성 있는 태도로 양육에 참여하는 부모의 민감한 양육태도는 영아가 안정적인 애착관계를 형성하도록 도와준다. 반면 신체적 접촉이 부족한 경우, 영아를 함부로 다루는 경우, 부정적이거나 거부하는 반응을 보이는 경우, 불안정한 애착관계를 형성하게 된다. 또한 영아와 양육자 간의 상호작용은 호혜적 관계 속에서 출발하는 것이므로 영아와 엄마 간의 상호작용이 일치하는 경우 안정적인

[사진 5-4] 엄마와 안정적인 애착을 형성한 유아

애착관계를 형성하게 된다.

3) 영아의 개인적 특성

영아의 개인적 특성이 부모와의 애착관계 형성에 영향을 미친다. 조숙아로 태어났는지, 출생 시의 상태가 어떠했는지, 영아가 질병이 있는지 등의 신체적 상태가 애착형성에 영향을 미친다.

4) 기질

영아의 기질도 애착에 영향을 미치는 요소이다. 까다로운 기질, 순한 기질, 느린 기질에 따라 부모의 반응을 다르게 이끌어 내기 때문에 애착관계도 서로 다른 양상을 나타내게 된다. 이러한 영아의 특성은 애착관계 형성에 영향을 미치는 요소이기는 하나 부모가 민감한 양육태도로 양육할 때 안정적 애착관계를 맺을 확률은 높아진다. 아동의 기질은 낯선 상황에서 안정애착 또는 불안정애착 관계를 이끌어 내는 데 주도적인 역할을 할 수 있다. 영아를 돌보는 양육자가 자주 바뀔 경우 불안 회피애착을 형성하는 경우가 많은 것은 양육자의 잦은 교체와 영아의 애착유형과 직접적인 관계가 있음을 보여 주는 것이다(양연숙·조복희, 2001)

5) 부모의 어린 시절 애착관계

부모가 되었을 때 자신의 어린 시절 애착관계가 자기 자녀와의 애착관계 형성에 영향을 미친다. 부모가 영아기에 좋은 애착관계를 형성했을 경우에는 자기 자녀와도 긍정적 애착관계를 형성하지만 부모와 부정적 애착관계를 형성했을 경우에는 자기 자녀와 애착관계를 잘 형성하지 못한다. 그러나 애착관계를 설명할 때 부모의 인간관계, 성격, 삶에 대한 만족도와 같은 다른 여러 가지 요인의 영향력도 고려해야 한다.

6) 애착의 세대 전이

애착의 세대 전이에 대한 연구는 영아 시절에 부모와 형성한 애착관계가 평생 유지되는지 부모의 애착방식이 자녀에게 전달될 것인가 하는 궁금증에서 시작되었다. 영아기에 부모와 안정애착을 형성하는 것도 중요하지만 부모의 양육태도도 영아기 이후의 전인발달에 영향을 미치고, 부모가 어린 시절 형성한 애착관계는 자신의 양육태도와 관련을 가지게 되고 이러한 애착방식은 세대를 거쳐 자신의 자녀와의 애착관계 형성에도 영향을 미치기 때문이다. 어린 시절 형성한 애착관계는 청소년기와 성인기까지 유지되고 조부모-부모 간의 애착방식과 부모-자녀 간의 애착방식은 매우 비슷하다. 부모와의 어린 시절 경험은 성인이 되었을 때 정서적 안정과 관련이 있으며 자기 자녀에 대한 양육방식과도 관련이 있다. 부모가 어린 시절 자신의 부모와 안정애착을 형성한 경우에는 자녀의 애착행동을 정확하게 인식했으며 매우 긍정적으로 자녀에게 반응하고 자녀가 안정애착을 형성할 수 있도록 도와주는 행동을 한다(Bretherton, 1990). 부모가 어린 시절 자신의 부모와 불안정한 애착을 형성한 경우에는 자녀에게 화를 내거나 삐뚤어진 반응을 보인다. 자신의 애착에 대한 기억을 지워 버린 우울증이 있는 부모는 자녀에게 냉소적이고 반응을 하지 않는 태도를 보였다(Adam, Gunnar, & Tanaka, 2004). 부모의 애착과 관련된 과거사는 자녀의 기질에 대한 부모의 지각에도 영향을 미치고 이러한 지각은 부모-자녀 관계에도 영향을 미친다(Personen, Raikkonen, Keltikangas-Jarvinen, Strandberg, & Jarvenpaa, 2003).

중류층의 어머니들을 대상으로 자아존중감과 자신의 유아기의 경험에 대한 회상을 측정하여 애착의 세대 간 결과를 살펴보면 다음과 같다. 안정적으로 애착된 유아의 어머니들은 자신의 어린 시절에 대해 긍정적으로 회상하였고 높은 자아존중감을 보여 주었다. 또한 성인 애착 면담을 통해 부모들에게서 나타난 애착유형과 그들 자녀의 애착유형은 긍정적인 관계를 가지고 있었다. 이러한 연구들은 애착이 세대 간 전이와 밀접한 관련성을 가지고 있음을 시사한다. 애착안정성이 대체로 오랜 시간 동안 지속된다는 걸 입증하는 결과이지만 초기에 불안정하게 형성된 애착양식이 언제나 부정적인 결과만을 의미하는 것은 아니다. 비록 안정애착을 형성한 영아라도 이후의 삶이 개인과 가정의 위기로 인해 불안정애착이 될 수 있으며 이와 반대로 불안정한 애착을 형성한 이후 친구들이나 연인, 배우자와의 관계 또는 외적 환경요인에 의해 긍정적으로 변화할 수 있다(김정희 외, 2014 재인용).

[사진 5-5] 엄마와 안정적인 애착을 형성한 유아애착의 세대 간 전이
(손녀를 안고 있는 할머니, 영아를 안고 있는 엄마)

7) 기타 요인들

부모-자녀 간의 애착관계를 올바르게 이해하기 위해서는 개인이 속한 사회 속에서 일어날 수 있는 다양한 조건들을 동시에 고려할 필요가 있다. 부모와 영아 개개인의 신체적·인지적·사회적·정서적 특성, 부부관계, 가족이 외적 환경으로부터 받는 스트레스 원인, 사회적 지원체계의 유무, 부모의 애착에 대한 태도나 생각, 부모 이외에 자녀를 양육해 줄 수 있는 기관의 유무 등이 애착관계에 영향력을 행사할 수 있다. 소득수준은 애착관계 형성에 있어서, 중산층 가정의 영아들은 부

모와 안정애착관계를 형성하지만 가정환경의 스트레스가 높고 사회적 지원이 부족한 저소득층 가정은 불안정한 애착관계를 형성하는 경향이 있다. 부모가 극단적으로 부정적인 양육태도를 가지고 있는 경우에는 애착이 형성되지 않는 현상을 보인다. 애착이 형성되지 않은 유형의 영아는 정서적 자기 통제감이 심하게 손상되고 혼란스러운 행동을 지속적으로 보이게 되며 이러한 경향은 아동 중기에 이르기까지 비슷한 양상을 보인다.

4. 애착발달을 돕는 교사의 역할

처음 유아교육기관에 등원하게 되는 영아들은 대부분 부모와의 격리불안을 경험하게 된다. 이러한 영아의 격리불안을 최소화하기 위해서는 영아가 어머니와 헤어질 때 아이에게 헤어져야 하는 상황에 대해 올바르게 이야기해야 한다. 엄마는 유아교육기관을 떠날 것이고 유아교육기관의 일과가 끝나면 다시 돌아올 것이라는 이야기를 명확하게 하는 것이 중요하다. 아이의 주위를 서성거리거나 아무런 설명 없이 사라져 버리는 것은 영아의 불안감을 높이는 바람직하지 않은 행동이다(조복희, 2008). 교사들도 영아의 격리불안을 인식하여 낯선 상황에 대해 배려해 주는 것이 좋다. 울고 있는 아이에게 민감하게 반응하고 영아가 새로운 환경에 적응할 수 있도록 울고 있을 경우 울음이 그칠 때까지 달래 주고 옆에 함께 있어 주는 것이 좋다. 쉽게 달래지지 않을 경우에는 유아가 애착을 형성한 인형이나 장난감 등을 가지고 지낼 수 있도록 허용하는 것도 좋은 방법이다. 영아가 새로운 상황에 적응할 수 있도록 부모가 유아교육기관에 일정 시간 머물 수 있도록 허용하거나 점차 부모가 머무르는 시간을 줄여서 영아가 감정을 스스로 조절할 수 있도록 배려하는 것이 필요하다. 영아가 완전하게 유아교육기관에 적응될 때까지 교사는 전화 상담을 통해 부모와 의논하고 가정에서 어떻게 양육하는지에 대해 듣고 유아교육기관에서 영아가 어떻게 지내는지 상담할 필요가 있다.

유아교육기관에서 유아가 교사와 긍정적인 애착을 형성하는 것은 유아의 후기 발달과 밀접한 관련성을 가진다. 유아가 교사로부터 사랑받고 칭찬받을 때 유아는 교사와도 안정적인 애착을 형성하고 이는 상대방에 대한 신뢰감을 형성할 때 매우 중요한 요인이 된다. 교사와 유아가 안정적인 애착을 형성하게 되면 유아는 분리불안을 적게 경험하게 되며 심리적인 안정감을 느껴 유아교육기관에서의 생활에 잘 적응하게 되고 또래관계도 잘 형성하고 사회성이 발달되며 정서적인 안정감을 가지게 된다. 교사와 안정적인 애착을 형성하지 못할 경우 유아는 부적응 행동, 위축, 공격성, 과잉행동과 같은 문제행동을 일으키게 되고 이는 이후의 사회성 및 정서발달에도 부정적인 영향력을 미치게 되는 원인이 된다.

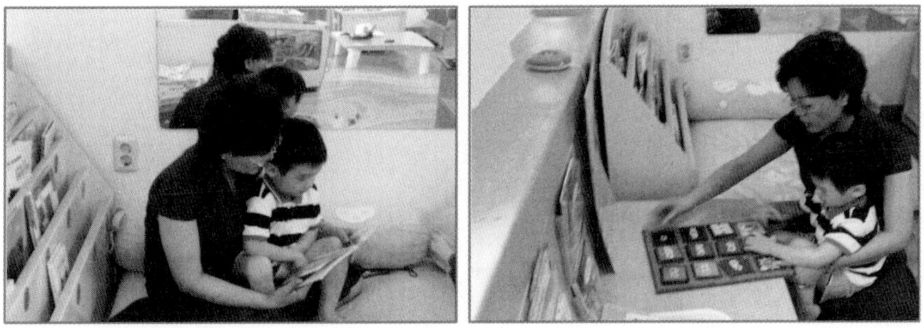

[사진 5-6] 영아와 긍정적인 애착을 형성한 교사

CHAPTER 06

Social Studies for Young Children

자아개념

1. 자아개념에 대한 이해

자아개념은 한 개인이 자신의 신체, 행동, 능력 등에 관해 가지고 있는 가치, 신념, 견해를 의미한다. 나는 누구인가? 나는 어떤 특성을 가지고 있는가? 나는 어떤 능력을 가지고 있는가? 등의 질문에 대한 스스로의 답이 자아개념이다. 자아개념은 개인의 내부에 존재하며 타인과의 상호작용에 의해 형성된다. 즉, 타인으로부터 전해지는 자신에 대한 메시지에 의해 결정된다. 특히 자아개념은 어린 시기 부모와의 상호작용에 크게 영향을 받는다. 부모와의 상호작용에서 자녀를 어떻게 대하느냐는 자녀의 자아개념 발달에 영향을 미치게 된다. 자아개념은 개인의 내면에 강력한 힘으로 작용하며 한 개인의 행동에 대해 일종의 자기 충족적 예언의 역할을 한다. 긍정적 자아개념을 가지고 자신을 가치 있고 유능하다고 여기면 매사에 노력하는 반면 부정적 자아개념을 가지고 자신을 쓸데없고 무능하다고 생각하면 매사에 소극적으로 행동하게 된다.

윌리엄 제임스(William James, 1980)는 심리학의 원리에서 자아개념을 소개하면서 인간이 자신의 것이라고 할 수 있는 모든 것이라고 정의하였다. 제임스는 자아를 물질적 자아, 사회적 자아, 정신적 자아, 순수 자아로 구분하였다(표 6-1). 또한 제임스는 자아를 주체로서의 자아와 객체로서의 자아로 구분하였다. 주체로서의 자아는 자신을 둘러싼 주변 세계로부터 분리되어 있는 개별적인 존재이며 시간이 흘러도 자신은 변함없이 나로서 존재하며, 다른 사람과는 다른 삶을 살아가게 되고 스스로의 생각이나 행동을 조절할 수 있다고 깨닫는 자아이다. 반면 객체로서의 자아는 자신을 특별하게 만드는 특성들로 신체적 특성, 자신의 소유물, 바람이나 태도, 신념, 심리적 특성(인성, 기질 등), 사회적 특성(다른 사람과의 관계, 역할)으로 구성되었다(Berk, 2008; 문혁준·김경은·서소정·성미영·안선희·임정하 외, 2014 재인용).

[사진 6-1] 자아개념을 형성하고 있는 유아(주체로서의 자아, 객체로서의 자아)

〈표 6-1〉 제임스의 자아개념

물질적 자아	영역이나 물체처럼 파악되어 그 가장 중심부에 신체가 위치하고 그다음에 의복, 가족, 집, 소유물 등이 포함된다.	- 물질적 자아를 통해 경험적 자아를 구성한다. - 가족이나 소유물을 잃었을 때 상실감을 느끼며, 소유물도 그것을 획득하느라 바친 정성이나 비용 때문에 자아의 일부로 간주된다.
사회적 자아	개인이 그의 동료들로부터 얻는 인정을 의미한다.	연인, 친구, 직장 동료들로부터 얻는 사랑, 명성, 명예들이 사회적 자아를 구성
정신적 자아	개인의 내적 혹은 주관적 존재, 즉 정신적 능력이나 성향들을 지칭한다.	반성 과정의 결과로서 자아의 핵심적 부분이라고 말할 수 있다.
순수 자아	개인 정체성의 순수 원리를 지칭한다.	

참고: 민경환(2002); 권민균 외(2012) 재인용.

자아개념은 영아기부터 나타나기 시작하고 자신을 인지하는 것에서부터 시작하여 자신의 성, 외모, 소유, 선호하는 것으로 발달하기 시작한다. 영아기 말에 자아개념은 급속히 발달하고 이는 언어 및 인지능력의 발달과 밀접한 관련을 가지고 있다. 자아개념은 발달과 함께 더욱 정교해지게 된다.

2. 자아개념의 발달

1) 영아기의 자아개념

(1) 자아개념의 출현

자아개념은 자신에 대한 이미지, 즉 자기 능력과 특징에 대한 전체적인 이미지를 말한다. 자기 자신에 대해 인지적으로 지각하는 것과 감정적으로 느끼는 것을 의미하며 이를 바탕으로 행동하는 것을 의미한다. 아이들은 다른 사람이 보내는 반응에 근거하여 자신에 대한 이미지를 형성하게 된다. 영아의 경우는 다른 사람이 자기를 어떻게 돌보아 주는지, 자신에게 어떤 반응을 보이는지, 자기가 즐거운 경험을 하는지, 그렇지 않은지에 따라 자신에 대한 개념을 형성하게 된다. 생후 4개월에서 8개월이 되면 여아는 손 뻗기, 잡기 등을 통해 자신이 외부세계의 사건을 조절할 수 있다는 것을 경험하게 된다. 이 시기에 영아는 자기 신체의 일부가 신체를 제외한 다른 세상과는 분리되어 있다고 지각하는 자기일관성(self coherence)을 발달시키고 이러한 자기일관성은 부모와 까꿍놀이 같은 상호작용놀이를 하면서 발달된다. 이러한 놀이를 통해 영아는 자신과 다른 사람이 다르다는 것을 인식하게 된다. (Harter, 1998).

[사진 6-2] 손 뻗기를 통해 외부세계 사건을 조절하려는 영아

(2) 자아지각의 출현

자아지각은 자신과 다른 사람을 지각적으로 구별하는 것에서부터 출발한다. 생후 4개월에서 9개월이 된 영아는 자기 모습보다는 다른 사람의 모습에 더 흥미를

보이고(Rochat & Striano, 2002) 이러한 자아지각능력은 개념적 자아인식능력의 기초가 된다. 자아인식능력은 15개월에서 18개월 사이에 출현한다.

자아인식은 영아가 거울 속에 자기 모습을 인식할 수 있느냐를 가지고 판단할 수 있다. 6개월에서 24개월 사이 영아의 코에 립스틱을 묻힌 후 거울을 보여 주며 코에 묻은 립스틱을 보고 어떤 행동을 하는지 관찰하였다. 자아인식능력이 형성된 18개월에서 24개월 사이의 영아는 코에 묻은 립스틱을 더 자주 만지작거린다. 그러나 15개월 이하의 영아들은 코에 묻은 립스틱에 관심을 보이지 않으며 코에 묻은 립스틱에 대해 전혀 인식하지 못한다. 즉, 15개월 이하의 영아는 자아인식능력이 발달되지 않았음을 보여 준다(Lewis & Brooks-Gunn, 1979). 반면 자아인식능력이 발달된 영아는 자기가 등장하는 비디오를 시청하는 것을 좋아한다(Nielsen, Dissanayake, & Kashima, 2003).

20~24개월 사이의 영아는 1인칭 대명사를 사용하며 19개월에서 30개월 사이의 영아는 크다/작다, 직모/곱슬머리와 같은 단어를 사용하며 좋다, 예쁘다, 힘이 세다와 같은 형용사로 자신을 평가하기 시작한다. 언어발달이 급속도로 진행되면서 영아는 자신에 대해 생각하고 말할 수 있게 된다. 자신에 대한 부모의 표현, 너무 똑똑하구나, 매우 어른스럽구나 등과 같은 반응에 부응하는 자기 이미지를 형성하기 위해 노력한다.

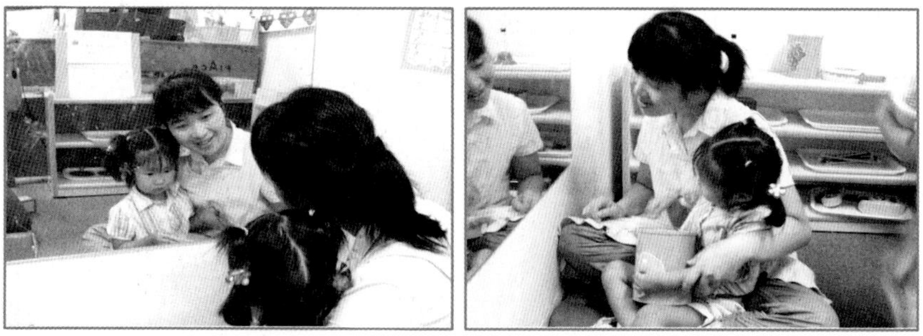

[사진 6-3] 영아의 자아인식을 높이는 활동을 하고 있는 교사

(3) 자율성의 발달

18개월에서 30개월 사이의 영아는 자신의 행동을 외적인 통제에 의존하기보다는 자기 스스로 통제하려고 한다. 걸음마기 영아들은 부모에 대해 자기 스스로 판단하기 시작하며 자기의지를 발달시켜 간다. 이 시기에 시작되는 배변훈련을 통해 영아는 자율성과 자기통제능력을 배양하게 된다. 자율성을 획득해 나가는 이 시기를 미운 두 살(terrible twos) 라고 표현하기도 하는데, 이는 자율성을 획득해 나가는 영아기를 가장 잘 표현한 말이라고 할 수 있다. 이 시기의 영아는 부모에 의해 통제받기보다는 자기주도적인 행동을 더 많이 하려고 하고 이러한 과정을 통해 새롭고 신기한 경험을 하게 된다. 자기가 생각하는 대로 해보려고 하고 자기가 좋아하는 것을 시도하고 자기 스스로 결정을 내리려고 한다. 이 시기에는 부정문의 사용이 매우 높아지고 머리를 흔들며 거부하는 행동을 자주 하게 된다. 이런 부정적인 행동은 2세부터 시작되어 3~4세까지 가장 많아지고 6세가 되면 그 빈도가 조금씩 줄어들게 된다. 부모가 영아의 자율적인 행동을 정상적인 것으로 여기고 긍정적으로 반응하면 영아의 자기통제능력은 발달하고 자신감을 가지게 되며 갈등상황이 줄어든다.

[사진 6-4] 자기가 좋아하는 활동을 주도적으로 하고 있는 영아들

참고

– 영아기 자아개념의 발달과정 –

1) 1~2개월
- 자신의 신체가 중심이 된 활동을 반복한다.

2) 2개월 무렵
- 자신이 어떤 일을 일어나게 할 수 있다고 생각하는 개인의 힘에 대한 의식이 생긴다(예: 모빌에 달린 줄을 당기기 위하여 팔을 내밀거나 다리를 차는 등의 반응).

3) 4~8개월
- 외부 사물을 통제하고 조종하는 것이 가능하다.

4) 18~24개월
- 거울이나 사진 속의 자신을 알아보는 등 자아인지가 가능하다.
- 자기를 물리적으로 구별된 것으로 인식하며 사람과 사물로 하여금 예측 가능한 방식으로 반응하게 하는 것으로 인식한다.
- 거울과 사진, 비디오테이프 속의 자기상을 인지한다.
- 자기 이미지에 이름을 붙이기 위해 자신의 이름이나 인칭대명사를 사용한다.

출처: Berk(2012).

2) 유아기의 자아개념

(1) 자아개념의 형성(foundations of self-concept)

유아기에는 자기 자신이 누구인지에 대한 태도와 가치를 형성하게 된다. 이 시기의 유아는 자신을 자기 이름, 외모, 자신의 소유물과 같은 매우 구체적인 것을 통해 정의한다(Harter, 1996). 자신이 좋아하는 것과 싫어하는 것을 매우 구체적으로 표현할 수 있으며 이는 타인의 감정을 이해하고 있다는 증거가 된다. 자아개념이 매우 강한 유아는 물건에 대한 소유욕이 다른 아이보다 강하다. 그러나 이러한 소유욕은 자기만 많이 가지고 싶은 이기심은 아니다. 오히려 자신과 다른 사람 간의 경계를 명확히 구분하고자 하는 자아개념이 발달됨으로써 나타나는 자연스러운 현상으로 이해되어져야 한다.

자아개념이 발달하면서 유아는 점차적으로 장난감을 양보하고 친구와 함께 게임을 하며 놀이를 통해 발생하는 문제를 해결해 가게 된다(Caplan, Vespo, Pedersen, & Hay, 1991). 부모는 유아의 소유욕을 자아개념의 형성으로 인해 나타나는 자연스런 과정으로 인식하고 자녀가 또래관계를 잘 형성해 나갈 수 있도록 도와주어야 한다. 유아가 소유욕을 나타낼 때 야단을 치거나 무조건 나누어 가지도록 강요하기보다는 먼저 이해해 주고 순서를 정해 주어 양보할 수 있도록 유도해 가는 것이 바람직하다.

참고

– 유아기 자아개념의 발달과정 –

1) 2~3세
- 욕구, 정서와 같은 정신적 상태에 대하여 말한다.
- 마음은 물리적 세계와 다르며 다른 사람들이 자신의 마음을 볼 수 없음을 알게 된다.

2) 4~5세
- 마음속의 믿음은 정확하지 않을 수도 있으며 다른 사람과 다를 수도 있다는 것을 이 해하기 시작한다. 거짓말 등으로 자기에게 유리하게 지식을 사용할 수 있게 된다(예: 물건 감추기 놀이를 할 때 가짜 단서를 만들어 상대방이 숨긴 장소를 잘못 찾도록 유도할 수 있다).

3) 3~5세
- 연령, 성별, 신체적 특징, 선과 악, 능력에 기초하여 자신과 타인을 분류하여 범주적 자아를 형성한다.
- 일상 이야기에 대한 내러티브의 형식 속에 기억된 자아를 구성한다.
- 욕구-마음 이론의 틀린 믿음 과제의 습득에 의해 나타나는 믿음-욕구 이론으로 확대된다.
- 관찰 가능한 특성과 특유의 정서 및 태도로 구성된 자아개념을 형성한다.

출처: Berk(2012).

(2) 의도성에 대한 이해(understanding intentions)

유아기에는 의도적인 행동과 우연에 의한 행동을 구별할 수 있게 된다. 대부분의 유아는 우유를 엎지르거나 장난을 치다가 꾸중을 듣게 되면 일부러 그런 것이 아니라고 변명을 한다. 2세에서 3세 사이의 유아는 다른 사람의 행동이 의도성이 있었는지 아닌지 구분할 수 있게 되고 3세경의 유아는 다른 사람이 말한 뒤 그대로 행동하면 그 행동이 의도적으로 이루어졌다는 것을 안다. 4세경의 유아는 의도적인 것이 행동이 아니라 마음에서 나온 것이라는 것을 구별할 수 있다. 따라서 원하는 결과는 의도적으로도 이루어질 수도 있고 우연찮게 이루어질 수도 있다는 것을 이해한다. 5세경의 유아는 자기가 하고 있는 일에 다른 사람이 관심을 가지고 있는지, 아닌지를 이해하고 어떤 행동이 긍정적인 결과를 가져올지, 부정적인 결과를 가져올지도 안다.

(3) 자아존중감의 출현(emergence of self-esteem)

자아존중감은 자신의 존재에 대한 견해이다. 자아개념이 자신에 대한 인지적 측면이라면 자아존중감은 감정적 측면이다. 자아존중감은 자아발달에 있어서 매우 중요한 요소로 정서적 경험, 유아기 이후의 행동, 정신건강에 영향을 미친다. 4세경에는 유아교육기관에서 필요한 것을 잘 배우거나, 어려운 일을 성취해 보려고 도전하거나, 친구들 사귀거나, 다른 사람에게 친절하게 대하는 행동 등을 통해 자아존중감을 발달시키게 된다. 대개 유아기에는 자신의 능력을 매우 높게 평가하는 경향이 있으며 과제의 난이도를 과소평가하는 경향이 있다(Harter, 1990, 1998). 자아존중감이 높은 유아는 유아기에 성취해야 할 과업을 달성하는 데 별로 어려움을 겪지 않는다. 따라서 이 시기에는 사고와 행동이 미숙한 유아를 무시하거나 혼을 내기보다는 유아의 의견을 존중해 주고 격려해 주는 것이 바람직하다. 부모가 유아 행동에 대해 긍정적으로 반응하면 유아의 자아존중감은 높아진다.

[사진 6-5] 성공적인 경험을 통해 자아존중감이 나타난 유아

〈표 6-2〉 유아기 자아개념 검사의 구성

척도	하위요인	하위요인에 대한 설명
일반적 자아		자신이 가진 특성에 대한 평가적 측면의 자기 지각
인지적 자아	언어	읽기, 말하기, 듣기 능력과 각 활동의 흥미에 대한 자기 지각
	수리	수리에 대한 능력과 각 활동의 흥미에 대한 자기 지각
사회적 자아	또래관계	새로운 친구를 사귀는 능력과 친구들 사이에서 자신의 인기에 대한 자기 지각
	부모관계	부모와의 관계, 즉 애착, 이해, 수용 및 의사소통에 대한 자기 지각
신체적 자아	신체능력	전반적인 신체능력에 대한 자기 지각
	신체외모	외형적으로 보이는 모습에 대한 자기 지각

(4) 자기조절감(emotional self-regulation)

유아기에는 감정표현을 조절할 수 있는 능력이 생기기 시작한다. 3세경에는 사람들이 자신의 감정을 그대로 표현하지 않고 숨길 수 있다는 것을 이해한다. 유아가 성장해 가면서 대부분의 사람들이 행복감이나 기쁨과 같은 긍정적인 감정을 표현하는 것은 너그럽게 받아 주지만 슬픔, 분노, 혐오감과 같은 감정을 표현하는 것에 대해 부정적인 반응을 보인다는 것을 안다. 그러나 유아에게는 주변의 상황

에 따라 자신의 감정표현을 조절하는 것이 서툴고 힘겨운 과업 중의 하나이다.

또한 유아기의 자기조절감은 유아의 기질이 어떤가에 따라 영향을 받는다. 자신에 대해 매우 부정적인 표현을 하는 것을 경험한 유아는 자신의 감정을 잘 조절하지 못하며, 다른 사람에게 짜증을 잘 부리며, 또래관계를 형성하는 데 어려움을 경험한다. 이런 유아는 친구가 없거나 친구를 사귀지 못하는 경우가 많다.

[사진 6-6] 속상함을 표현하고 있는 유아

유아는 사람들이 진짜로 느끼는 정서와 표현하는 정서를 구별하지 못한다. 이는 유아가 사물의 실제 모습과 겉으로 보여지는 모습의 차이를 이해하지 못하기 때문이다. 이로 인해 슬픔을 느끼는 사람이 겉으로는 기쁜 표정을 짓고 있거나, 기쁜 상황에서 기쁜 표정을 짓지 않으면 혼란을 느끼게 된다(Friend & Davis, 1993).

(5) **자의식**(self-conscious emotion)

영아기에 형성되기 시작하는 부끄러움, 당혹감, 죄의식, 시기심, 자부심 등과 같은 자의식은 유아기에 접어들면서 더욱 발달한다. 이 시기에는 다른 사람의 칭찬이나 꾸중에 매우 민감하게 반응한다. 자의식의 발달은 자신에 대한 평가가 긍정적이냐 부정적이냐에 따라 영향을 받게 된다(Lewis, 1995a). 부모가 유아의 행동이나 일에 대해 잘했다, 못했다와 같은 가치를 판단하는 말을 자주 하는 것은 바람직한 자의식 형성에 부정적인 영향을 미친다. 즉, 가치판단을 많이 들은 유아는 어떤 일에 실패했을 경우 매우 부끄러움을 느끼고, 성공했을 경우 매우 자랑스러워한다. 이와 반대로 부모가 일을 달성해 가는 방법에 대해 제안하거나 언어적 상호작용을 할 경우는 일의 성공과 실패에 대해 크게 영향을 받지 않는다.

유아기에 지나치게 수치심을 갖게 되면 우울증, 공격성, 죄의식과 같은 부정적인 자의식을 가지게 된다. 부모는 지나친 가치지향적인 말보다는 유아가 과업을 어떻게 수행할 것인가에 더 중점을 두고 대화를 나누는 것이 좋다.

3) 아동기의 자아개념

아동기는 사회적으로 적응하는 데 필요한 기술과 과제들을 수행할 수 있는 능력을 길러 가는 시기다. 과업을 성공적으로 수행한 아동은 자신에 대한 긍정적인 감정을 형성하며, 근면성을 개발하게 된다. 반대로 실패의 경험을 반복할 경우 자신에 대한 열등감을 형성하게 된다. 이런 경우에는 자신에 대해 부정적인 가치를 형성하게 된다. 아동기에는 또한 가정에서 지내는 시간보다 학교와 또래와 지내는 시간이 많기 때문에 아동의 주변 환경이 아동의 발달에 미치는 영향력이 높다.

(1) 자아개념발달

아동기에는 자아개념(self concept)발달이 더욱 정교화된다. 자아개념은 신체적 특징, 개인적 기술, 특성, 가치관, 희망, 그리고 역할 사회적 신분 등을 포함한 '나'에 대한 인식이다. 즉, 자신을 타인과 구별되는 분리된 실체라고 인식함으로써 자아개념이 발달한다. 아동기에는 특히 사회적 비교를 많이 한다. 예를 들면, 자신의 외모, 능력, 행동 등이 다른 사람과 어떻게 다른가를 비교함으로써 자신의 가치를 판단하게 되는 것이다. 유아기에는 다른 사람과의 비교가 단순한 어떤 한 사람이었다면 아동기에는 자신을 포함하여 여러 사람과 비교할 수 있게 된다(Butler, 1998; Ruble & Frey, 1991). 자아개념은 인지적·사회적·문화적 환경에 의해 영향을 받는다.

참고

– 아동기 자아개념의 발달 –

1) 6~10세

- 자신의 신체적·행동적 그리고 다른 외적 특성을 나열하다가 점차 그들의 지속적인 내적·추상적 특성인 기질, 가치, 신념, 이념과 같은 것으로 변화한다.
- 자아개념에 있어 개인적 특성과 긍정적이고 부정적 속성 모두를 강조한다.

2) 11세 이상

- 자아개념에 있어서 영리한, 재능 있는 등과 같은 독립적 특성을 지적인 등과 같은 보다 추상적 서술로 통합한다.
- 자아개념을 형성하는 특성은 조직적 체계로 결합한다.

출처: Berk(2012).

(2) 자아존중감

자아존중감은 자신의 존재에 대한 긍정적 견해(정옥분, 2004)이며, 자신의 존재에 대한 감정적 느낌이다. 학교생활을 시작하면서 아동은 자신에 대한 여러 가지 평가를 경험한다. 외모, 성적, 교사의 평가, 친구들의 평가 등을 통해 자신에 대한 평가를 통합하게 된다. 이러한 일련의 과정을 통해 대개 아동의 자아존중감은 달라지며 좀 더 현실적인 수준이 되어 간다.

(3) 자기효능감

자기효능감(self-efficacy)은 주어진 과제나 행동을 성공적으로 수행할 수 있는 개인적 능력과 관련된 개인의 신념이며 개인이 예측할 수 없거나 스트레스가 따르는 상황을 극복할 수 있다는 신념이나 기대를 의미한다(Bandura, 1986, 1993). 자기효능감이 높은 경우에는 자신에 대한 긍정적인 자아개념을 가지게 되고, 과제수행능력도 높은 반면에 자기효능감이 낮은 경우에는 부정적인 자아개념을 형성하여 자신감이 결여되고 성취의욕이 낮아지게 된다. 아동기에는 자기효능감이 본격적으로 발달되기 시작하는 시기로 주어진 과제를 성공적으로 수행한 긍정적인 경험을 많이 하면 할수록 자기 효능감이 높아진다.

과제에 대한 실패의 경험이 반복되면 자기효능감이 낮아지고 때로 자기무력감에 빠져들기도 한다. 이러한 무력감으로 인해 아동은 자신을 무능력한 사람이라고 생각하게 되어 학습 의욕 등이 떨어진다. 따라서 아동이 잘할 수 있는 능력을 찾아내어 이를 계발하고 성공적인 경험을 많이 할 수 있도록 배려하는 것이 중요하다.

[사진 6-7] 자기 뜻대로 되지 않아 화가 나 뛰어가고 있는 아동

3. 자아개념에 영향을 주는 요인

1) 부모의 양육태도

부모의 양육태도는 유아의 사회성 및 정서발달에 영향을 미치는 중요한 요인 중의 하나라고 할 수 있다. 온정적이고 민감한 양육태도를 보이는 부모의 경우는 영아와 자주 대화를 나누며 호기심을 자극하는 환경을 제공하려고 노력한다. 이러한 양육행동은 자녀와 안정적인 애착을 형성하는 데 긍정적인 요소로 작용하고 영아의 사회성 발달과 지적 발달이 이루어진다. 영아를 돌보는 양육자의 온정적인 양육행동은 특히 영아가 심리적으로 건강한 인간으로 자라나는 데 결정적인 역할을 하며 영아기 이후 삶의 기초가 된다.

2) 또래관계

유아기에는 자아개념의 발달, 의사소통능력의 향상, 또래 간 상호작용의 급격한 증가, 다른 사람의 생각이나 감정을 이해하는 능력이 향상되어 친구를 사귈 수 있는 능력도 빠른 속도로 발달한다. 또한 또래들과의 상호작용을 통해 유아는 책임감을 터득하고, 자기 생각을 효과적으로 전달할 수 있는 방법을 배우며, 다른 친구와 협력하면서 노는 방법을 익히게 된다. 유아기에 이미 좋아하는 친구와 싫어하는 친구를 구별하며 좋아하는 친구와 더 많이 놀게 된다. 그러나 유아의 우정관계(friendship)는 신뢰를 바탕으로 하지 않으며 지속적이지 않다. 유아에게 있어 친구는 자기를 좋아하는 사람이며, 자기가 오랫동안 함께 놀고 싶은 사람이다.

유아의 생활은 놀이이다. 놀이를 하면서 움직이고, 생각하고, 말하고, 상상하고, 세상을 배우고 사회적 역할을 배우며, 다른 사람과 상호작용하는 법을 배운다(심우엽, 2004). 즉, 놀이는 유아의 신체적·인지적·언어적·사회정서적 발달과 밀접한 관련을 가지고 있다. 놀이는 게임이나 탐구활동과는 달리, 유아의 내면에서 스스로 동기화되어 나오는 행위이며, 자발성과 적극성을 가지고 있으며, 내적인 동기에 의해 놀이의 규칙이 유발되는 특성을 가지고 있다. 놀이는 경쟁적인 관계를 형성하지 않으며, 유아가 주체가 되는 행위이다. 또한 놀이를 통해 유아는 자신의 감정을 해소할 수 있기 때문에 유아가 문제를 경험하거나 일상생활에서 상처를 받을 경우 놀이를 통해 이러한 문제를 해결할 수 있다.

아동기에는 가정보다 학교에서 더 많은 시간을 보낸다. 따라서 이때의 또래관계의 중요도와 비중은 더욱 높아진다고 할 수 있다. 또래와의 상호작용을 통해 아동은 다른 아동의 행동을 관찰하고 모방하며 사회적 지원을 받게 된다. 바람직한 또래관계를 형성하는 것은 이 시기의 중요한 발달과업이라 하겠다. 또래의 기능에 대해 살펴보면 다음과 같다(Bukowski & Hoza, 1989).

- 성공적인 상호작용을 위해 기본적으로 요구되는 사회적 기술을 훈련시킨다.

- 아동에게 사회적 지원과 안전감을 느끼게 한다.
- 또래집단으로부터 수용되고 인정받음으로써 정서적 안정감을 가지고 긍정적인 자아개념이 형성된다.
- 또래와의 갈등상황을 논리적으로 해결해 가는 과정에서 다른 사람의 관점을 인정하고 자신의 의견을 조정해 나가는 과정에서 인지발달 수준이 향상된다.
- 또래집단이 공유하는 태도나 가치관을 공유함으로써 새로운 태도와 가치관을 형성하게 된다.

아동기에는 특히 또래들 사이에서 인기아인지 비인기아인지가 매우 중요하다. 또래수용성 정도에 따라 아동이 집단 속에서 차지하는 사회적 지위가 결정되기 때문이다. 인기아의 경우에는 또래와의 갈등이 적고, 갈등이 생기면 언어를 사용하여 갈등을 해결하며, 우호적이고, 지지적이며, 남을 괴롭히는 행동을 적게 한다. 또한 친사회적 행동이나 긍정적인 자아개념을 가지고 있는 것으로 밝혀졌다. 반면 비인기아의 경우는 또래와 갈등을 자주 경험하며 갈등이 생겼을 때 비언어적 방법을 활용하고, 통제적인 전략을 많이 사용하며, 부정적인 정서와 자아존중감이 낮은 것으로 밝혀졌다. 또래수용성 정도는 아동의 전인발달에 큰 영향을 미친다. 또래집단으로부터 만성적으로 괴롭힘을 당하는 아동은 우울, 불안감, 낮은 자아존중감, 외로움 등 다양한 문제를 경험하며, 이는 단순히 아동기에만 문제가 끝나는 것이 아니라 장기적인 영향을 미친다는 점에서 더욱 문제가 된다(Egan & Perry, 1998).

[사진 6-8] 또래와 즐겁게 활동하는 유아들

참고

– 자아개념발달과 조망수용능력 –

- 조망수용 기술이 자아개념발달에 도움을 준다.
- 인지발달은 변화하는 자아의 구조에 확실히 영향을 미친다. 마찬가지로, 사회적 영역에서 아동은 안정적인 심리적 성향 속에 특유의 경험과 행동을 결합하고, 적극적이고 소극적인 특성을 혼합하며, 자기 자신의 특성을 많은 다른 또래의 특성과 비교한다.
  이렇게 변화하는 자아의 내용은 인지능력과 타인으로부터 제공된 피드백의 산물이다.
- 사회학자 Mead(1934)는 자아를 일반화된 타인(generlized other), 우리의 삶 속에서 중요한 사람이 우리에 대해 생각하는 것이라 여기는 것의 조합이라고 했다.
- Mead는 조망수용 기술이 성격 특성에 기초한 자아개념을 발달시키는 데 결정적임을 지적하였다. 아동 중기와 청소년기 동안 젊은이들은 타인으로부터 받은 메시지를 '읽고' 자신의 자기정의로 이를 조직화하는 데 더욱더 능숙해진다.
- 학령기 아동은 타인의 기대를 내면화하고, 자신의 실제적 자아(real self)를 평가하는 데 사용되는 이상적 자아(ideal self)를 형성한다.
- 아동 중기 동안, 아동은 학교와 지역사회의 보다 광범위한 상황에 참여함에 따라, 보다 많은 사람으로부터 자신에 대한 정보를 얻는다.
  점차 아동이 청소년으로 성장함에 따라, 자아 정의의 근거는 보다 더 선택적이 되는데 비록 부모의 영향력이 남아 있다 해도, 자아개념은 친한 친구들의 피드백에 점차 더 귀속하게 된다.

출처: Berk(2012).

4. 자아개념발달을 돕는 교사의 역할

교사의 태도나 행동은 유아에게 중요한 영향력을 미친다. 교사가 유아에 대해 어떤 평가를 하고 태도를 가지고 있느냐 하는 것이 유아의 태도와 행동에 큰 영향을 준다. 유아는 교사의 평가를 따르게 되고 이를 내면화하는 과정을 거치고 교사의 태도에 일치되는 자기 평가를 하기 때문이다. 유아가 자신에 대해 긍정적인 태도를 발달시키기 위한 방법은 다음과 같다.

첫째, 유아를 과잉보호하지 않는다. 유아기에는 자율성과 주도성이 발달하는 시기이므로 유아가 스스로 어떤 일을 하고자 할 때 그것을 허용하는 환경을 마련하는 것이 중요하다. 자유롭게 자기 주변 환경을 탐색하고 스스로 다양한 경험을 많이 한 유아는 성취감을 맛보며 자신에 대한 긍정적인 자아개념을 형성하게 된다. 그런데 때로 부모나 교사가 유아를 미성숙한 존재로 여겨 지나치게 과잉보호하면서 유아의 자율성을 제한하는 경우가 많다. 유아의 자율성을 지나치게 인정하여 위험한 상황에 노출되는 경우가 아니라면 유아가 실수를 하더라도 자기 스스로 할 수 있는 기회를 제공하는 것이 좋다. 유아가 스스로 자기 물건을 관리하고, 스스로 식사를 하고 양치를 한다든지, 화장실 사용 후 혼자 옷을 입도록 하는 일상생활을 통해 유아의 자율성을 충분히 길러 줄 수 있게 된다.

둘째, 유아에게 인정과 칭찬을 한다. 아이들은 아주 어렸을 때부터 다른 사람이 자신에 대해 어떤 평가를 하고 있는지를 안다. 그러므로 유아가 스스로 어떤 일을 마치거나 남을 도와주는 행동 등을 할 때 인정과 칭찬을 하는 것이 좋다. 이러한 상호작용을 통해 유아는 자신에 대한 긍정적인 감정을 느끼게 되고 일관성 있는 행동을 하고자 하는 마음을 가지게 된다. 즉, 칭찬은 유아가 새로운 도전을 즐길 수 있는 기회를 제공하는 계기가 되고 이를 통해 유아의 자아존중감이나 자기 조절력 등 자아에 대한 개념이 발달되어 가게 된다.

셋째, 유아에게 일관성 있는 태도를 보인다. 유아는 성장하면서 자연스럽게 고집부리면서 자기주장을 하게 된다. 이런 경우 어느 부분까지 유아의 자기주장을 받아들일 것인지가 매우 고민스러운 상황이 될 수 있다. 먼저 유아가 고집부리는 행동을 할 때에도 일관성 있는 태도를 보이는 것이 중요하다. 어떤 경우에는 유아의 고집부리는 행동을 들어주고 또 어느 때는 들어주지 않게 되면 유아에게 고집을 부릴 수 있는 구실을 제공하게 되는 것이다. 유아의 부적절한 요구에 대해서는 단호하고 일관성 있게 거절하면 유아도 더 이상 고집부리는 행동을 하지 않게 된다. 유아가 고집부리는 경우는 자신의 욕구를 조절하는 능력이 부족한 경우가 대부분이므로 고집부리지 않고 자기 욕구를 조절한 경우 이에 대한 적절한 보상을 해주는 것이 필요하다.

[사진 6-9] 자신이 맡은 역할에 즐겁게 참여하며 긍정적인 자아를 형성하고 있는 아이들

참고

- 콜라주를 통해서 본 나 -

▸ 자신을 표현하는 방법은 사진, 그림, 글짓기 등 여러 가지가 있습니다. 이 활동은 잡지책에서 그림이나 글을 오려 붙여 자신이 어떤 사람인가를 나타내어 자아인식에 대한 촉진을 돕습니다.

▸ 재료 : 그림을 붙일 A4 용지, 헌 잡지책, 가위, 풀, 색연필

지시사항

1. 준비된 잡지를 훑어보면서 여러분 자신을 설명할 수 있는 그림이나 글을 찾아보세요. 여러분에 관한 것이면 무엇이든지 나타낼 수 있습니다. 여러분의 특기, 관심 사항, 성격, 취미 등 무엇이든 여러분과 관련된 것을 글 또는 상징적인 그림으로 찾아보세요.
2. 잡지에서 찾아낸 것들을 활동지의 원하는 곳에 붙여 여러분을 표현해 보세요.

지도하실 때 이렇게 하세요!

1. 단지 사람 얼굴을 꾸미는 것이 아니라 자기 자신을 어떤 사람이라고 소개할 때 필요한 정보를 중심으로 자료를 찾도록 격려합니다.
   자신의 개인적인 특성을 살릴 수 있는 것일수록 좋습니다.
2. 콜라주 작업이 끝나면 두 명이 한 팀이 되어 자신의 작품을 상대방에게 보여주면서 자세히 설명합니다. 특히 상징적인 표현에서는 그 소재와 그 단어들을 왜 골랐는지 이유를 설명하게 합니다.
3. 만든 작품을 전시해 둡니다(냉장고 위나 집 안 어디든지)

출처: VanHover, K. & 문정화(2001).

CHAPTER 07

Social Studies for Young Children ▸ ▸ ▸

성역할

인간의 성은 태어나는 순간 결정되고 출생 이후 사회화 과정을 거쳐 생물학적 성에 적합한 성역할을 습득하게 된다. 아이가 성장해 가면서 성에 적합한 역할을 수행하는 것은 매우 중요한 발달과업 중 하나이다. 왜냐하면 성역할 발달을 통해 세상에 대한 관점을 형성하고 자아개념을 형성하게 되며 이를 바탕으로 사회성 발달도 이루어 가기 때문이다. 유아가 성역할을 습득하여 여성 혹은 남성으로 성 유형화되어 가는 것은 중요한 과업이지만 남성성과 여성성을 지나치게 강조하여 성고정 관념을 형성하는 것은 경계해야 한다. 성역할의 개념, 성역할 발달이론을 통해 유아의 성역할 발달과정을 이해한다.

1. 성역할의 개념

1) 성역할

성역할(gender-role)은 남성 또는 여성에게 사회적으로 적절하다고 규정한 행동, 흥미, 태도, 가치, 인성적 특성 등을 의미한다. 대부분의 사회는 각 사회에 적합한 성역할에 대한 기준을 가지고 있다. 따라서 사회적으로 남성, 또는 여성에게 기대되는 행동이나 특성은 격려되지만, 그렇지 않은 행동이나 특성은 제재를 받게 된다. 즉, 성역할은 사회구성원들의 사회화과정을 거쳐 습득된다. 대체적으로 여성은 헌신적이고 온정적이며 온순한 행동을 하도록 기대하고, 남성은 활동적이며 공격적이고 경쟁적인 역할을 하도록 기대한다. 성유형화(gender typing)는 자신의 성을 인식하는 것을 의미한다. 유아기부터 자신이 남자인지, 여자인지 알기 시작하며 성유형화는 아이들마다 매우 다양하게 형성되기 시작한다. 만 5세 남아들은 대부분 로봇, 자동차, 조립용 장난감, 총, 칼 등을 가지고 노는 경우가 많고 여아들은 인형놀이나 소꿉놀이를 많이 한다.

성고정관념(gender stereotype)은 성역할을 지나치게 강조하거나 극단적인 성 유형화가 이루어지는 것을 말한다. 어느 사회나 성고정관념은 일반적으로 많이 관찰되어진다. 성고정관념을 가진다는 것은 예를 들면, 남아가 인형놀이를 하거나, 여아가 총 싸움을 하는 것에 대해 이상하게 여기는 것을 말한다. 성고정관념 발달은 만 2~3세경부터 나타나기 시작하며 만 5세경에 절정에 이르고 이후 융통성이 증가한다. 유아들은 주로 놀잇감이나 옷, 도구, 가사용품, 게임, 일 등에 대한 고정관념을 보이기 시작한다(문혁준·서소정·김정희·김혜연·김태은·이종신, 2011; Campell, Shirley, & Candy, 2004). 지나치게 성역할 고정관념을 강조하는 것은 유아의 개별 특성을 무시하고 남성다움 또는 여성다움만을 강조하는 것이다. 이는 유아의 잠재적인 능력을 저해할 수 있다. 남아의 성고정관념이 여아보다 더 높은 것은 사회 문화적 요인과 관련이 있다. 여아가 남성적인 게임이나 놀잇감에 관심을 보이는 것에 대해서는 덜 엄격하지만 남아가 여성적인 옷이나, 놀잇감, 게임 등에 관심을 보일 경우 남자답지 못하다는 반응을 더 자주 접하게 되는데 이는 사회 문화적으로 여아보다 남아에게 남성에 어울리는 성역할을 더 엄격하게 강요하기 때문이다(진명희·서현순, 2004). 유아가 혼자 놀이할 때보다 또래들과 함께 놀이할 때 성 유형화된 놀이를 많이 하는데, 또래와 함께 있을 때는 또래로부터 기대되는 행동을 해야 한다고 생각하기 때문이라고 보고되었다(Goble, Martin, Hanish, & Fabes, 2012; Papalia, Olds, & Feldman, 2008).

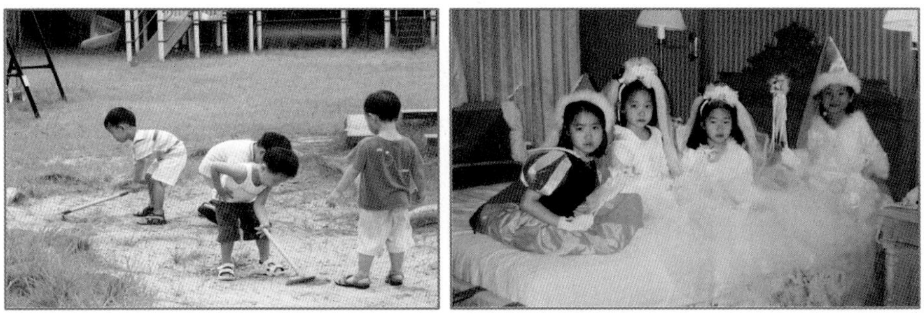

[사진 7-1] 성역할 고정관념을 나타내는 놀잇감으로 놀고 있는 남아들과 여아들

〈표 7-1〉 한국 성역할 검사의 남성성 척도와 여성성 척도

남성성		여성성	
• 믿음직스럽다	• 근엄하다	• 섬세하다	• 다정다감하다
• 과묵하다	• 의욕적이다	• 어질다	• 차분하다
• 남성적이다	• 의지력이 강하다	• 친절하다	• 알뜰하다
• 강하다	• 대범하다	• 온화하다	• 유순하다
• 자신감이 있다	• 집념이 강하다	• 부드럽다	• 민감하다
• 털털하다	• 의리가 있다	• 상냥하다	• 순종적이다
• 박력이 있다	• 지도력이 있다	• 감정이 풍부하다	• 꼼꼼하다
• 독립적이다	• 결단력이 있다	• 깔끔하다	• 얌전하다
• 씩씩하다	• 모험적이다	• 따뜻하다	• 여성적이다
• 야심적이다	• 자신의 신념을 주장한다	• 인정이 많다	• 싹싹하다

출처: 정진경(1990).

2) 양성성

성역할과 관련된 주된 연구들은 주로 이분화된 성역할과 관련된 것들이었다. 그러나 어떤 사람은 남성적이기도 하고 여성적이기도 한 두 특성을 모두 가지고 있어 다양한 역할을 수행하기도 한다. 이렇듯 한 사람이 나타내는 양성성을 심리적 양성성(psychological androgyny)이라 한다(Bem, 1974). 양성성(androgyny)은 그리스 어원으로 andro(남자)와 gyn(여자)을 뜻하여 남성성과 여성성의 통합을 의미한다. Bem(1974)은 심리적 양성성의 개념을 처음으로 소개하였으며 이를 측정하기 위해 성역할 척도(BSRI: Bem Sex-Role Inventory)를 개발하였다. 대학생을 대상으로 남성답다고 여겨지는 형용사 20개(예: 자립적이다, 독립적이다, 운동을 잘한다. 리더십이 있다 등)와 여성답다고 여겨지는 형용사 20개(수줍음이 많다, 애정이 많다, 온화하다 등), 중립적인 표현의 형용사 20개를 제시하고, 각 형용사마다 자신에게 해당되는 표현에는 높은 점수를, 자신과 잘 맞지 않는 표현에 대해서는 낮은 점수를 주도록 하여 점수를 합산하였다. 이 연구의 결과에 의하면 약

[사진 7-2] 양성적 놀이를 하고 있는 아이들

30%의 대학생이 양성적 특성을 보였다. 따라서 양성적 성격 특성을 가진 사람들이 상당수 존재한다는 사실을 확인할 수 있었다.

Bem이 제시한 성역할 구분을 보면 남성성 점수는 높고 여성성 점수는 낮은 경우와 남성성 점수는 낮고 여성성 점수가 높은 경우는 남성적, 또는 여성적이라고 할 수 있지만, 남성성과 여성성의 점수가 모두 높은 경우에는 양성적이라고 할 수 있고 남성성과 여성성이 모두 낮은 경우는 미분화된 성역할로 볼 수 있다. 이와 같이 성역할은 한쪽 끝은 남성성, 다른 쪽의 끝은 여성성으로 이루어진 연속선상으로 설명할 수 있는 단일 차원이 아니라, 남성성이라는 연속선과 여성성이라는 또 다른 연속성으로 이루어진 두 개의 차원으로 구분해야 한다(그림 7-1).

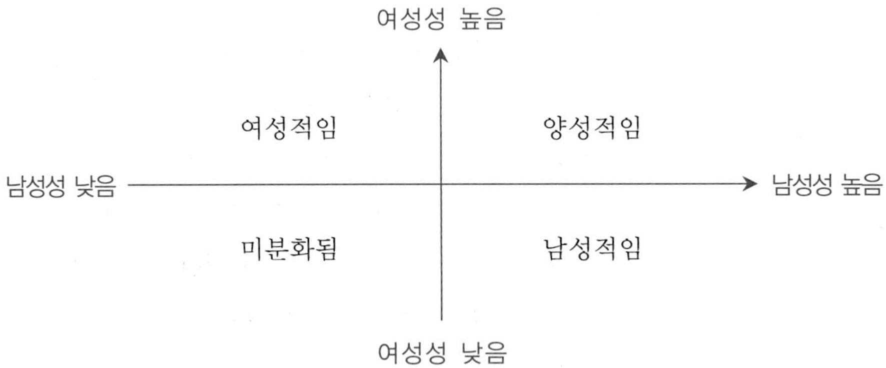

[그림 7-1] Bem의 네 가지 성역할의 구분

출처: 문혁준 외(2011) 재인용.

양성성에 관련된 연구들에서 양성적인 사람이 자존감, 자아실현, 성취동기, 결혼 만족도가 높고 도덕성 발달과 자아발달도 높은 수준에 있다고 밝히고 있다. 우리나라 유아들의 성정체감에 대한 연구에서도 유아가 양성적 성정체감을 가질수록 자아존중감과 사회적 능력이 우수하고 다양한 상황에서 유연하게 반응하여 효과적으로 대처하고 유아교육기관에서 적응을 잘하는 것으로 보고하였다(정미라, 2009, 2010a,b). 따라서 유아에게 남자답게, 또는 여자답게와 같은 성역할 고정관념이 아닌 남성성과 여성성을 고루 기를 수 있도록 기회를 제공해야 한다고 보았다(문혁준 외, 2011 재인용).

이와는 반대로 개인의 적응력에 결정적인 역할을 하는 것은 양성성이 아니라 남성성이며(Jones, Chernovetz, & Hansson, 1978), 남성성이 높은 집단이 창의성이 높고 양성성과 남성성 집단의 자존감, 자아실현, 자아실현에서 차이가 없다고 밝힌 연구도 있다(구순주, 1984; 장재정, 1988; 전귀연, 1984). 성역할과 관련된 연구들이 상반된 결과를 제시하고 있는 상황이므로 이와 관련된 더 많은 연구가 수행될 필요가 있다. 또한 다변화된 현대사회의 특징을 고려한 추후 연구가 필요한 상황이다.

참고

– 양성성을 가진 아이로 키우는 방법 –

- 남녀의 성차에 대해 자유롭고 다양한 반응을 하도록 수용한다.
- 남아와 여아의 특성에 얽매이지 않고 양성성을 가져야 한다는 강박관념에도 얽매이지 말아야 한다.

딸을 섬세하면서도 용감하고 당당하게 키우는 방법	아들을 씩씩하면서도 따뜻한 감성으로 키우는 방법
• 여자니까 혹은 여자아이답지 못하다 등의 성적 고정관념이 반영된 말을 하지 않도록 주의하세요. 엄마의 긍정적이면서도 개방적인 사고방식을 보여 줘야 합니다. • 신데렐라나 잠자는 숲속의 미녀같이 아름답지만 힘이 없는 여성을 남성이	• 사내답다, 사내답지 못하다 등의 성적 고정관념이 반영된 말을 하지 않습니다. • 아버지가 따뜻한 감성을 표현하고 타인을 배려하는 행동을 보여 주어야 합니다. • 아들에게도 딸과 같은 비중으로 집안일을 돕게 합니다.

구출해서 행복해지는 동화나 드라마에 대해서는 설명해 주고 함께 토론해 보세요. • 광고나 드라마에서 아름다움과 나약함을 여성의 성적 매력으로 끊임없이 부각시키는 것을 무비판적으로 받아들이지 않도록 합니다. • 미인 콤플렉스를 갖지 않도록 인간 내면의 아름다움에 대해 알게 합니다. • 여성에 대한 기존의 규범인 얌전함과 예의 바른 행동 사이에는 차이가 있음을 알게 하세요. 소신 있게 자신의 의견을 말하고 행동하되 무례하지 않도록 가르칩니다.	• 동화나 드라마 광고 등에 나오는 성적 고정관념에 대해 분석하고 비판할 수 있는 힘을 길러 줍니다. • 아들이 친절하고 섬세한 감성을 갖고 있다면 격려하고 그렇지 않다면 타인에 대한 배려나 친밀감을 표현할 줄 알도록 가르칩니다. • 남성의 미덕으로 여겨 온 씩씩함이 남을 무시하는 강함이나 무례함과 같지 않음을 알게 합니다.

출처: 백경임(2007).

2. 성역할 발달

1) 성역할 발달특성

아이의 성별은 출생 때부터 결정되어 일생을 통해 지속적인 영향을 미친다. 남아와 여아는 생물학적으로 신체적 구조와 생리적 기능의 차이를 보이지만 심리적으로는 남녀로 구분되어 태어나지 않는다. 출생 이후 사회화과정에서 남아와 여아는 각각의 성역할을 습득하는 것이다. 이러한 성역할은 문화에 따라서 차이가 나지만 대체적으로 남자는 공격성, 독립성, 활동성을 가지도록 양육되며 여자는 감정적, 의존적, 수동적이도록 양육된다. 성과 관련된 연령별 특징을 살펴보면 다음과 같다(조복희, 2008).

- 출생~2세: 성차를 서서히 인식하며 놀잇감이나 놀이형태에서 차이를 보이기 시작한다. 동성의 친구와 노는 것을 좋아한다(Campbell, Shirley, Heywood, & Crook, 2000). 놀이를 할 때 남자아이가 여자아이보다 공격적이다(Baillargeon et al., 2007). 생후 9개월에서 12개월 사이 영아는 성인의 머리 모양이나 옷 모양을 보고 여자 얼굴과 남자 얼굴을 구별할 수 있다(Martin, Ruble, & Szkrybalo, 2002).
- 2~3세: 자신이 남자인지 여자인지를 인식하기는 하지만 남자인지, 여자인지 질문할 경우 정확하게 답을 하지 못한다. 여아는 동성의 친구에게 여자와 관련된 단어를 더 많이 말하고(예: 목걸이) 남아는 동성의 친구에게 남자와 관련된 단어(예: 트럭)를 더 많이 말한다(Stennes, Burch, Sen, & Bauer, 2005). 여아가 남아보다 성과 관련된 지식이 더 빨리 발달된다(Martin, Ruble, & Szkrybalo, 2002). 남아들은 남성적인 것과 관련된 놀이를, 여아들은 여성적인 것과 관련된 놀이를 더 많이 한다.
- 3~5세: 자신이 남자인지, 여자인지 명확히 알고 인형이 남자인형인지 여자인형인지도 구별한다. 남아들은 신체활동 놀이를 더 즐기고 여아들은 주의집중력이 높고 친사회적인 행동을 더 많이 한다. 지능적인 면에서는 남아와 여아의 성차가 많이 나타나지는 않는다. 수학을 배우는 데 남아와 여아의 차이가 보이지는 않지만 여아는 어휘 구사력이 좋고 수학연산을 잘하며 사물의 위치를 더 잘 기억한다. 남아는 논리적 사고력, 수학문제 풀이, 공간지각능력이 더 뛰어나다(Spelke, 2005).
- 5~7세: 남녀의 구분이 성기에 의해 구별된다는 것을 이해하게 된다. 여자가 남자 옷을 입는다고 해서 남아가 되지 않는다는 것을 안다. 여아는 소꿉놀이, 인형놀이 등을 좋아하며, 남아는 블록놀이, 조작놀이를 좋아한다.

2) 성역할 발달이론

(1) 생물학적 이론

성역할 발달이 유전과 성호르몬과 같은 생물학적 요인에 의해 결정된다고 보았다. 이는 성차에 따라 성격, 행동, 태도 등이 생득적으로 결정되는 것이라고 밝히고 있다. 연구자들은 뇌 속에 있는 50개 이상의 유전인자가 남자와 여자의 차이와 관련 있다고 설명하면서 유전인자가 성차를 유발하는 원인이 된다면 생식기나 호르몬작용이 일어나기 이전에 이미 유전적으로 성차가 존재한다는 것이다. 성역할의 발달에 대한 또 다른 생물학적 설명은 태내기의 안드로겐(androgen) 수준이 남성과 여성의 행동이나 특성의 차이를 설명해 줄 수 있다는 것이다(Hines, 2004). 남성 호르몬 안드로겐의 일종인 테스토스테론은 남성적인 행동을 증가시키고, 여성적인 행동을 감소시키는 것으로 알려져 있다(Collaer & Hines, 1995). 엔드로젠(남성 성호르몬)이 과다 분비되는 여아의 경우 남자와 같은 행동특성을 보이거나 남아용 장난감을 선호하고 거친 놀이를 좋아하며 공간지각능력이 매우 발달하며 에스트로젠(여성 성호르몬)이 크게 영향을 미치지 못하는 것으로 보인다(Hines, 2004; Pasterski, Brain, Geffner, Hindmarsh, Brook, & Hines, 2005). 성역할 발달이 생물학적인 요인에 의해 영향을 받기는 하지만 성역할 발달은 생물학적 요인에 의해서만 결정되는 것은 아니며 사회화 과정과 매우 밀접한 관련성을 가지고 있다. 그러므로 성역할 발달을 오롯이 생물학적 요인만을 가지고 설명하는 것은 한계가 있다.

(2) 진화론적 발달이론

남성과 여성이 서로 다른 성역할을 발달시키는 것은 성인이 되어 배우자를 찾고 자손을 낳기 위한 것으로 진화론을 설명한다. 종족 보존을 위해 남자들은 가능한 한 많은 여자를 소유하고자 한다. 여자에게 매력적으로 보이기 위해 힘을 기르고 다른 남자와 경쟁한다. 힘이 세고 매력적인 남자는 자손을 낳아 줄 여자를 소유할 수 있지만 그렇지 않은 남자는 여자를 소유하지 못하고 종족 보존의 기회를 상실하게 된다. 따라서 남자는 종족 보존을 위해 더 공격적이고 경쟁적인 성향을 보이는 성역할 행동을 하는 것이다. 여자는 종족 보존을 위해 임신과 자녀양육에 더 많은 시간을 보내기 때문에 남자보다 더 반응적이고 순종적인 성역할 행동을 학습하게 되는 것이다(Bjorklund & Pellegrini, 2000)

(3) 정신분석 이론

Freud는 여성과 남성의 근원적인 차이는 심리성적 발달의 다섯 단계 중에서 세 번째 단계에 해당하는 남근기 동안 서로 다른 경험을 하기 때문이라고 주장하였다. 남아는 어머니에 대한 성적 애착을 갖고 어머니와 함께 있는 아버지를 경쟁상대로 여기며 아버지가 자신보다 월등히 강해 거세불안의 공포를 경험하고 오이디푸스 콤플렉스를 겪게 되지만, 이후 어머니에 대한 성적 욕망을 억압하고 아버지를 동일시하여 아버지처럼 되려고 노력한다. 반대로 여아의 엘렉트라 콤플렉스는 남근선망으로부터 시작되는데, 어머니에 의해 거세되었다고 여겨 어머니를 질투하고 경쟁자로 생각하며, 아버지에 대한 성적 애착을 나타내게 된다. 여아는 점차 어머니를 경쟁상대로 여기는 대신 어머니와 동일시하여 갈등을 해결하게 된다.

이처럼 Freud는 남아와 여아가 다른 성의 부모에 대한 성적 애착으로 인한 콤플렉스를 해결하기 위해 동성 부모를 동일시하면서 성역할을 획득한다고 보았다. 그러나 Freud의 정신분석 이론은 인형의 성별에 적합한 생식기도 정확하게 구분하지 못하는 유아가 이성의 부모에게 성적 애착을 가진다거나 남아의 거세불안, 여아의 남근선망 등과 같은 성 본능에 따라 부모를 동일시한다고 주장하는 것을 과학적으로 입증하기 어렵다는 점에서 비판을 받고 있다.

또한 처벌을 가하는 위협적인 아버지보다 다정하고 사려 깊은 아버지의 아들이 아버지를 더 강하게 동일시하여 남성다운 특성을 더 많이 보인다(Hetherington & Frankie, 1967).

(4) 사회학습 이론

사회학습 이론에서는 유아의 성역할 발달이 주로 강화와 관찰에 의해 이루어진다고 설명한다. 부모, 교사, 친구가 유아의 성에 적합한 행동을 강화하는 역할을 하고 적합하지 않은 행동에 대해 부정적인 강화를 함으로써 성에 적합한 행동을 직접적으로 학습하게 된다. 즉, 아주 어린 시절부터 남아는 블록, 로봇, 총 등을 가지고 놀거나, 여아는 인형, 드레스, 가방 등을 가지고 놀면서 이러한 행동에 대해 긍정적으로 반응한다. 반면 남아가 수줍음을 많이 타거나, 여아가 활동적이면 부정적으로 반응한다. 이처럼 유아가 자신의 성에 적합한 행동을 하면 격려하고, 적합하지 않다고 생각되는 행동에 대해서는 부정적인 반응을 보여 유아의 성역할을 강화한다. 또한 유아는 자기 주변 사람들이 어떤 행동을 하는지 관찰함으로써 성역할을 학습한다. 아버지가 축구, 야구, 복싱, 골프, 배구 등을 하는 것을 보고 남아가 따라 하거나 어머니가 화장, 예쁜 옷 입기, 요리, 예쁜 구두 신기 등을 하는 것을 보고 여아가 똑같은 행동하는 것을 통해 성역할을 학습한다. 이러한 관찰학습을 통해 유아는 사회적 환경에서 성역할을 학습하고 발달시켜 간다.

[사진 7-3] 성에 적합한 행동을 강화하고 있는 부모

(5) 인지발달 이론

Kohlberg는 유아가 가지고 있는 성정체감이란 자신에 대한 일종의 인지적 판단이라고 설명한다. 유아 스스로가 성별에 근거하여 자신이 남성(여성)임을 인식하는 것이 성역할 동일시의 가장 중요한 요인이다. 이러한 자아개념 인식이 성역할 동일시에 선행한다고 주장하였다. 유아는 우선 자신의 성별이 무엇인지 인식한 이후에 자신의 성과 맞아떨어진다고 생각하는 주변의 자극들에 더욱 민감하게 반응하면서 서서히 자신의 성별과 관련된 지식들을 구성하여 성역할을 획득해 나가게 된다. 이러한 주장은 인지발달 이론이 정신분석 이론이나 사회학습 이론과 차이를 보이는 내용이다. Kohlberg가 제시한 성역할 발달단계는 〈표 7-2〉에 제시되었다(Kohlberg, 1966; Kohlberg & Ullian, 1974).

〈표 7-2〉 Kohlberg의 성전형화 단계

단계	내용	예시
1단계(출생~3세) 기본적 성정체감	외모나 옷으로 성별을 구별하고 자신과 타인의 성을 정확히 구분한다.	"나는 남자야", "나는 여자야"와 같이 자신의 성별을 지칭할 수 있다.
2단계(3~5세) 성안정성	시간의 변화에 관계없이 성이 변하지 않는다는 사실을 이해한다. 남아는 커서 아빠와 같은 어른이 되고, 여아는 커서 엄마와 같은 어른이 된다는 것을 인식한다.	외모만 바꾸면(옷, 머리 모양) 남아는 엄마가 될 수 있고 여아는 아빠가 될 수 있다고 생각한다.
3단계(5~7세) 성항상성	성인과 유사한 성개념을 갖게 된다. 시간과 상황의 변화에 관계없이 성은 안정된 속성임을 알게 되고 외모만으로 성을 구별하지 않는다.	여아가 바지를 입거나 로봇을 가지고 놀아도 남자로 바뀌지 않는다는 것을 인식한다.

(6) 성도식 이론

성도식 이론은 성역할 개념의 획득 과정을 설명하는 정보처리 이론으로서 사회학습 이론과 인지발달 이론의 요소가 결합된 이론이다(Bem, 1981, 1983). 성도식 이론은 성을 유형화하고, 성역할을 습득하기까지의 정보처리과정을 중요시한다. 성도식(schema)이란 성에 대한 인지구조로 자신에 관한 모든 정보를 부호화하고 조직화하는 전반적인 성향을 의미한다. 즉, 남자는 힘이 세고, 여자는 힘이 약하다와 같은 성과 관련된 행동에 대한 기본적인 지식을 구성해 나가면서 성에 대한 인지구조를 갖게 되고, 자신의 인지구조에 적합한 행동을 선택하는 것이다.

성유형화는 아동의 인지발달 수준이나 사회·문화적 요인의 영향을 받는 동시에 성도식화 과정을 통해 형성된다. 이러한 성도식에서 중요한 개념은 내집단·외집단 도식(in-group/out-group schema)과 자기 성도식(own-sex schema)이다. 처음에 아동은 자신의 성별에 적합한 장난감, 행동, 역할을 알게 되면서 비교적 단순한 내집단·외집단 도식을 획득한다. 내집단·외집단 도식의 획득 이후 아동은 일상적 행동의 기준이 되는 구체적인 자기 성도식을 획득하게 된다.

성도식 이론에 의하면 아동은 주어진 정보가 자신의 태도와 일치하고 그에 대한 지식이 많을수록 보다 잘 기억하고 선호하게 되며, 반대의 경우에는 기억하지 못할 뿐만 아니라 오히려 회피하게 된다. 즉, 자신이 가지고 있는 성도식에 근거한 이러한 선택적인 기억과 선호 과정을 통해 아동의 성역할 발달이 이루어진다.

〈표 7-3〉 성역할 발달이론들의 비교

이론	대표학자	핵심내용	설명
생물학적 이론		유전적, 신경학적, 호르몬 활동	성과 관련된 행동의 차이는 유전적으로 결정된 것이다.
진화론적 발달 이론	Darwin	자연적 성결정론	아이들의 성역할 발달은 성인기에 배우자를 찾고 자손을 낳기 위한 것이다.
정신분석 이론	Freud	무의식적인 정서적 갈등의 발현	오이디푸스 콤플렉스와 엘렉트라 콤플렉스를 겪고 있는 유아가 이성의 부모에 대한 애정을 억제하는 과정에서 동성의 부모를 동일시한다.

이론	대표학자	핵심내용	설명
사회학습 이론	Bandura	관찰학습과 강화를 통한 성역할 습득	부모는 유아가 성에 적합한 행동을 하도록 강화하고, 유아는 동성의 부모로부터 성에 적합한 행동을 관찰하여 성역할을 학습한다.
인지발달 이론	Kohlberg	자기 분류화를 통해 성역할 인식	자신의 성을 인식한 후 그에 적합한 행동을 분류해 성역할에 맞는 행동을 한다.
성도식 이론	Bem, Martin, Halverson	사회화 과정을 통해 성역할에 대해 자기 분류화	자신의 성에 적합한 역할이 무엇인지에 대한 정보를 조직화하며 사회적으로 수용되는 성역할이 무엇인지 규명하고 그에 적합하게 행동한다.

출처: Papalia et al(2008).

3. 성역할에 영향을 주는 요인

1) 생물학적 요인

성역할 발달과 관련된 생물학적 요인은 염색체와 호르몬이다. 성염색체의 차이는 수정되는 순간부터 결정되며 이러한 차이는 남녀의 성 호르몬 수준의 차이를 결정짓는다. 남성호르몬인 테스토스테론과 여성호르몬인 에스트로젠은 남성과 여성의 행동을 결정하는 중요한 호르몬으로 성 호르몬의 분비는 성차를 초래하는 가장 근본적인 이유이다. 성차와 관련된 행동은 동물실험을 통해 증명되었으며 남성호르몬이 많이 분비되는 암컷 원숭이는 수컷 원숭이와 비슷한 행동특성을 보인다.

인간의 경우 사춘기에 이르면 성 호르몬의 분비에 따라 성역할 행동이 결정된다. 성 호르몬 분비가 늦어지는 경우 여아는 남아처럼 행동하고 거칠며 공격적인 행동을 하고 외모에도 관심이 적다. 성 호르몬의 차이는 성유형화에 매우 중요한 역할을 한다(Maccoby, 1990).

2) 부모

부모는 성역할 발달에 가장 큰 영향을 주는 요인이다. 부모는 유아의 성유형화의 모델이다. 유아는 부모의 행동을 모방, 동일시, 직접적 강화, 관찰을 통해 부모의 성역할을 내재화한다. 부모의 성역할과 관련된 사회화는 부모가 자녀의 성을 알게 되는 순간부터 시작된다. 전통적으로 남아를 위해서는 하늘색, 여아를 위해서는 분홍색의 옷이나 신발, 아기용품을 준비하는 것이 이를 단적으로 보여 주는 예이다(Fagot, 1995). 어머니는 자녀와의 상호작용에서 집안일을 하거나, 노래 부르기 또는 그림 그리기와 같은 활동을 많이 하는 반면, 아버지는 야외 활동이나 운동을 많이 한다(John, Halliburton, & Humphrey, 2013).

어머니는 남아와 여아 모두 공격적인 행동을 하는 것에 대해서는 부정적으로 반응하였으나, 남아의 공격성은 어느 정도 수용해 주는 것으로 나타났다. 또한 여아보다 남아의 수줍음에 대해서 더 많이 걱정하는 것으로 나타났다. 이와 같이 부모들은 여아보다 남아에게 더 엄격하게 성역할 고정관념을 적용하는 경향이 있다(Kingsbury & Coplan, 2012). 아버지는 성역할에 대한 태도가 매우 분명한 반면, 어머니는 보다 유연하다. 아버지가 딸보다 아들의 성역할 행동에 더 엄격한 것으로 나타났다(Kane, 2006). 또한 아버지는 남아를 남자답게 하고 여아를 여성답게 하는 데 관여하지만 딸보다는 아들을 사회화시키는 데 더욱 관심을 나타낸다(최경숙·박영아, 2005).

3) 유아교육기관

부모 이외에 유아의 성역할 발달에 영향을 미치는 중요한 변인은 유아교육기관이다. 최근에는 유아들이 일찍부터 기관에 다니는 경우가 많기 때문에, 성역할 발달에 대한 가정 이외 환경의 영향력도 중요하게 고려되어야 한다. 교사는 유아의 성역할 발달에 중요한 역할을 한다. 교사는 여아와 더 친밀한 관계를 유지하고 남아가 공격적인 행동을 보일 때 빈번하게 야단치는 반응을 하는 것으로 나타났다(Serbin, O'Leary, Kent, & Tonick, 1973). 또한 유아들은 교사가 함께 있을 때와 없을 때 놀이의 유형에서 차이가 나타나는데, 교사가 있으면 여아들은 그룹활동을 더 많이 하는 반면, 남아들은 교사가 없을 때 그룹활동을 많이 하였다(Oettingen, 1985).

4. 올바른 성역할 형성을 돕는 교사의 역할

유아가 자신의 성에 적합한 성역할 행동을 발달시키는 것은 교사의 중요한 역할이라 할 수 있다. 교사는 부모와 마찬가지로 유아의 성역할 발달에 직접적으로는 모델이 될 수 있고, 간접적으로는 환경을 구성함으로써 그 역할을 수행할 수 있다.

먼저, 교사는 유아 발달수준에 적합한 환경을 제공하기 위해 환경을 구성할 때 남아와 여아의 성역할을 다룰 수 있는 요소를 고려하는 것이 중요하다. 지나치게 남성성이나 여성성을 강조하는 놀잇감이나 활동을 준비하지 않도록 조심하여 성차별적인 요소가 내재하지 않도록 배려할 필요가 있다. 이러한 사항은 평소 교사가 유아를 대상으로 하는 언어적 상호작용에도 적용된다. 교사는 유아와 상호작용할 때 "이건 여자가 할 일이야, 여자는 이런 색깔의 옷을 입지 않아, 선생님은 여자이기 때문에 힘이 세지 않아"와 같은 말을 하지 않도록 조심하는 것이 좋다. 또한 "남자는 힘이 세, 남자는 울지 않아, 남자는 무서워하면 안 돼"와 같은 어휘를 사용하지 않는 것이 바람직하다.

또한 남아에게는 남성적인 활동이나 놀이를 권장하고 여아에게는 여성적인 활동을 제공하거나 강화하기보다는 남아와 여아가 함께할 수 있는 활동을 준비하도록 노력할 필요가 있으며 이러한 노력을 부모와 함께 공유하는 것이 필요하다.

참고

– 유아들이 궁금해 하는 성에 관한 질문 –

▸ 아이들이 어느 정도 자라면서 보이는 성적 행동들과 자주 듣게 되는 질문들이 있다. 이럴 때 우리는 어떻게 반응해야 하는가?

• "엄마 이게 뭐야?" (그림책에 나와 있는 음경을 가리키며)

≫ 잠지, 고추, 찌찌 등의 유아적인 용어는 오히려 유아로 하여금 성을 장난스럽게 여기거나 소중하게 생각하지 못하게 할 수 있다. "우리 몸에는 이름이 다 있단다. 이건 음경이란 것이고, 이 속에 있는 게 고환이라는 주머니거든. 여기서 바로 아기씨가 만들어지기 때문에 아주 중요하단다. 너무 많이 만지거나 더러운 손으로 만지면 아기씨가 상하게 돼. 소중하게 다루어야 해"라고 답해 줄 수 있다.

• "나는 왜 고추가 없어? 왜 오빠는 서서 쉬하고 나는 앉아서 쉬해?"

≫ 이때는 남성과 여성의 생식기 차이를 알려 주고, 서로 가지고 있지 않은 것에 대해 가치롭게 설명해 주는 것이 필요하다. 성의 긍정적인 면에 대해 이야기하는 것은 이후 유아의 정신건강에 매우 중요하기 때문이다.

• 남자아이가 여자 속옷에 관심을 보일 때는 어떻게 하나요?

≫ 남아가 여자 속옷에 관심을 갖거나 입어 볼 때 야단을 치거나 강하게 제재하는 것은 금물이다. 아이가 강한 호기심을 보인다면 한 번쯤 시도해 보게 한다. 하지만 여자와 남자는 몸이 다르기 때문에 입는 속옷이 다르고 또 속옷은 몸을 따뜻하게 보호하고 몸에서 나오는 분비물을 흡수하는 것이기 때문에 안에 입는 것이지, 겉에 입는 것은 좋지 않다고 분명히 이야기해 준다.

• 아이의 자위행위는 어떻게 대처해야 하나요?

≫ 아이의 발달과정에서 자위행위는 자연스런 일이다. 남아뿐만 아니라 여아에게도 자위행위는 관찰된다. 이때 부모나 교사가 놀란 표정을 짓거나 아이가 나쁜 행동을 한 것처럼 야단치는 등의 부정적 태도를 보이는 것은 좋지 않다. "그렇게 하면 좋으니" 정도로 무관심하게 반응하고 어떨 때 그런 행동을 하는지 관찰한다. 대체로 아이는 심심할 때 그러한 행동을 하는데 이때 관심을 다른 곳으로 돌리도록 놀아 주거나 간식을 주거나 또는 신체활동을 통해 에너지를 발산하게 한다.

출처: 김정희 외(2014).

08

Social Studies for Young Children ▸ ▸ ▸

우 정

Social Studies for Young Children ▸ ▸ ▸

1. 우정의 개념

유아들에게 우정은 사회에 첫발을 내딛는 작은 발걸음으로 볼 수 있다. 우정은 누군가와 더불어 살아야 할 사람에게 가장 필요한 애정이며, 없어서는 안 될 감정이다. 우정에 대한 개념과 유아기 우정의 중요성에 대해 다음과 같이 정리할 수 있다.

1) 우정의 개념

인간은 태어나면서부터 가족을 중심으로 타인과 관계를 맺는다. 자라면서 부모·형제와 같은 가족뿐만 아니라 또래를 만나게 되고 친구 관계를 맺으며 사회적 관계의 폭이 점차 확대된다. 일반적으로 친구와 또래는 비슷한 의미로 사용되지만 그 개념은 다소 차이가 있다. 친구 관계는 자발적으로 형성된 1차 집단으로 비교적 적은 수로 구성되며 구성원들 간의 상호작용 빈도와 강도가 높은 것이 특징이다. 이에 반해 또래관계는 반드시 자발적으로 구성된 것은 아니며, 구성원들의 수가 많고 상호작용의 빈도와 강도가 낮은 특징을 보인다. 또래란 나이, 성, 학년의 수준에서 비슷한 특성을 가지고 정신적·신체적 발달과 행동이 유사한 아동으로서 사회적으로 동일시되어지는 대상이다. 즉, 한 집단에서 함께 놀이를 한다고 모두 친구 관계라고 할 수 없으며, 또래관계 중에서 자신들이 서로 만족할 만한 관계를 형성하는 한 명 또는 그 이상과 특별한 관계이자 의미 있는 타인으로서의 역할을 하는 것이 친구 관계이다(윤보영, 2012).

그렇다면 우정은 어떤 의미를 지니는가? 유아들에게 우정은 같은 놀이를 하는 또래와의 관계로, 유아들이 생각하는 우정의 개념은 유아의 연령에 따라 구체적인 것에서 추상적인 것으로 변화한다(Selman, 1980). 어린 유아들은 자신의 놀이를 위해서 함께 놀아 주는 또래를 친구로 여기지만 유아들이 성장, 발달하면서 친구는 사적인 감정을 함께 나누며 서로를 위로해 주는 존재로 변화한다. 즉, 유아들은 연령에 따라 우정을 일시적인 상호관계에서 오랫동안 지속되는 친밀한 관계로 개념을 발달시킨다(정혜윤, 2003).

우정의 개념은 학자마다 차이가 있는데, 첫째, '선호'를 우정 관계의 기본 요소로 간주할 수 있다. Damon(1977)은 우정 관계를 좋아함으로 특징지어지는 인간관계로 보았다. 즉, 우정 관계란 도움을 요청할 때 도와주며, 서로 이해하고, 사적인 생각을 공유할 뿐만 아니라 감정·비밀을 이야기하는 등의 심리적 문제해결을 돕고 심리적 고통이나 불편함을 주지 않도록 하는 지속적이며 양방적인 관계라고 하였다.

둘째, '상호성(reciprocity)'을 우정 관계의 기본 요소로 본다. 장휘숙(2001)은 우정을 친구들 사이의 애정적 유대로서 서로의 생각과 감정을 이해하고 함께 공유하며, 서로 위로하고 돌보는 상호적 관계로 항상 같이 있고, 같이 활동하며, 친하게 지내고, 서로 돕고, 서로 관심을 가지고 좋아하는 특성을 지니고 있다고 보았다.

셋째, '이원적(dyadic)인 관계'를 우정 관계의 기본 요소로 본다. Hartup(1993)은 우정을 애정·관심·흥미 및 정보를 공유할 뿐만 아니라 타인과의 접촉을 유지하는 이원적이며 독특한 애착 관계라고 하였다. 아이들의 우정은 이원적인 교제이며, 감정적인 친밀도가 덜한 친구 관계와는 분리되는 교제이다. 즉, 우정을 각자의 개인적 특성과 수준에서 두 사람이 자발적으로 형성하는 비공식적이며 친밀한 관계라고 볼 수 있다.

넷째, '상호작용'을 우정 관계의 기본 요소로 본다. Ladd(1990)는 두 구성원이 상호 간에 서로를 가장 친한 친구로 지명하고, 친구와 빈번히 상호작용하거나 지속적인 교제를 바라며, 자신의 행동이 친구와 적합해지도록 노력하면서 보다 복잡한 형태의 상호작용을 성취하는 관계를 우정의 기본 요소로 간주한다. 우정은 유아와 친구 간의 자발적으로 상응하는 관계이며, 정서적 연계가 강조된다. 유아는 이미 상당한 인지능력과 언어능력을 가지고 있기 때문에 유아 스스로 우정에 대한 표현을 할 수 있다. 또한 유아가 형성한 우정은 일시적이지 않고 유아기 동안에 걸쳐 유지된다.

다섯째, 애정, 물리적·심리적 지지, 공유 활동, 근접성, 신체적 특징 등 6가지가 유아기 우정 관계의 기본 요소가 된다(Furman & Bierman, 1983).

이상으로 살펴본 바와 같이 우정은 상호적이며 호혜적인 관계로 서로 관심을 가지고 좋아하며 정보를 공유하는 이원적인 관계를 가지며 물리적·심리적·정서적 지지 속에서 친구와 지속적으로 상호작용하고, 연령이 증가할수록 감정이나 생각을 서로 나누며 이해하고 도와주는 친밀감을 가지는 자발적 관계라고 볼 수 있다.

2) 우정의 중요성

유아기의 우정 경험은 이후의 사회성 발달에 중요한 영향을 미치는데, 다음과 같은 이유가 해당된다.

첫째, 우정 관계는 유아의 자아개념 형성과 발달에 영향을 준다. 우정 관계를 형성한 유아는 또래로부터 거부되는 유아일지라도 외로움을 느끼거나 자아존중감 수준에 있어 크게 영향을 받지 않는 것으로 나타났다(정윤주, 2004). 또한 친한 친구가 신뢰감과 도움을 주고 인정해 주며 교제의 즐거움을 제공해 줄 때 유아는 자신의 능력과 외모에 만족하면서 사회적 수용여부를 긍정적으로 지각하고 자신의 사회적 행동을 긍정적으로 인지한다(문은정·심희옥, 2001).

우정 관계가 있기 전 유아는 가족이라는 제한된 환경에서 제한된 관계만을 경험하고 타인과의 관계기능도 성인의 관심에 초점을 두어 습득하게 되지만 점차 성장해 가며 친구와 관계를 맺으면서부터 타인과 상호작용을 통해서 감정적 유대 관계를 발달시키며 사회적·인지적 발달을 이루게 된다. 또한 우정 관계는 유아에게 사회적 지식을 넓혀 주고 집단 속에서 필요한 기술을 습득하게 하여 사회에서 살아갈 수 있는 자질을 형성시킬 뿐만 아니라 유아의 가치와 신념, 정체감을 키워 주고 성역할의 발달에도 영향을 미친다. 이와 같이 우정은 유아로 하여금 자신을 타인과 의미 있는 관계를 형성하도록 도와주며 자신과 유사한 친구와의 경험을 통해서 자신의 행동을 긍정적으로 자각하고 자아개념을 형성하고 자아정체감을 발달시켜 자신을 긍정적으로 자각하게 한다(박경화, 2014).

둘째, 유아는 친구와의 상호작용 속에서 소속감과 애정을 느끼며 칭찬이나 인정, 신뢰감과 같은 심리적 요인을 경험할 수 있다. 이러한 소속감은 유아에게 안정감과 친구로부터의 사회적 지원을 얻게 된다. 오채선과 염지숙(2004)은 유아들은 소속의 경험이 반복되면서 더욱 견고하고 오래 지속되는 관계를 형성하고 공통된 관계망을 구축하면서 우정 관계를 형성하고 우정 관계를 통해 자신이 선택한 집단에서 소속감을 경험하게 된다고 보았다. 또한 우정 관계를 통해서 자신의 능력을 측정할 수 있는 기준이 되고 혼자서 할 수 없는 활동에 동반자가 되기도 하며 심리치료적인 효과도 얻을 수 있다(정희준, 2001).

유아들의 안정적인 우정 관계는 기관적응과 사회생활적응에 긍정적인 역할을 한다. 김정윤(2000)의 연구에서는 유아가 친한 친구와의 사이에서 도움과 친밀 인정 등의 긍정적인 특성이 많은 것으로 지각할 경우 학교적응과 가족 관계에서도 긍정적임을 보여 주었다.

셋째, 유아들의 놀이행동에 영향을 준다. 우정 관계에 있는 유아는 사회놀이행동 중에서 연합놀이와 같은 사회적으로 성숙한 놀이에 자주 참여하였지만 우정 관계가 없는 유아의 경우는 비몰입행동을 자주 보여 우정 관계가 놀이참여 빈도나 놀이행동 패턴에 영향을 미쳤다(신유림, 2004a). Howes(1983)는 정기적으로 우정 관계를 유지한 유아를 종단적으로 연구하였다. 그 결과 친구 관계를 지속적으로 유지한 유아의 경우 사회상상놀이의 참여빈도가 높았으며 교사가 측정한 사회적 능력도 높게 나타났다. 그러나 우정 관계가 종결된 경우 사회상상놀이의 참여빈도가 감소했고, 교사가 측정한 사회적 어려움 점수는 높게 나타났다.

넷째, 유아기의 우정은 유아의 사회적 발달에 기초를 형성한다. 친구와의 상호작용은 유아에게 기본적인 사회적 기술을 익히게 한다. 친구와의 상호작용에서 유아는 서로에게 다양한 모델을 제공하고 문제해결력과 인지적 능력, 사회적 대인 관계 기술을 배우며 사회적 행동의 기초를 제공받는다. 즉, 친구와의 상호작용

속에서 소속감이나 애정을 느낄 수 있으며 칭찬이나 인정, 신뢰감과 같은 심리적인 요인을 경험하게 된다(박경화, 2014). 이처럼 유아들의 우정 관계를 통해 유아는 타인과의 관계를 학습하게 되고 사회 관계를 어떻게 형성해야 하고 그 안에서 발생하는 문제를 어떻게 해결해야 하는지를 배우게 된다. 또한 유아는 점차 자기중심적 사고에서 벗어나 다른 사람의 행동을 이해하게 되며 사회적 관계를 어떻게 형성하고 문제를 어떻게 해결해 나갈지를 배워 나간다. 유아교육기관이나 유아가 생활하는 지역은 사회적 기술을 발달시키기 위한 중요한 토대가 된다. 처음 유아가 기관 안에서나 밖에서 다른 또래와 접촉을 시작할 때 관계형성에 시행착오를 경험하지만 점차 친구에 대한 개념을 인식하며 우정을 형성하고 유지하기 위한 기술들을 배워 나간다.

2. 우정의 발달

유아의 우정은 또래와의 관계에서 나타나는 친밀하고 특별한 사회적 관계이므로 우정형성과 우정 발달 과정을 통해 우정의 특징을 확인해 볼 수 있다.

1) 유아의 우정 형성

유아의 우정 관계는 즉각적으로 발생하기보다는 일정한 과정을 거친다. 박희숙(1985)에 의하면 5단계에 걸쳐 형성되는데, 1단계; 잠재적으로 친구 선택하기, 2단계; 아는 사이 되기, 3단계; 아는 사이를 친구로 만들기, 4단계; 친구 사이를 유지하고 심층화하기, 5단계; 친구 관계의 끝 등으로 분류한다.

먼저 1단계에서는 유아가 자신과 비슷한 외모의 특징을 가진 유아를 친구로 선택하려는 경향이 나타난다. 일반적으로 동일한 연령끼리 관계를 맺으려 하며, 성공적인 우정 관계는 같은 위치에서 만들어지는 경향이 있다. 또한 유아는 같은 성별을 가진 또래집단과 우정 관계를 발달시켜 간다.

2단계는 아는 사이로 되어 가는 과정으로 연령이 높은 유아의 경우 타인과의 관계를 조심스럽게 진전시켜 나가며 연령이 낮은 유아일수록 새로운 친구를 만나게 되면 어떠한 전략을 써서라도 아는 사이가 되려는 노력을 보이는 특징이 있다. 이처럼 유아가 또래와 상호관계를 맺어 가는 것은 사회화 과정 획득의 시작이라고 할 수 있다.

3단계는 아는 사람을 친구로 만드는 과정으로 시간이 지날수록 우정 관계는 모든 역할에서 변화하며 증가한다. 유아의 관계는 시간이 지남에 따라 아는 관계에서 점차 친구와의 우정 관계로 발전해 나간다.

4단계는 우정 관계의 유지 및 심층화 단계이다. 이 시기는 친구 관계인 사이와 아는 관계의 사이 가운데 친구 관계에서 더 다투지 않았고 더 많은 이야기를 주고받으며 더 애정적인 표현을 하고 물건을 나누어 갖는 등의 긍정적인 관계를 보여준다.

5단계는 친구 관계가 끝나 버리는 과정으로 유아들의 싸움이나 갈등, 무례함, 불신 등으로 친구 관계가 끝나게 되는 시기이다. 유아가 이전의 친구를 현재 친구로 생각하지 않는 이유를 근래 접촉이 없었거나 싸움이나 상반된 의견에 의한 것으로 볼 수 있다. 하지만 친구 사이의 우정형성과 발달은 연령이 증가할수록 성숙해 가는데, 끊임없는 상호작용을 하면서 친구와 협동이나 싸움을 하면서 더욱 발달하고 재형성된다(이재숙, 2007).

이처럼 유아의 우정 형성 과정은 먼저 자신과 연령이나 사회경제적 수준, 성별, 성향이 비슷한 또래와 친구 관계를 맺기 쉽고, 유아들 간의 애정과 신뢰가 있는 행동으로 우정 관계를 유지하고 발전시켜 나간다. 때로는 불신감이나 싸움, 무례함, 갈등으로 친구 사이의 우정 관계가 끝나기도 하고 새로운 우정 관계가 형성되기도 한다.

[사진 8-1] 우정을 나누고 있는 동성의 친구

〈표 8-1〉 유아의 우정형성 과정

단계	과정	특성
1단계	잠재적으로 친구 선택하기	대부분의 유아는 동일 연령이나 동성을 친구선택의 기준으로 삼으며, 사교성·협동심·선도성, 사회적 지위 등의 다양한 요인이 친구 선택의 기준이 되고 있음을 안다.
2단계	아는 사이 되기	유아의 연령이 낮을수록 친구 관계에 적극적인 전략을 구사하고, 연령이 높은 유아의 경우 조심스럽게 관계를 진전시킨다.
3단계	아는 사이를 친구로 만들기	시간이 지날수록 친구 관계는 모든 역할에서 변화하며 증가하며, 유아의 관계는 시간이 지남에 따라 아는 관계에서 친구 관계로 발전해 나간다.
4단계	친구 사이를 유지하고 심층화하기	친구 관계인 유아들은 아는 사이일 때 모르는 사이보다 더 많은 이야기를 주고받으며, 더 애정적인 표현을 한다. 아는 관계의 사이에서 유아들은 친구 관계에서 더 다투지 않으며 물건을 나누어 갖는 등의 긍정적인 관계를 보여 준다.
5단계	친구 관계의 끝 또는 새로운 관계의 형성	친구 관계는 유아의 싸움이나 갈등, 무례함, 불신 등으로 친구 관계가 끝나기도 하고, 새 친구와 다시 형성되기도 하는 등 변화와 성장을 보인다.

2) 유아의 우정 발달 과정

약 25개월에서 36개월이 되면 유아는 단순한 사회적 수준에서 친구라는 말을 사용한다. 약 3세경이 되면 유아는 우정에 관하여 말하기 시작하고, 약 4, 5세경이 되면 우정에 대해 많은 이야기를 한다. 유아의 또래 간 우정개념은 아동이나 청소년의 또래 간 우정개념과 다른 의미를 지니는데, 우정의 의미가 연령에 따라 발달적으로 변화하게 된다.

(1) Damon의 우정 발달 과정

Damon(1977)은 가장 친한 친구가 누구이며 그 이유는 무엇인지, 그 친구가 자신을 좋아한다는 것을 어떻게 아는지, 친구나 적을 만드는 방법은 무엇인지, 부모와 형제가 친구가 될 수 있는지 등의 질문에 대한 답을 기초로 우정 개념을 3단계로 정리하였다.

1단계는 5세에서 7세경의 유아에 해당한다. 유아들은 가까이 살면서 함께 놀이할 수 있는 놀이짝꿍을 친구라고 생각하며, 친구는 모두 같다고 생각하기 때문에 다양한 친구들 가운데 특별한 우정 관계를 발달시키지는 못한다. 일반적으로 친구 관계는 일시적이기 때문에 쉽게 형성되고 쉽게 깨진다. 친구 간 갈등은 개인적인 감정이나 애정에 의한 것이 아니라 먹을 것이나 스티커, 놀잇감과 같은 물질적인 것을 분배하는 과정에서 발생한다.

2단계는 8세에서 12세경의 아동에 해당된다. 이 시기에는 구체적인 물건교환이나 또래와의 협력활동을 통해 우정을 나누며, 친구란 서로 돕거나 도움이 필요하다고 말할 때 도와주는 사람이라고 생각한다. 또래 간 우정 관계는 상호 신뢰감, 친절, 사려성 등과 같은 특징을 기초로 형성된다.

3단계는 사춘기 이후 청소년기에 해당된다. 이 시기에는 자신과 성격이나 관심사가 유사하여 서로 간의 감정, 생각, 비밀 등을 이해하고 공유할 수 있는 또래와의 우정 관계를 형성할 수 있다. 우정 관계에 있는 친구는 서로 두려움이나 외로움 등의 심리적 문제를 공유하고 해결하기 위해 도와야 한다고 생각하며, 불편함을 주는 행동이나 문제되는 일은 자제해야 한다고 여긴다.

(2) Selman의 우정 발달 과정

Selman(1980)에 의하면 사회적 인지발달의 구조적 이론으로부터 유아의 우정 개념의 발달은 6가지의 결정요인에 따라 연속적인 5단계의 변화를 갖는다고 보았다. 여기에서의 6가지 결정요인은 친구 관계 형성, 친밀감과 친근감, 갈등해결, 시샘과 배척심, 신뢰감과 상호성, 친구 관계의 종말이다. 이에 따라 Selman(1980)은 유아의 우정 발달 수준 5단계로 우정의 발달을 설명하였다.

1단계는 일순간적인 물리적 놀이의 단계로서 우정은 물리적이고 지리적인 관계, 일시적인 행동과 자기의 소망에 기초하여 주관적인 특성을 보이며, 놀이친구와의 신체적 상호작용만 이루어지는 단계이다.

2단계는 일방적인 원조의 단계로서 자기가 세운 친구라는 기준에 상대편이 맞아야 하는 단계로 일방적인 도움으로 이루어지며 친구를 자신의 목적을 달성하기 위한 활동의 대행자로 생각하는 단계이다.

3단계는 공평한 협력의 단계로서 우정의 개념은 특수한 상황에서 공평한 상호성에 중심을 두게 된다. 우정을 연속적인 관계로 보지 못하기 때문에 이 단계의 우정은 쉽게 해체될 수도 있고 다시 형성되기도 쉬운 단계이다.

4단계는 친밀하고 상호적으로 공유된 단계로서 유아는 제3자의 관점을 받아들일 수 있다. 따라서 우정의 관계를 시간이 지남에 따라 발달되는 관계로 인식하고 상호적 관심을 표현하여 그 관계가 더욱 강해지고 안정된다고 생각하는 단계이다.

5단계는 자율적인 상호의존적 우정의 단계로서 이상적인 우정이란 형성과 변형의 과정 내에 있는 것으로 보기 때문에 우정을 변화·성장할 수 있고 유연성 있는 개방적인 체계로 구분하였다.

〈표 8-2〉 우정의 발달과정과 특성

단계	과정	특성
1단계	일시적 물리적 놀이의 단계 (momentary physicalistic playment)	우정은 물리적이고 지리적인 관계, 일시적인 행동과 자기의 소망에 기초하여 주관적인 특성을 보이며, 놀이친구와의 신체적 상호작용만 이루어지는 단계
2단계	일방적인 도움의 단계 (one-way assistant)	일방적인 도움으로 이루어지며 친구를 자신의 목적을 달성하기 위한 활동의 대행자로 생각하는 단계
3단계	공평한 협력의 단계 (fair-weather cooperation)	우정을 연속적인 관계로 보지 못하기 때문에 이 단계의 우정은 쉽게 해체될 수도 있고 또 그만큼 다시 형성되기 쉬운 단계
4단계	공유의 단계 (intimate and mutually shared relationships)	우정의 관계를 시간이 지남에 따라 발달되는 관계로 인식하며, 상호적 관심을 표현하여 그 관계가 더욱 강해지고 안정된다고 생각하는 단계
5단계	자율적인 상호의존적 우정의 단계 (autonomous interdependent friendship)	우정은 변화하며 성장할 수 있고 유연성 있는 개방적인 단계

출처: 임지윤(2015).

3. 우정에 영향을 주는 요인

1) 사회적 조망수용능력

내 입장이 아닌 다른 사람의 관점에 서서 그 입장을 이해하고 수용하는 능력은 우정을 형성하는 데 기초가 된다. 조망수용능력이란 자기와 타인 사이에 필요한 필수적인 능력으로 자아중심적 사고를 탈피하여 타인의 생각과 의도를 이해하고 감정을 수용할 수 있는 능력을 말한다. 조망수용능력의 하위요소로는 인지 조망수용능력과 감정 조망수용능력이 있다. 인지 조망수용능력은 타인의 생각, 지식 견해 등을 추론, 평가하는 능력이다. 감정 조망수용능력은 타인의 느낌이나 정서적 반응 등 심리적 상태를 추론, 평가하는 능력을 말한다(김명이, 2016). 즉, 어떤 상황 속에서 다른 사람의 생각을 느껴 보고 그 사람의 입장이 되어 보는 과정으로 정서적 측면에서 공감을 하는 것이다. 타인의 감정을 이해하지 못하는 것은 정서적으로 결함을 가질 수 있으며, 친밀한 사회적 상호작용을 어렵게 만든다. 조망수용능력은 유아의 연령과 경험에 따라 계속 발전되는 능력으로 자기중심성과는 반대되는 개념이다. 유아가 다른 사람의 지식, 견해, 정서적 반응 등의 내적 심리상태를 정확하게 이해하고 추론하려면 자기중심적 사고에서 벗어나 타인의 관점에서 설 수 있어야 하는데 이러한 타인의 관점을 생각할 수 있는 능력이 필요하다. 사회적 조망수용능력이 부족한 유아는 상황에 적합하지 않게 행동할 수 있고, 집단에 이익을 주지 못하게 되어 또래들로부터 환영받지 못하고 배척당할 가능성이 높다.

2) 유아의 성별

우정의 발달은 남녀의 차이가 나타나는데, 남아는 집단으로 친구 관계를 형성하는 데 비해 여아는 일대일의 단짝친구와 보다 강한 유대감을 형성한다. 이러한 이유는 여아들의 친구 관계 형성에 정서적 친밀감과 신뢰감이 중요한 역할을 하기 때문이다. 여아들의 친밀한 친구 관계에서 친구 간의 긴장과 갈등은 친구로부터의 거부와 배신에 대한 두려움을 주게 된다. 따라서 여아들은 남아들보다 작은 규모의 배타적인 우정망을 형성하는 것이 일반적 현상이다(정정옥·이경희·임은숙, 2007).

한편 남아들은 운동경기를 함께 하거나 관람하는 등 같은 활동을 함으로써 친밀감을 형성한다(정옥분, 2004). 남아들은 어려서부터 자기감정을 노출하는 것을 남자답지 못한 것으로 배워 왔기 때문에 여아들보다 자신의 감정을 나누는 것이 덜할 수 있다. 이성에 대한 혐오감이나 부정적인 태도는 남아의 경우 11세경에, 여아는 13세경에 최고조에 달한다. 이 시기 동성 친구에 대한 애착은 이후 이성 친구를 사귀는 데도 필수적인 경험이 된다.

3) 놀이에 대한 기술

유아기의 우정 발달에서 중요한 사회적 기술은 유아가 다른 유아나 자신이 속한 집단의 놀이에 포함되는지의 여부이다. 놀이상황에서는 항상 놀잇감을 공유하거나 양보하는 등의 사회적 기술이 요구된다. 놀이의 종류와 놀이상대를 자주 바꾸기 때문에, 상황에 적절하게 사회적 기술을 사용해야 한다. 예를 들면, 함께 놀자고 요청할 수 있는 의사소통능력, 놀잇감을 분배하고 양보하는 방법, 또래에게 정서적 지지를 보내는 방법, 필요할 때 도움을 주고받을 수 있는 방법 등이 유아의 우정을 형성하거나 지속하는 데 영향을 준다. 우정은 유아의 전반적인 사회적 능력의 정도와 다른 사람에게 수용되는 가능성 및 협동놀이와도 관련된다. 또래와의 친밀도가 높을수록 더 복잡한 상상놀이, 극놀이, 가상놀이, 역할놀이를 할 수 있다. 선행연구들을 보면, 서현실(2017)은 흙 땅에서 하는 전래놀이가 유아의 우정의 질을 높이는 데 영향을 주었다고 보고하였다. 임지윤(2015)은 유아 우정증진교육과 관련된 프로그램을 개발하였는데, 주요 교육내용을 우정의 관심과 상호작용, 의사소통과 감정조절, 신뢰와 나눔, 배려와 존중, 갈등해결, 주도성과 협력 등으로 구성하였다. 해당 프로그램을 만 5세 유아들을 대상으로 실시한 결과 또래유능성과 조망수용능력을 향상시키는 데 효과가 나타났다.

4) 갈등해결능력

인간은 누구나 바람직한 인간관계를 유지하고 발전시키기 위해 노력할지라도 예상치 못한 크고 작은 갈등 상황에 마주하게 된다. 유아들은 행동뿐만 아니라 믿는 것, 알고 있는 것, 생각하는 것이 다르며, 이런 차이는 다른 유아와의 갈등의 원인이 되기도 한다(박유미, 2004). 갈등의 원인은 개인들의 사고와 감정 요구가 다르고 의견이 항상 일치하지 않기 때문에 유아의 생활에서 갈등은 반드시 겪어야 할 단계이다. 유아교육기관에 재원 중인 유아들이 겪는 갈등은 단순히 아는 사이에서 발생하는 갈등과 비교할 때 비슷하거나 더 자주 발생하며, 더 오래 지속되는 경향이 있다(최혜정, 2015). 따라서 친구 관계에서 갈등이 없도록 하는 것보다 갈등 상황에 어떻게 대처하는지가 관계의 유지에 중요한 요소가 된다. 유아가 갈등을 해결하는 방법에는 이유 대기, 고집부리기, 순응하기, 무시하기, 협박하기, 대안 제시하기, 되찾기 등이 있다(김희진·이지현, 2001). 엄정례(1997)는 고집하기, 이유 설명하기, 제3자의 개입, 언어적-신체적 공격성, 비공격적 신체적 전략, 무시하기, 대안 제시하기, 타협, 유머, 친구 관계 언급, 관계 위협을 갈등해결 방법으로 언급하였다.

갈등을 해결하는 능력은 유아의 조망수용능력을 향상시키고, 사회적인 이해를 증진시키며, 또래집단에 성공적으로 개입하고, 친구 관계를 형성하고 우정을 유지하는 데 도움이 된다. 이처럼 갈등을 통해 유아로 하여금 대인 관계에 필요한 다양한 기술을 학습할 수 있는 기회를 제공한다. 더 나아가 유아에게 갈등의 발생과 해결방안에 대한 탐색을 제공함으로써 문제해결을 위한 공격성과 같은 부정적 요소들이 표출되는 위험성을 낮추는 역할을 할 수 있다.

5) 또래와의 상호작용 경험

또래와 긍정적으로 접촉하는 기회를 자주 갖는 것은 우정 발달의 기본 과정이다(박찬옥·서동미·엄은나, 2013). 또래는 가족, 학교, 지역사회와 함께 유아들의 사회적·정서적·인지적 발달과 심리적 안녕을 위해 매우 중요한 역할을 하며, 유아들이 서로 동등한 관계에서 상호작용하고 협력하기 때문에 또래와의 상호작용은 어떤 유형의 개인적 관계보다도 더 중요하다. 또래 상호작용이란 유아가 사회적 대상 중 또래와 상호작용하는 과정에서 보여 주는 행동이라고 할 수 있다(최혜영, 2004). 유아는 또래와의 상호작용을 통하여 타인의 문제에 관심을 가지고, 타인의 관점을 이해하게 되며, 신체적·인지적·사회적 기술을 발달시킬 수 있는 중요한 맥락을 경험하게 된다. 그리고 또래와의 상호작용은 이후의 대인 관계와도 밀접한 관련이 있어 사회적 지식의 확대와 대인 관계 기술을 습득하는 기회로서 중요한 의미를 갖는다(마송희, 1992). 또래 상호작용은 나이가 들어 감에 따라 단순한 상호작용에서 더 복잡하고 조정된 상호작용으로 발전한다.

또래와의 상호작용은 발달에 적합한 과제를 수행하는 유아들 사이에서 기술과 개념의 이해를 돕는다. 또래 간 상호작용을 통한 피드백으로 인해 유아들의 학습이 발전하고 새로운 지식을 이해하고 습득하는 능력을 발달시킨다(Vygotsky, 1978). Piaget는 유아가 또래와의 상호작용을 통하여 자신과 타인에 대한 지각을 발달시키고, 집단에 대한 소속감, 사회적 기술 및 사회적 유능감을 발달시키기 때문에 또래 간 상호작용이 중요하다고 보았다(황희정, 2006). 즉, 유아는 또래들과 상호작용하는 과정에서 자기중심성에서 벗어나 타인의 입장에서 생각하게 되는 탈중심화된 또래 상호작용을 경험하게 되어 사회적으로 성숙해지고 또래와의 관계형성에 있어 유능성을 발달시킨다. 또한 유아들은 또래와 상호관계를 유지하면서 자신을 새롭게 인식하고, 또래집단에서 높은 사회적 지위를 획득하는 데 관심을 기울이고, 친구 관계를 형성하는 데 융통성과 순응성을 발달시키고, 소속감을 경험한다.

유아의 또래 간 상호작용은 부정적 상호작용과 긍정적 상호작용으로 구분할 수 있는데 긍정적 상호작용은 다른 사람과의 관계를 성공적으로 유지하려는 것으로 협동하기, 도와주기, 나누어 주기, 동정, 칭찬, 접근 등의 행동 등이 포함된다. 부정적 상호작용에는 공격하기, 무시하기, 놀리기, 화내기, 위협하기 등의 행동이 포함된다(최혜순, 1986).

또래집단 내에서 긍정적인 상호작용을 경험한 유아는 그렇지 못한 유아에 비해 집단의 규칙을 따르려고 노력한다. 이러한 과정에서 유아는 자기중심성을 탈피할 뿐만 아니라 타인과의 관계성을 이해하게 되며 친구와의 관계 속에서 발생하는 다양한 문제들을 해결하는 능력이 발달한다(박희숙, 1985). 우정을 지속하는 데 있어서도 한층 유능해진다. 반면 사회적 기술이 부족한 유아는 유능한 유아에 비해 또래관계를 맺고 유지하는 데 필요한 기술이 부족할 뿐만 아니라 대인 관계에서 발생하는 문제를 해결하는 능력도 낮은 경향이 있다. 부정적 또래관계를 경험한 유아는 성장하면서 부정적인 성격을 형성하거나 자기회의, 또는 인간관계의 실패를 경험하는 경우가 많았다(최정희, 1997). 이러한 경우 사회적 고립을 가져올 뿐 아니라, 사회적 기술을 발달시키고 실행할 기회를 감소시키며, 자신과 사회에 대해서 부정적인 개념을 형성하게 된다(황옥경, 1990). 유아기의 부정적인 경험으로 인해 또래관계 형성에 어려움을 갖게 되면, 사회적으로 여러 가지 부적응 행동을 보이고 사회적 성장이나 성격발달에 문제를 야기하고, 이러한 경향은 성인기까지 지속되고 계속 누적되어 영향을 끼치기 때문에(Ladd & Coleman, 1993) 유아기에 경험하는 또래와의 상호작용이 중요하다고 본다.

4. 우정 발달을 돕는 교사의 역할

유아의 우정 발달을 지원해 주기 위해서는 유아가 놀이 상황에서 또래와 상호작용할 수 있는 기회를 충분히 제공해 주는 일이 중요하다. 유아는 또래와의 성공적인 관계를 형성하기 위해 필요한 사회적 기술이 요구된다. 그러므로 교사는 다양한 방법으로 이를 지원해 주어야 하는데, 구체적인 지원방법은 다음과 같다.

1) 유아의 놀이에 개입하기

교사는 유아가 다른 유아들과 놀이하는 경험을 자주 가지고 다양한 놀이를 경험하면서 놀이에 대한 재미있는 아이디어를 키울 수 있도록 기회를 최대한 충분히 만들어 주어야 한다. 또한 유아가 시작한 놀이를 관찰하면서 놀이가 지루해지거나 더 이상 발전하지 못하고 맥이 끊길 것 같은 상황, 그리고 변화와 확장이 필요한 상황에서는 적절히 개입하여 놀이가 유지될 수 있도록 도움을 줄 수 있다.

Johnson, Christie와 Yawkey(1999)는 교사가 놀이에 전혀 개입하지 않는 방법에서부터 방관자, 무대감독자, 공동놀이자, 놀이리더, 학습지도자의 역할로 점차 개입의 강도를 높여 가는 일련의 연속적인 개입방법을 제시하였는데 다음의 〈표 8-3〉과 같다.

〈표 8-3〉 교사의 놀이 개입

역할	역할 내용
방관자	가장 소극적인 개입방법으로 교사가 놀이하는 유아를 가까운 거리에서 지켜보면서 머리를 끄덕이거나 미소를 지으며 때때로 "재미있게 놀고 있구나", "무슨 놀이를 하는 거니"라고 말을 걸어 관심을 표현한다.
무대감독자	교사가 유아의 놀이준비와 진행을 도와주고 조언해 주는 개입방법으로 유아가 놀이상황을 준비하는 것을 도와주고 원만하게 진행하도록 이끌어 주는 역할을 한다. 그 예로, 가게 놀이를 하는 경우 유아가 판매할 상품의 목록을 만들기로 결정하면 교사가 기록해 주거나 놀이내용, 아이디어를 확장시켜서 발전된 놀이를 할 수 있도록 적절한 질문을 한다. 그 예로, "우리가 가게에 직접 가지 않고도 물건을 살 수 있는 방법이 없을까"이다.
공동놀이자	교사가 유아의 놀이에 파트너로 함께 참여하는 개입방법이다. 그 예로, 가게놀이에서 교사가 손님역할을 하거나 병원놀이에서 환자역할을 하는 등 적극적으로 참여하지만 유아가 놀이를 주도하고 교사는 이에 따른다.

역할	역할 내용
놀이리더	교사가 놀이에 참여하여 주도권을 가지고 놀이를 이끌어 나가는 적극적인 개입방법이다. 그 예로 유아의 군인놀이가 장난감 권총으로 때리는 공격적인 행동으로 진전될 때 교사가 개입하여 "자, 이제부터는 선생님이 대장이다. 지금부터 사격연습을 시작하겠다. 모두 엎드려 과녁을 향해 사격한다. 준비~ 땅"으로 진전시킨다.
학습지도자	교사가 유아의 놀이확장이나 촉진보다는 놀이를 통한 유아의 인지학습에 초점을 맞추어 개입하는 방법이다. 즉, 교사는 유아가 놀이를 하면서 인지학습을 하도록 적절한 질문이나 제안을 한다. 예로, 불자동차 놀이를 할 경우 교사가 "불이 나면 몇 번에 전화를 해야 할까" 등의 질문으로 인지학습을 유도한다.

2) 문제해결을 위한 토의하기

친구와 함께 생활하면서 겪게 되는 유아기의 갈등은 피할 수 없는 일상적인 상황이다. 이러한 갈등을 평화적으로 해결하는 데 있어 사회적 기술은 큰 역할을 한다. 유아들은 놀이를 하고 있는 동안 자신이 가지고 있는 놀잇감을 다른 또래가 뺏으려 할 때 방어를 할 수는 있으나 갈등을 효과적으로 해결하는 데는 어려움이 있다. 교사는 유아의 갈등상황에 개입하여 문제해결을 위해 조정하기보다는 유아 스스로 협상하는 기술을 학습하도록 촉진할 필요가 있다. 유아의 협상능력을 증진하고, 갈등상황에 대한 해결을 위해 직접 토의하도록 유도하는 방법으로 활용할 수 있다. 교사가 직접 개입하고 조정할 경우 문제를 훨씬 빨리 종결시킬 수 있으나 유아에게 자신의 문제를 스스로의 노력과 선택한 방법으로 해결할 수 있다는 신념을 갖게 할 수 없기 때문에 효율적이지 않다.

〈실제 사례〉

- 교사는 문제 상황을 정의하도록 돕는다.
  "지금 문제가 생긴 것 같구나"
  "선생님이 보기에 예서와 은민이가 모두 과일퍼즐을 가지고 놀기를 원하는 것 같네."
- 친구 간 서로에게 직접 이야기하고, 다른 사람의 말을 듣도록 격려한다.
  "예서야, 네가 하고 싶은 것을 말로 해볼래?"
  "은민아, 예서는 네가 들어야 할 중요한 이야기를 지금하고 있단다."
- 유아들이 제안한 해결책을 존중해 주고, 서로 이해하고 동의하는지 확인한다.
  "너희들이 말할 시간을 갖고, 해결방법을 찾을 때까지 과일퍼즐은 이곳에 두어야 한다고 선생님은 생각해. 둘이서 결정되면 나에게 알려 줘."
  "예서가 먼저 5분간 퍼즐을 가지고 놀기로 정한 거야? 은민아, 너의 생각도 그런 거니?"
- 유아들이 문제해결을 하기 위해 애쓴 노력을 교사가 인정하고 칭찬한다.
  "싸우지 않고 말로 해결하는 것은 힘든 일인데 너희들이 해내었구나!"
  "예서야, 선생님이 5분이 다 되면 말해 줄까?"

3) 갈등해결능력 촉진하기

갈등상황에서 다른 사람과 협의하기 위해서 유아는 자신과 다른 의견을 수용할 수 있어야 한다. 교사는 유아 개인의 생각은 다른 친구들과 다를 수 있음을 인정하고 "ㅇㅇ와 ㅇㅇ이, ㅇㅇ이는 각자 생각이 다르구나. 그럼 어떻게 하는 것이 좋을까?"와 같이 협상을 할 수 있도록 일상 가운데 꾸준히 지도하는 것이 필요하다. 가능한 한 갈등에 관련된 모든 사람의 요구와 기대를 존중하고, 적절한 수준에서 충족될 수 있는 대안을 찾아보는 과정에 참여하여 협력할 수 있도록 지도해 주어야 하는데 구체적인 교사의 역할은 다음과 같다(박찬옥 외, 2013).

첫째, 다른 유아가 원하는 것이 무엇인지에 관심을 가지되, 그것이 자신의 생각이나 기대와 어떻게 다른지를 살펴보도록 돕는다.

(예: 민혁아, 인수는 여기 노란색 비행기를 자기가 먼저 가지고 놀아야 한다고 생각해. 민혁아, 너의 생각은 어떠니? 인수의 생각과 다른 점이 있니?)

둘째, 실질적인 제안 또는 협상방법을 제시해 준다.

(예: 민혁이와 인수 둘 다 모두 노란색 비행기를 가지고 노는 방법이 있을까?)

셋째, 협상하는 방법에 대한 언어적 모델을 제시해 준다.

(예: 우리 서로 돌아가면서 한 번씩 가지고 노는 것은 어떨까?)

4) 자기통제능력 돕기

유아의 자기통제력을 증진시키는 생활지도는 유아의 발달특성에 적합한 생활지도로서 유아에게 자아존중감과 책임감을 키워 주게 된다. 교사가 지원할 수 있는 방법은 다음과 같다.

첫째, 유아의 행동이 다른 사람에게 미치는 영향을 강조해야 한다. 즉, 유아의 행동으로 인해 다른 사람이 어떠한 기분과 느낌을 갖게 되는지를 알도록 도와야 한다. 때때로 교사는 유아에게 규칙이나 제한을 어겼을 때 부정적인 정서를 표현해야 한다. 흔히 교사는 유아의 행동에 화를 내거나 기분 나쁜 것을 표현하는 것은 적절치 않다고 생각하는 경향이 있다. 그러나 유아의 부적절한 행동에 대해 교사가 묵인하거나 축소하는 것은 비효과적이다.

둘째, 유아가 규칙이나 제한을 어긴 상황에 유아의 주의집중을 유도하기 위해 권위와 주장을 사용해야 한다. 개인적 요구에 대한 권위-주장의 수위를 조정하면서 가능한 한 개별적으로 유아를 다루어야 한다. 유아의 규칙이나 제한에 대한 적용이 일관적이고 공정하다고 인식될 때 교사의 권위-주장이 유아에게 수용된다(지성애·홍혜경, 2001).

셋째, 유아가 쉽게 수용하고 지킬 수 있는 지도전략을 사용해야 한다. 유아가 학급에서 지켜야 할 규칙이나 제한의 경우 꼭 필요하고 가능한 한 적고 지킬 수 있는 것으로 정하는 것이 좋으며, 선택할 수 있게 하는 것이 효율적이다.

넷째, 유아의 흥미와 요구에 적합한 활동과 놀이자료를 충분히 제시하여 소유욕으로 인한 분쟁은 사전에 예방한다. 유아는 발달특성상 자신이 좋아하는 물건을 남과 공유하고 차례를 기다리는 능력이 부족하기 때문이다.

다섯째, 교사와 유아 간의 정서적 유대감 형성이 중요하다. 교사는 유아와 함께 상호작용하는 기회를 많이 가져야 한다. 유아의 이야기를 주의 깊게 경청하고, 인격적으로 존중하는 느낌을 갖게 하고, 작은 일에도 격려를 해주는 것이 필요하다.

CHAPTER 09

마음이론

Social Studies for Young Children ▸ ▸ ▸

1. 마음이론의 개념

1) 마음이론의 정의

마음에 대한 이해는 인간의 행동을 설명하고 예언하는 강력한 도구(Pillow, 1988)이며, 사람들이 표현하는 감정과 실제로 느끼는 감정이 다를 수 있다는 것을 아는 것, 상대방의 지식 상태에 따라 의사소통의 수준을 조절하는 것, 외양과 실재, 정신적인 것과 물리적인 것을 구분하는 것 등과 같이 인간이 성공적인 사회적 상호작용을 하기 위해서 필요한 능력이다(박애자, 2008). 이는 마음이론 발달의 결과로 형성된다고 할 수 있는데, 유아가 사회적 관계를 형성하고 유지하는 데 있어 중요한 발달 과제 중의 하나이다(이시자, 2003). 이러한 마음이론은 사람의 신념, 욕구, 정서, 의도와 같은 정신적 상태의 총체이자 내재적인 상태를 표현하는 것으로 유아가 관찰 가능한 일로부터 그 일에 대한 내면의 마음 상태를 추론할 수 있고, 추론된 마음상태를 사용하여 나타날 수 있는 행동을 예측할 수 있을 때 마음이론은 습득되는 것이다.

Whiten과 Perner(1991)는 마음이론의 요소들을 일반적인 마음 상태에 따른 언어로 표현할 수 있는 '안다, 생각한다, 바라다, 느낀다' 등으로 보았으며, 마음 현상은 믿음, 지각, 바람, 의도로 보았다(송명자, 1995). 사람들이 마음이론을 의도적으로 사용하려고 하든지 혹은 그렇지 않든지 간에, 사람들은 다른 사람이 앞으로 어떻게 행동하게 될 것인지를 궁금해 하며, 사람들이 어떤 행동을 했을 경우에는 왜 그렇게 했는지 알고 싶어 한다. [그림 9-1]과 같이, 마음이론에서는 믿음, 바람, 행동, 이 세 가지를 핵심개념으로 생각한다(Astington, 1993).

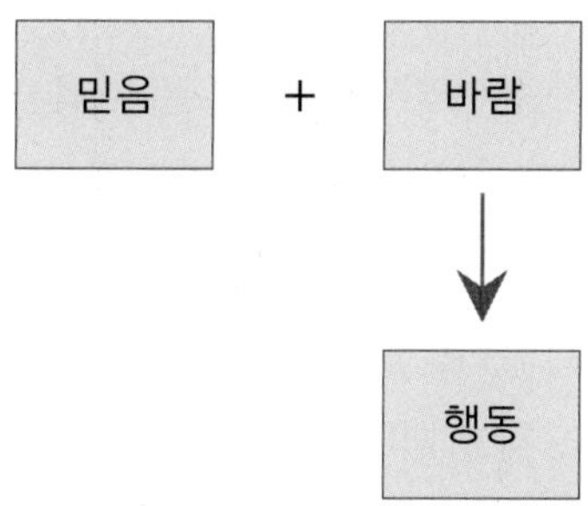

[그림 9-1] 마음이론의 핵심 개념

사회적 관계 속에서 발생하는 문제를 해결하는 열쇠가 마음을 이해하는 것으로부터 출발한다고 보았기 때문에 유아가 언제부터 마음의 표상적 특징을 이해하고 있는지에 관한 것과 어떤 행동을 유아가 마음의 표상적 특징을 이해하는 증거로 볼 수 있는가 하는 것에 대한 연구들이 이루어졌다. 이와 관련하여 유아의 마음이론 발달 관련 연구에서 2세 이전의 유아도 마음을 이해할 수 있는 능력이 발달한다는 견해를 보면 영아는 18개월 때 가장이 나타나고 다른 사람이 가장하는 것을 이해할 수 있게 된다. 가장놀이는 유아가 상위표상 능력을 가지고 있어야 가능하며 유아가 현실 세계와 정신세계를 구분할 수 있는 능력을 가지고 있다는 증거라고 할 수 있다(Leekam, 1993).

유아가 마음이론을 습득하는 과정에서 일어나는 단계적 변화는 만 2세와 만 4세 사이에서 일어나는데, 마음이론에 대해 이해할 수 있다고 보는 것은 만 2~3세 유아의 가장하는 행동이나 자신의 마음 상태에 대한 용어를 사용하는 것으로 알 수 있다. 이러한 현상이 나타나는 것은 다른 사람의 내재적 상태에 대한 표상을 가지고 있는 것이라 할 수 있다. 또한 영아도 다른 아이가 우는 것을 볼 때 아이가 마음속으로 불쾌한 느낌을 경험하고 있다고 여겨 다른 아이를 달래는 행동을 하는 것에서 볼 수 있듯이 2세 이전 영아도 다른 사람의 내재적 상태에 대한 초보적인 표상을 가지고 있다고 볼 수 있다(박애자, 2008).

2) 마음이론의 특성

유아의 마음이론은 다음의 4가지 이해에 기초한다(Wellman, 1990). 즉, 정신세계와 외적 세계의 차이를 본질적으로 구분하고 믿음과 바람의 존재 및 본성을 이해하며 정신적 실체 사이의 관계를 이해하고 정신적 실체가 세상에 존재하는 모든 것을 표상할 수 있다는 것을 이해해야 한다는 것이다.

유아의 마음이론 발달과 관련하여 유아가 마음이론을 어떻게 습득하는가에 관한 견해는 생득적 관점, 경험주의적 관점, 구성주의적 관점으로 학자들마다 서로 다른 주장들을 제시하고 있다(이시자, 2003).

첫째, 생득적 관점에서는 마음이론을 출생과 함께 습득되어지는 선천적 특성으로 간주하고 마음 현상을 이해하는 능력은 생득적인 내적 기제에 의해 습득되어진다고 설명한다.

둘째, 경험주의적 관점에서의 마음이론은 현실에서의 사회적 경험을 통해 형성된다고 설명하며 마음 현상을 설명하는 개념들과 마음과 행위 관계에 대한 추론은 유아의 직접적인 사회적 경험으로부터 얻어진다고 본다(Harris, 1994). 이러한 관점에서 마음이론은 가족환경이나 부모와의 직접적인 언어적 상호작용에도 영향을 받는다는 것이 밝혀졌다(지은주·이정순, 2007).

셋째, 구성주의적 관점에서의 마음이론 습득은 마음 현상의 인과적 관계를 이해하는 것으로 다른 사람의 행동이 마음 상태와 관련이 있다는 것을 알고, 다음 행동을 예측하는 과정이 끊임없이 반복되면서 유아 스스로 마음 현상의 개념들을 스스로 확장한다는 것이다(Wellman, 1990).

이러한 마음이론에 관한 분석에서 생득적 관점을 수용하는 입장은 만 4세 이전의 어린 유아들도 마음이론을 습득하고 있다는 사실을 밝히기 위해 주의를 기울이고 있으며, 경험주의적 관점에 기초한 입장은 유아가 부모와 직접적 상호작용을 하는 것에 관심을 보이고 있다. 또한 구성주의적 관점에서는 유아 스스로 마음 현상의 개념들을 확장하는 과정을 밝히고자 노력하고 있다.

이와 같이 유아의 마음이론에 관한 발달 시기와 발달 기제는 이론적 관점에 따라 다르지만 일반적으로 만 4세가 되면 마음이론 사용 능력이 출현한다고 보고 있다(Wellman, Cross, & Watson, 2001). 다음 [그림 9-2]는 Wellman(1990)의 마음이론의 작용 원리에 관해 나타낸 것이다.

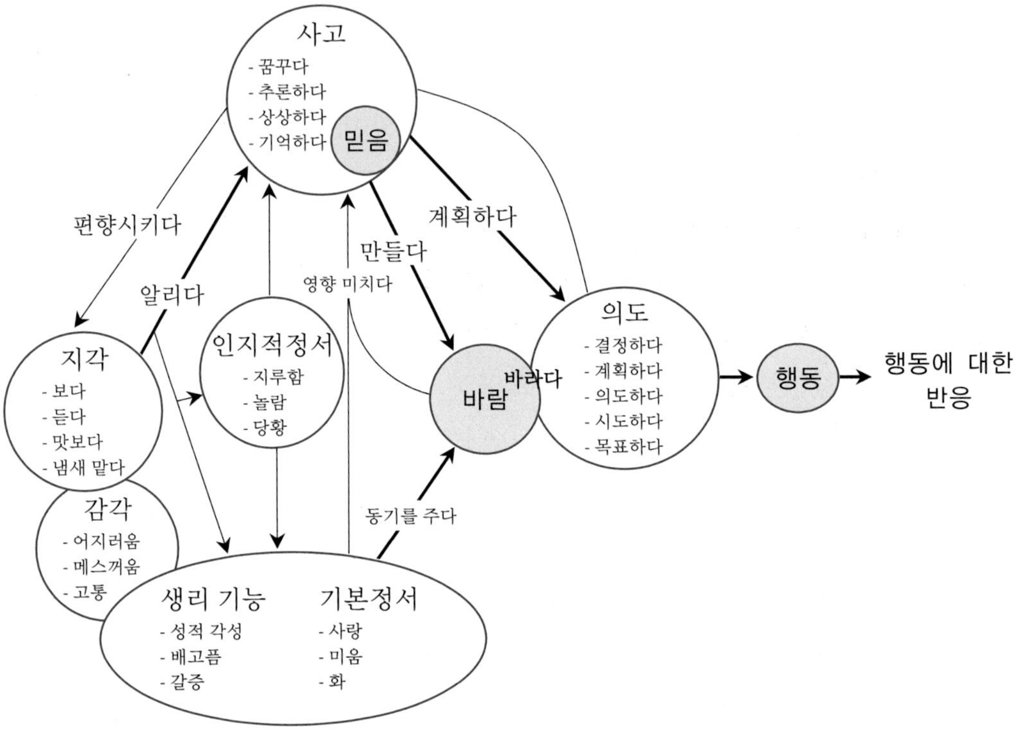

[그림 9-2] 마음이론의 작용 원리

출처: Wellman(1990). 박애자(2008) 재인용.

3) 마음이론과 관련된 개념

(1) 조망수용능력

조망수용은 자기중심성과는 반대되는 개념으로 타인을 이해하고 배려하는 행동의 바탕이 된다고 볼 수 있다. 조망수용능력은 타인의 생각, 태도, 의도 등을 추론하는 능력으로, 인간이 자신만의 관점에서 탈피하여 다른 사람의 입장이 되어 타인의 사고나 느낌, 행동 또는 생각을 이해하고 수용하는 능력이며, 한 개인이 타인을 이해하고 받아들이는 중요한 인지적 활동이라 볼 수 있다. 조망수용능력은 자기와 타인 사이의 상호관계를 타인의 눈을 통해 보고 이해하는 능력이며

(Flavell, 1991), 자신과 타인의 사회-심리적 조망들을 조정하는 능력(Selman, 1980), 다른 사람의 감정뿐만 아니라 사고 및 동기까지 이해하는 것을 포함하는 것이라고 할 수 있다.

① 인지 조망수용능력

인지 조망수용능력이란 타인의 의도, 지식, 견해 등을 추론·평가하는 능력으로, 타인 의도조망과 타인 사고조망으로 구성된다(송희원, 2002). 즉, 어떠한 상황에서 타인의 사고와 전략 등의 특성들을 고려하여 자신과 타인의 관점을 추리하여 평가함으로써 인지적 측면에서 타인을 이해하는 능력이다.

❙ 타인 의도조망

의도(intention)는 인간 행위의 결과를 분석하거나 또는 그 행위의 도덕적 타당성 판단에 매우 중요한 역할을 한다. 사회적 발달의 초기단계에 유아의 의도적 행동과 비의도적 행동 간의 구별이 시작되는데, 행위의 결과에 있어서 타인의 의도를 올바르게 판단하는 능력은 인간관계의 형성에 매우 중요하다고 할 수 있다. 타인의 행위를 우연적으로 볼 것인지 아니면 의도적으로 볼 것인지에 대한 개인의 판단은 대인관계 형성에 있어 중요한 능력이 된다(Selman & Schutz, 1990). 유아는 대개 6세에서 7세경에 기본적으로 어떠한 행동이 의도된 것인가 또는 의도되지 않은 것인가를 구별하는 의도조망능력을 갖추고 있다(박애자, 2008).

❙ 타인 사고조망

사고(thought)조망은 타인의 생각을 올바르게 추론하는 능력으로서 Selman(1980)은 타인의 사고에 대한 조망수용능력의 발달을 5단계로 나누어 체계화하였다. 구체적인 내용은 〈표 9-1〉과 같다.

〈표 9-1〉 Selman(1980)의 조망수용능력 발달단계

단계	특징
1단계(3~6세): 자기중심적이고 미분화된 조망수용 단계	이 시기는 비록 자기와 타인들이 신체적으로 구별되지만, 실제 행동과 의도를 혼동하는 것처럼 물리적 사건과 주관적 감정을 혼동한다. 그 결과 인과관계에 대한 이해가 결여되고, 세상을 자신의 관점에 국한하여 바라보게 된다. 친구관계는 자신과의 유사성에 기초하며, 신뢰는 선 혹은 악 가운데 하나로서 판단되는 행동으로 정의된다. 집단의 조직이나 응집력은 대인 관계적인 결속으로 이루어지는 것이 아니라 집단에 포함된 물리적 행위에 의해 결정된다. 부모에 대한 요구는 구체적으로 즉각적이며 물리적인 성질을 지닌다.
2단계(4~9세): 사회-정보적 조망수용 단계	이 시기의 자아는 물리적 사건과 심리적 사건, 의도적 행위와 비의도적 행위를 구별하며, 타인들의 생각이나 감정이 다를 수도 있음을 인식한다. 따라서 인과관계에 대한 인식이 싹트기 시작한다고 볼 수 있다. 그러나 이 시기의 자아는 자신의 관점에서 친구 관계를 보려는 경향이 있다. 집단의 응집력은 독단적인 권위적 인물을 신봉하고 타인을 즐겁게 하거나 자신에게 도움이 되거나 유용한 행위를 수행한 결과로 볼 수 있다. 부모들이 물질적 지원과 사랑을 제공하는 경우에 좋은 의도를 보여 주는 것으로 간주한다. 이 시기의 아동들은 착한 어린이란, 자신의 부모에게 복종하는 아동이라고 생각한다.
3단계(7~12세): 자기 반성적인 조망수용 단계	이 시기 자아는 구체적 조작의 시작과 더불어 자신의 사고와 행동에 대한 반성을 할 수 있게 되고 타인들도 그와 같은 능력을 가지고 있음을 인식하게 된다. 개인이 의도하지 않았던 일을 하는 경우에 그 사람의 실제 생각과 감정이 드러나지 않는다는 점을 인식하게 된다. 아동들은 집단 관계에서 독립성, 협동, 그리고 상호 보완성을 이해하게 된다. 자아는 부모의 관용에 고마움을 느끼기 시작하고 부모가 자신을 처벌하는 경우, 그 이유를 이해하며 동시에 부모의 의도와 행동을 구별한다.

단계	특징
4단계(10~15세): 상보적 조망수용 단계	이 시기의 아동들은 부모들이 자신의 유능감과 자아존중감을 어떻게 형성시켜 주었는가를 이해하며, 부모와 자녀가 갈등하는 경우에 서로의 입장과 관점을 이해하고 타협하기 위해 논의가 필요하다는 사실을 인정하게 된다. 우정을 계속해서 형성되고 변화해 가는 과정으로 이해하며, 친구와의 원만한 관계는 자아 정체감 형성에 도움을 준다. 신뢰와 친밀감은 의존과 유사성에 대한 욕구뿐만 아니라 개인차에 대한 존중을 포함한다.
5단계(12세~성인): 사회 구조적 조망수용 단계	이 단계에 속한 사람은 공유된 기대나 의식 수준에서뿐만 아니라 의사소통의 다차원적, 혹은 심도 있는 수준에서 서로의 주관적인 관점들을 개념화할 수 있다. 또한 정확한 의사소통과 이해를 돕기 위해 공유된 일반화된 타인의 관점이나 사회 체제를 고려할 수도 있다.

② 감정 조망수용능력

감정 조망수용능력이란 어떤 상황에서 타인의 생각이나 느낌을 대신 느껴 보고 그 사람의 입장이 되어 보는 과정으로 정서적인 측면에서 타인을 이해하는 능력이다(Gnepp & Gould, 1985). 타인의 감정은 사회적 상황의 맥락에서 경험될 수 있는 것으로, 일상적인 행동이나 사건에서 타인의 감정상태를 바르게 파악하지 못하면 대인관계에 지장받을 수 있으며, 특정 상황에서의 적절한 행동에 대한 판단 역시 지장을 받을 수 있기 때문에 어떤 사건 이후 그다음 행동에 대한 계획이나 예측을 할 수도 없다. 따라서 일상생활에서의 맥락 안에서 감정 조망수용능력은 타인의 정서 및 행동을 유추할 수 있는 관건이 될 수 있으므로 유아의 사회적 행동에 있어서 중요한 요인이 될 수 있다(차춘희, 1998).

감정 조망수용능력에서 타인의 정서이해 및 추론은 대체로 3, 4세부터 이루어지는데, 특히 기쁨에 대한 정서의 이해와 발달은 3세에서도 가능하다. 이에 반해 두려움에 대한 조망수용능력은 다소 늦게 발달한다(신현옥, 1995).

(2) 감정이입

감정이입은 다른 사람의 정서를 자신도 같이 느끼는 상태, 즉 다른 사람의 입장에서 느끼고 볼 수 있는 능력을 뜻하며 공감과 같은 의미로 사용된다. 학자에 따라 이를 인지적 반응과 정의적 반응으로 보기도 한다. 감정이입은 특정상황에서 다른 사람의 생각이나 느낌을 대신 느껴 보고 그 사람의 입장이 되어 보는 과정 또는 정서적 측면에서 다른 사람의 생각이나 태도 등을 알고 이해하는 능력으로 이해된다. 감정이입은 다음과 같은 과정을 전제로 한다. 첫 단계는 아동의 상황에 대한 묘사를 보거나 듣고 그 이야기 속의 상황이나 주인공의 표현된 정서를 파악한다. 두 번째 단계는 유사한 상황에서 자신이 어떻게 느꼈는지를 기억하고, 마지막 단계에서는 동일한 감정을 느끼게 된다는 것이다(최혜순, 2012).

타인의 감정을 이해한다고 할 때 그 이해가 역할수용이나 투사, 동일시에 의함인지, 다른 사람의 감정적 단서를 모방함으로 이루어지는 것인지를 생각해 보아야 한다. 4세 유아의 경우 행복한 감정 표현은 정확하게 구분하지만 분노, 두려움, 슬픔 등의 감정은 4세에서 7세 사이에 점차 그 정확성이 증가해 가는 것을 볼 수 있다. 유아가 다른 사람의 감정을 해석하는 데 있어서 특정 상황에 의존하는지 아니면 얼굴 표정에 보다 의존하는지에 대한 연구를 보면, 3세 유아의 경우에도 상황에 더 많이 의존한다는 결과가 밝혀졌다(최혜순, 2012). 유아에게 익숙한 상황인 경우에는 감정의 이해와 변별도 보다 쉽게 이루어진다. 이 시기에는 다른 사람의 감정에 대해 자발적으로 이야기하려는 경향을 보이기 시작한다. 이러한 감정이입은 유아의 사회성과 도덕성을 이해하는 중요한 개념으로 간주된다.

(3) 대인지각

대인지각은 어떻게 타인을 알게 되는가의 문제를 다루는 개념으로 한 개인의 의도, 태도, 감정, 능력, 목적, 특성 등에 중점을 둔다. 대인지각이 전제로 삼고 있는 것은 첫째, 인간은 서로 개인차가 크다는 사실, 둘째, 사람들은 자신의 심리상태를 상대방에게 투사하는 경향이 있다는 것, 셋째, 어떤 측면에 대한 평가가 다른 면에 대한 평가로 확대되는 후광효과가 있다는 것, 넷째, 첫인상이라고 볼 수 있는 최초의 정보에 의하여 강하게 규정되는 경향이 있는 것이다.

Flavell(1991)은 대인지각 발달을 분화의 과정으로 보고 있다. 신생아도 주변 환경과의 상호접촉을 통해서 주위의 여러 사람들을 구분하는 것을 학습해 나간다. 연령의 증가와 더불어 영아는 특정인에 대한 도식과 그 사람의 행동과 생각을 연합시킨다. 엄마라는 존재를 자신을 지켜주는 안전관리자로 여기고 신호를 보낼 수 있으며, 아빠라는 존재는 신체놀이 상대로 여기고 접촉을 시도하기도 한다. 이처럼 영유아는 주위의 다양한 사람들의 행동에서 예측 가능한 단서를 찾아내기도 하고, 자신에게 유익을 주는 사람인지 아닌지를 다양한 경험과 상황들을 연관시켜 식별할 수 있다.

많은 연구자들은 의사소통이 가능한 유아의 경우 질문을 통해서 자신들이 타인을 어떻게 지각하고 있는지를 알아내어 타인에 대한 지각차원을 분석하였다(최혜순, 2012). 연구결과에 의하면 유아가 타인을 기술하기 위해 사용하는 수단은 연령에 따라 큰 차이가 나타났다. 나이가 어린 유아는 사람들의 외모, 소유물, 전형적인 활동(예: 눈이 갈색이다. 빨간 자동차를 타고 다닌다. 아침에 일어나면 스마트폰을 켠다)에 집중하였다. 이들은 사람들의 심리적 특성에 대한 언급은 드물었고, 전체적인 표현을 하였다(예: 그 사람은 웃겨요. 잘 놀아 줘요 등). 이 가운데는 시공간적 변화와 상관없이 일관성 있게 행동하는 기본적인 성향은 알지 못한다. 오히려 자기중심적인 표현을 한다(예: 나에게 사탕을 준 사람이에요).

구성주의 인지발달이론에 근간을 둔 Piaget 학파에 따르면, 유아기에는 대인지각을 편중적이고 자기중심적으로 하는 경향이 있다고 주장한다. 이후 7~10세 정도의 연령이 되었을 때 타인을 묘사하는 심리적 용어의 비중이 증가하였음을 언급하였다. 이처럼 아동은 성장해 가면서 타인의 사고, 느낌, 의도 등에 대해 더 많이 언급하는 한편, 외현적인 특성에 대해서는 덜 언급하게 된다(구광현 외, 2012). 즉, 자기중심적 표현이 점차 감소되고 타인의 입장에서 볼 수 있게 된다.

2. 마음이론과 유아발달

유아가 마음이론을 이해한다는 것은 유아의 발달에 있어 중요한 측면이라 할 수 있다. 유아의 마음이론 발달의 이해는 곧 유아의 사회적 인지 개념의 발달과 외적 세계에 대한 이해와 관련하여 살펴볼 수 있다.

1) 마음이론과 언어능력

유아에게 있어 언어능력은 완전하지는 않지만 다른 사람의 마음을 알고 이해하며, 타인의 마음 읽기에 있어서 중요한 수단이며 자신의 마음을 표현하는 등 타인과의 상호작용을 위한 중요한 매개체이다. 마음이론과 언어능력의 관계는 세 가지 방향성을 갖는다(김수정, 2002). 첫째, 언어능력이 마음이론의 기초가 되며, 둘째, 마음이론이 언어능력에 선행하여 발달한다는 것과 셋째, 언어능력과 마음이론의 발달은 상호의존적이라는 것이다. Chandler, Fritz와 Hala(1989)는 마음이론과 언어능력과의 관계를 설명하면서 3세 유아가 표준적인 실재와 틀린 믿음 검사(false belief task)에서 실패한 이유는 실재와 다른 신념을 이해하지 못해서가 아니라 이 과제가 가지는 언어적 복잡성 때문이라고 하며 언어와의 연관성을 주장하였다. 배기조와 최보가(2002)는 마음이론의 과제에 대해 실험자가 마음이론을 검사하는 과정에서 과제 내용을 언어적 진술문의 형태로 제시하면 유아는 실험자의 언어적인 설명을 듣고 난 후 자신의 언어능력에 많이 의존하면서 응답하였다는 것을 지적하며, 마음이론과 언어의 연관성에서 언어능력의 중요성을 설명하였다. Ziatas, Durkin과 Pratt(1998)의 연구에서는 마음이론 과제를 실패한 대부분의 아동이 믿음 어휘의 이해와 표현의 과제에서도 실패한 것으로 나타나 마음이론과 언어능력 간에 상호 관련이 있음을 제안하였다.

2) 마음이론과 정서 지능

마음이론은 다른 사람의 행동을 믿음과 바람 같은 내적인 정신상태에 기초하여 마음상태를 추론하는 능력이며, 정서지능은 다른 사람의 정서를 추론하는 능력이다. 이 두 개념은 내적으로 추론해야 하는 영역이 다르기는 하지만 둘 다 다른 사람의 마음 상태와 정서를 추론하기 위해서는 자신과 상대방의 관점이 항상 똑같지 않고 다를 수 있다는 것을 아는 것, 즉 자기중심적 사고에서 벗어나 다른 사람이 나와 다른 관점을 가지고 있을 수 있다는 것을 아는 것이 전제되어야 한다. 즉, 다른 사람의 마음상태와 정서를 이해하고 표상할 수 있는 표상능력이 우선되어야 한다. 이 두 능력은 모두 사회적 상황에서 습득되는 사회 인지능력이며, 다른 사람의 사고나 관점을 수용하고 이해하는 타인 이해능력이다.

또한 기쁨, 슬픔, 놀람과 같은 일상적인 정서 반응은 바람이나 믿음과 같은 다양한 마음상태에 의해 조성된다(Wellman & Banerjee, 1991). 즉, 바람이나 믿음과 같은 마음이론의 마음상태에 따라 기쁨이나 슬픔, 놀람과 같은 정서 상태가 나타나는 것을 알 수 있으며 이러한 정서를 읽고 이해할 수 있는 마음이론과 다른 사람의 정서를 인식하고 조절하는 정서 지능은 관계가 있음을 알 수 있다.

유아가 타인의 정서 경험을 통찰하기 위해서는 표정에 내포된 의미나 정서를 유발하는 상황 변인을 이해하고, 타인의 마음, 의도, 신념과 같은 내적 심리기제를 깨달아야 하며, 서로 다르게 반응하는 이유를 알려 주는 독특한 정보를 고려해야 한다(박애자, 2008). 다른 사람의 정서를 인식하고 그에 따라 자신과 타인의 정서를 이해하고 조절하기 위해서는 자신이나 타인의 바람이나 믿음 같은 마음상태를 알고 이해해야 한다는 점에서 정서 지능과 마음이론은 밀접한 관련성이 있다고 볼 수 있다.

정서발달에 대한 연구들에 의하면 모든 정서가 출생 시에 나타나지만 우리의 정서적 반응은 단계를 걸쳐 학습된다. 또한 정의적 반응과 자기통제능력의 발달은 양육에 의한 것으로 생의 초기에 겪는 정서적 손상은 나쁜 결과를 가져온다. 마음이론 연구에서는 3세 정도에 믿음이나 틀린 믿음에 기초한 정서의 인식이나 놀람의 정서에 기초하여 다른 사람의 믿음이나 사고를 인식할 수 있는 능력이 있다고 보고하였다(Wellman & Banerjee, 1991).

3) 마음이론과 사회적 능력

유아가 사회적 능력을 향상시켜 바람직한 대인관계를 형성하기 위해서 타인의 정신상태와 행동을 이해하고 예측할 수 있는 정신능력이 필요하다. 자신의 견해에서 벗어나 타인의 사고나 의도, 감정 등을 이해할 수 있는 정신능력이 있는 유아는 친사회적인 행동과 긍정적인 상호작용을 할 수 있기 때문이다.

Watson(1999)은 유아의 친사회적 행동을 위해 전제가 되는 기술과 지식이 있다고 보았다. 즉, 친사회적 행동 이전에 유아는 타인의 욕구와 감정을 지각해야 하고, 그다음 그것을 정확하게 해석하고, 어떤 방법으로 상호작용해야 하는지 결정해야 하며, 마지막으로 이러한 상호작용에 참여하기 위한 능력에 대해 인식하여야 한다. 이처럼 유아가 다른 사람과의 원만한 관계를 유지하기 위해서는 다른 사람의 마음을 잘 읽어야 하며 이를 위해서는 마음이론 발달이 이루어져야 한다.

유아는 친구관계를 통해 친구의 사고, 의도 및 정서와 같은 다양한 마음의 상태를 통찰해 보는 경험을 통해 마음을 이해하는 능력을 발달시킬 수 있다(Peterson & Siegal, 2002). 즉, 마음에 대한 이해의 발달은 또래와의 사회적 활동 참여를 통해서 획득하게 되는데 또래와의 상호작용은 마음이론의 발달을 위한 심리적·사회적 기초를 제공한다. 마음을 이해하는 능력은 타인과 사회적 관계를 형성하고 유지하는 데 필수적인 능력이며 유아는 또래와의 원만한 상호작용을 위해 또래의 의도와 믿음과 같은 마음의 상태를 인식하고 해석해야 한다.

마음이론과 사회적 상호작용 능력의 관계를 아동의 일상적인 측면에서 본다면 또래와 잘 지내는 아이, 부모님이나 선생님에게 인정받는 아이를 생각해 볼 수 있다. 이와 같이 다른 사람들과의 상호작용에서 상대방의 마음을 알면, 보다 적절하게 상호작용할 수 있으므로 마음을 이해하는 능력이 높은 사람은 다른 사람과의 상호작용 능력도 좋을 것이라고 가정할 수 있다.

인기아와 거부아의 마음이해 능력을 살펴본 신유림(2004b)의 연구에서는 거부아 집단에 비해서 인기아 집단의 마음이해 능력이 높다고 하였으며, Peterson과 Siegal(2002)은 친구와의 빈번한 상호작용을 통해 친구의 사고, 의도 및 감정에 대한 통찰력을 발달시킬 수 있다고 했다. 친구와의 상호작용을 관찰하여 감정 및 정신상태와 관련된 대화 참여 정도와 타인의 마음 이해능력 사이의 관련성을 살펴본 Brown과 Dunn(1991)에 의하면 이러한 대화에 빈번히 참여한 유아의 마음 이해능력이 발달된 것으로 나타났다.

4) 마음이론의 일반적 발달과정

최근에 이루어진 연구결과들에서 어린 유아도 다른 사람의 행동으로부터 마음을 추론하는 초보적인 능력이 있는 것으로 밝혀졌다. 선행연구를 중심으로 연령에 따라 일반적으로 나타나는 특징을 요약하면 〈표 9-2〉와 같다.

〈표 9-2〉 마음이론의 일반적 발달과정

대상	특징
생후 6개월 전후	- 사람의 행동이 특정 대상을 지향하는 것임을 이해할 수 있다. - 성인의 감정표현에 반응한다.
1세 전후	- 상대방의 눈길과 얼굴 표정을 보고 자신의 행동을 조절할 수 있다. - 대상영속성의 획득에 따라 자신과 타인의 구별이 가능해진다.
18개월~2세	- 욕구와 관련된 용어를 사용하기 시작한다(예: 하고 싶다. 바라다). - 대화에서 감정표현 어휘를 언급하기 시작한다(예: 기쁘다. 슬프다).
2세	- 사물이나 상황을 가상적으로 상징화하는 행동을 나타내기 시작한다. - 자신과 다른 사람의 욕구 사이에 명백한 구분이 가능하다. - 자신과 다른 사람의 느낌에 대해 말할 수 있다.

대상	특징
2~3세	- 사람의 행동이 바람, 생각 등에 의해 결정된다는 것을 이해한다. - 타인이 감정이 자신의 감정과 동일하지 않다는 감정조망을 하기 시작한다.
3세	- 사람의 욕구, 결과, 정서와 행동들 간의 단순한 인과적 관계를 파악할 수 있다. - 사람은 누구나 원하는 것을 얻게 되면 기분이 좋아지고 그렇지 못하면 기분이 나쁘다는 것을 인식한다. - 사람이 찾고 있던 대상을 발견하면 찾는 것을 멈출 것이고 그렇지 않으면 계속 찾을 것이라는 것을 이해한다.
3~4세	- 친숙한 대상에게 감정이입을 할 수 있다. - 정신상태와 관련된 용어의 사용빈도가 증가한다. - 틀린 믿음에 대한 이해능력이 생긴다.
4세	- 특정 사실을 직접 보거나 듣지 않았을 경우 사실과 다른 틀린 믿음을 가질 수 있다는 것을 이해한다. - 정신적 표상에 대한 지식이 계속 증가한다. - 틀린 믿음에 대한 이해가 가능하다.
4~5세	- 다른 사람과의 대화에서 정신상태를 나타내는 동사가 포함된 문장 형태를 능숙하게 사용한다. - 욕구와 의도적 행동의 결과를 구분할 수 있다.
6세 이후	- 실재와 다른 믿음을 기초로 다른 사람의 행동을 정확히 예측하는 능력이 나타난다. - 정신상태를 추론하여 가장을 이해할 수 있는 능력이 생기게 된다.

출처: 박찬옥 외(2013).

〈틀린 믿음〉

현실(reality)과 일치하지 않는 믿음으로, 주어진 상황에서 어떤 사건이 진실이 아님에도 불구하고 진실이라고 믿는 것을 의미한다. 이러한 원인은 사실에 대한 정확한 정보가 부족하기 때문에 나타난다. 유아가 틀린 믿음을 이해한다는 것은 특정 사실에 대해 누군가가 가지고 있는 믿음은 그 사람의 마음속에 가지고 있는 정신적인 표상이며, 이것은 옳을 수도, 틀릴 수도 있음을 이해하는 것이다(송정·엄정애, 2008).

5) 마음이론 검사 도구

한유진(2019)은 유아의 마음이론에 대한 검사 도구를 개발하였는데, 3단계에 걸쳐 유아기 마음이론을 제시하였다.

(1) 초기 마음이론 단계

초기 마음이론 단계는 3~4세경 기본적 마음상태인 바람, 믿음, 지각에 대한 이해가 발달하는 시기를 의미한다. 바람에 대한 이해는 사람들은 어떤 바람을 갖고 있고, '바란다'는 마음상태에 의해 특정 행동이 일어나게 되며, 자신의 바람이 타인의 바람과 다를 수 있으며, 타인이 그들의 바람에 따라 행동할 것에 대한 유아의 이해 능력을 의미한다. 믿음에 대한 이해는 사람의 행동이 각자의 믿음과 같은 마음상태에 의해 이루어진다는 믿음과 행동의 관계, 즉 믿음의 표상적 특성에 대한 유아의 이해능력을 의미한다. 지각에 대한 이해는 자신과 동일한 대상물을 보고 있는 타인이 대상물을 마음에 표상하여 지각하고 있으며, 이는 보는 방향에 따라 다르게 지각될 수 있다는 타인의 시각조망에 대한 유아의 추론능력을 의미한다.

(2) 표상적 마음이론 단계

표상적 마음이론 단계는 4~5세경 유아가 마음의 표상적 특성을 이해하게 되면서 틀린 믿음, 속임수, 믿음 정서의 마음상태에 대한 이해가 발달하는 시기를 의미한다. 틀린 믿음에 대한 이해는 사람들이 실제 사실과 다르게 마음속에 표상하여 틀린 믿음을 가질 수 있고, 이러한 틀린 믿음에 따라 행동한다는 사실에 대한 유아의 이해능력을 의미한다. 틀린 믿음 속임수에 대한 이해는 타인에게 잘못된 정보(속임수, 거짓말)를 주었을 때, 그 정보를 들은 사람은 틀린 표상을 가지게 된다는 사실을 이해하는지에 대한 유아의 이해능력을 의미한다. 믿음 정서에 대한 이해는 유아가 타인의 믿음과 바람을 이해하고 그 사람의 바람에 근거하여 특정 상황에서 발생된 결과에 대하여 어떤 정서를 갖는지를 예측하는 능력을 의미한다.

(3) 실용적 마음이론 단계

실용적 마음이론 단계는 5~6세경 유아가 기본 마음상태와 표상적 마음상태가 연합된 마음상태인 표면-실제 정서, 이차순위 틀린 믿음, 의도에 대한 이해가 발달하는 시기를 의미한다. 표면-실제 정서 이해는 사람이 자신의 감정을 숨기고 거짓 표정을 지을 수 있어서 표면 정서가 실제 정서와 다르게 나타날 수 있다는 사실에 대해 이해하고, 정서표현 규칙에 대한 이해를 통하여 거짓 표정을 짓는 표면 정서와 실제 정서를 추론하는 유아의 능력을 의미한다. 이차순위 틀린 믿음에 대한 이해는 '행위자가 실제와 다르게 표상한 틀린 믿음'에 대하여 '또 다른 타인이 표상한 생각'에 대한 이차순위 마음상태를 이해하고 추론하는 유아의 상위표상 능력을 의미한다. 의도 이해는 유아가 타인의 행동 속에 내재되어 있는 단서를 파악하여 드러나지 않은 의도를 추론하는 유아의 능력을 의미한다.

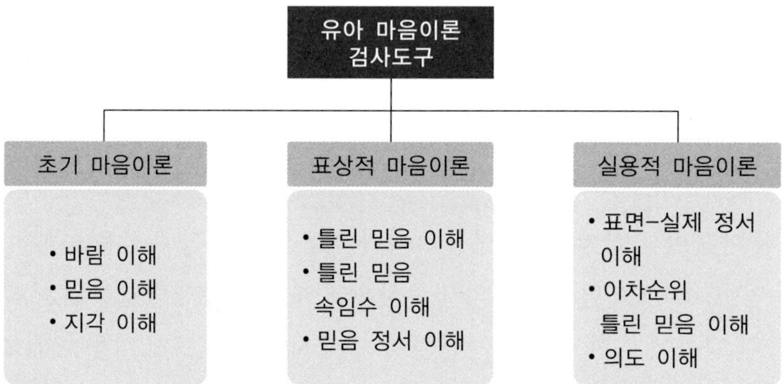

[그림 9-3] 유아 마음이론 검사 도구의 구성

출처: 한유진(2019).

3. 마음이론에 영향을 주는 요인

1) 가정의 사회경제적 지위

유아의 성장 및 발달에 영향을 미치는 중요한 요인 중 하나가 가정환경이다. 가정은 유아가 태어나서 만나게 되는 최초의 사회이자 유아와 가장 밀접하게 관련되어 있으며, 유아가 갖게 되는 가정에서의 다양한 경험은 발달에 그 어떤 환경보다도 중요하게 영향을 미친다. 가정에서의 경험은 유아가 사회적 상호작용과 감정을 조절하고 표현하는 방법을 학습하는 중요한 사회적 환경이 된다(Dunn, 1995). 유아는 가정에서 경험하게 되는 환경에 따라 지적·정의적·신체적 특성에 변화를 겪게 된다. 가정의 환경 요인 중 유아의 지적·정의적 및 사회적 발달에 영향을 미치는 요인으로 가정의 사회경제적 지위를 들 수 있다. 사회경제적 지위는 교육, 직업, 소득 등 위계적으로 구조화된 체계로서 각기 다른 기회와 생활양식을 갖게 되며, 각기 다른 조건들은 개인의 가치관 및 사회적 태도, 사회적 행위에 영향을 미친다(김상돈, 2006).

어느 한 가정이 특정 사회경제적 지위를 갖는다는 것은 그 가정이 특정 사회계층에 속하는 것을 의미한다. 즉, 가정의 사회경제적 지위는 사회계층을 나타내는 지표가 될 수 있다. 각각의 사회계층에 속한 부모는 상이한 가치관, 생활양식 등을 통해 자녀의 인성 특징, 행동 양식, 인지발달, 학업성취 등에 영향을 준다. 사회계층을 구분하는 준거는 시대나 사회에 따라 상이하지만 대부분 직업, 가옥 종류, 거주 지역, 수입, 소득원, 재산, 교육 수준, 권력 등의 요인을 들고 있다(유인옥, 2008).

가정의 사회경제적 지위와 아동의 마음이론과 관련하여 Hughes, Deater-Deckard, 그리고 Cutting(1999)에 의하면 사회경제적 지위가 높은 가족의 부모는 부정적인 정서를 덜 보이고 심한 훈육과 부정적인 통제도 덜하고 더욱 긍정적인 통제를 하여 마음이론 발달에 도움을 주기 때문에 유아의 마음이론 점수가 사회경제적 지위와 정적 상관이 있는 것으로 나타났다. 이와 반대로 Ogbu(1981)는 사회경제적 지위가 낮은 부모들은 자신의 속마음을 얼굴 표정에 나타내지 않는 것이 생존에 필요하다고 생각하고 이러한 기술의 습득을 의도적으로 조성할 가능성이 있기 때문에 자녀는 자신의 속마음을 숨기거나 타인의 의도를 알아차리는 데 더 능숙할 수 있다고 주장한다.

2) 또래와의 상호작용

마음을 이해하는 능력은 타인과 사회적 관계를 형성하고 유지하는 데 필수적인 능력이다. 유아는 또래와 상호작용하는 과정에서 또래의 의도와 믿음과 같은 마음의 상태를 인식하고 해석하는 경험을 하게 되므로 또래와의 상호작용은 마음이론의 발달을 위한 심리적·사회적 기초를 제공한다(신유림, 2005). Slaughter, Dennis와 Pritchard(2002)가 아동의 사회적 지위에 따른 마음의 이해능력에서의 차이를 분석한 결과 인기아 집단이 가장 높은 점수를 받았고, 거부아와 무시아 집단의 점수가 가장 낮게 나타났다. 유아는 친구관계를 통해 친구의 사고, 의도 및 정서와 같은 다양한 마음의 상태를 통찰해 보는 경험을 통해 마음을 이해하는 능력을 발달시킬 수 있다. 틀린 믿음과 정서의 이해와 같은 과제를 해결하기 위해서는 타인의 마음에 대한 통찰력이 요구되는데, 또래와의 일상적인 놀이 및 논쟁과 같은 경험들은 마음의 이해를 발달시키는 데 긍정적인 영향을 미칠 것이다. 또한 유아는 친구관계를 원만하게 유지하고, 친구 사이에서 발생하는 갈등과 논쟁 등을 효과적으로 조절해 보는 긍정적인 친구관계의 경험을 통해 마음의 이해능력을 발달시킬 수 있다.

4. 마음이론 발달을 돕는 교사의 역할

1) 역할놀이의 활성화

유아는 직접적으로 역할놀이에 참여하는 체험참여의 경험을 통하여 다양한 상황에서 여러 인물의 역할을 하게 되는데, 이때 유아가 이러한 인물상을 정확하게 묘사하기 위해서는 정신적으로 자기 자신을 타인의 입장에 놓을 수 있어야 하고, 타인의 관점으로부터 세상을 경험할 수 있어야 한다. 따라서 다양한 여러 상황에서 유아가 직접 그 상황을 분석하고 적절한 아이디어를 산출하는 자유역할놀이를 할 때 유아는 타인의 역할과 감정을 더 잘 이해하게 되고 조망수용능력도 발달시킬 수 있을 것이다. 이와 같이 조망수용능력을 향상시키기 위해서는 유아가 다양한 인물의 역할을 유아 자신의 입장에서 해석하고 주어진 정보를 활용하여 새로운 아이디어를 산출해 내고 그 아이디어대로 직접 역할을 해보는 자유역할놀이가 효과적이라 할 수 있다(전철욱, 2005). 또한 역할놀이의 참여형태에서도 타인의 행동을 관찰하고 모방하는 관찰참여보다는 유아 스스로 직접 체험하는 체험참여가 보다 효과적이라 할 수 있다.

2) 유아에게 마음이론과 관련된 책 읽어 주고 이야기 나누기

마음이론 요소가 포함된 그림책 이야기 나누기 활동이 유아의 인지 조망수용과 타인 의도조망, 타인 사고조망에 긍정적인 효과가 있었다(최혜인, 2014). 이 같은 결과는 마음이론 요소가 포함된 그림책 이야기 나누기 활동을 하는 동안 등장인물의 마음상태를 추론하며 의도와 비의도적인 태도를 자연스럽게 구별할 수 있을 뿐만 아니라 왜 그러한지에 관하여 교사와의 대화를 통해 다른 유아의 대답을 들으며 다수의 아이가 자신이 생각하지 못한 부분을 학습할 수 있는 기회가 되었기 때문으로 본다. 따라서 유아교육기관에서 이와 관련된 프로그램을 지속적으로 활용한다면 유아의 조망수용능력을 포함한 마음이론을 발달시키는 데 효과적일 것이다.

3) 사회적 능력, 정서지능 계발시키기

교사는 유아의 마음이론 발달을 위해 최대한 노력해야 한다. 마음이론은 유아의 사회적 능력이나 정서지능과 밀접하게 관련되는 만큼 교육기관, 가정, 사회환경은 동시에 이러한 능력들의 발달을 위한 여건을 마련하려고 노력해야 한다. 마음이론 발달은 Gardner의 다중지능이론과 같은 맥락에서 생각해 볼 수 있다. 다른 사람의 마음을 이해하고 행동을 예측하는 마음이론은 사회적 능력과 정서지능과도 관련이 있으며 마음이론이 높은 유아는 다른 사람과 사회적 상호작용을 더 잘하는 것으로 나타났다. 이러한 연구 결과는 마음이론이 Gardner의 다중지능이론 중 다른 사람과 관계 능력이 있는 개인 간 지능이나 자신의 생각을 잘 읽고 이해하는 개인 내 지능과 같은 능력과 매우 유사함을 시사한다. 따라서 많은 연구에서 4세에 획득된다고 보는 마음이론의 발달은 유아기 지적 발달 및 교육에서의 역할이 매우 중요하며 유아의 성장 및 교육을 책임지고 있는 교사에게 시사되는 바가 크다.

CHAPTER 10

Social Studies for Young Children

도덕성 발달

Social Studies for Young Children ▸ ▸ ▸

1. 도덕성의 개념

영유아가 주변 세계를 인식하고 사회적 관계를 형성해 가는 가운데 선악을 구별하게 되고 옳고 그름을 판단하는 것은 중요한 과업 중의 하나이다. 영유아가 성장하고 발달하는 가운데 그 사회에서 요구하는 질서와 규범을 준수하는 일 또한 중요한 과업중의 하나이다. 인간은 사회적 동물로 사람과의 상호작용을 하게 되고 이때 사람과의 관계를 조화롭게 이루어 나가기 위해서는 일련의 규범과 원리가 필요하게 된다. 물론 이러한 규범과 원리는 시대에 따라, 사회·문화에 따라 다양하다고 말할 수 있으나, 그 사회 구성원들의 조화로운 관계를 위해 일련의 규범과 규칙을 만들어 오고 있다. 이렇듯 사회 구성원들을 올바르게 이끌어 가기 위해 가지게 되는 바람직한 사회생활의 규범으로서의 규칙이 '도덕'이다(이은화·이경우, 1987). Dewey는 도덕이란 인간과 인간과의 관계에 관한 모든 행위에 걸친 사회적으로 바람직한 행동으로 생각하였다. 인간이 일상생활에서 어떻게 행동해야 되며 어떤 인간관계를 가져야 하는가와 같은 전 생활 영역에서의 인간행동과 인간관계에 관한 규율이라고 할 수 있다(서봉연, 1963).

도덕성이란 그 속에 정의적 요소, 인지적 요소, 행동적 요소가 복합적으로 내재되어 있기 때문에 한마디로 정의하기는 어렵다. 교육학 사전에서는 도덕성이란 도덕 현상을 인식하고 도덕 규범을 준수하려는 것으로서 자신과 타인의 행위에 대하여 선과 악, 정과 사를 구별하고, 선행과 정의를 실천하려는 심성이라고 정의하고 있다. 이돈희(1978)는 도덕성이란 인간관계에서 요구되는 규칙, 혹은 원리, 즉 규범을 준수하는 행위라고 보고 도덕적 행위를 할 수 있는 능력 혹은 성향을 집약적으로 나타내고 있는 신념, 즉 양심이라고 정의하고 있다. 다시 말해 규범의 실천 성향과 더불어 인격과 관련시켜 사회규범의 법칙에 일치하려는 심성으로서 도덕성은 도덕 의식과 도덕적 행위가 종합된 것이라고 말하고 있다. 장병림(1982)은 진실한 도덕성이란 완전한 개인의 자유의사에 따라 도덕적으로 행하는 행동으로서, 외적 권위에서 내적 권위로의 이행과 함께 나타나는 행동이라고 본다. Piaget (1965)는 도덕성이란 다른 사람들과의 사회적 관계에서 어떤 규칙을 근거로 하여 행동의 방향을 결정하는가를 판단하는 능력이라 보고 개인의 도덕적 발달은 개인이 그를 둘러싼 사회적 환경을 어떻게 인식하며 사회적 환경내의 규율을 어떻게 개념화하느냐에 따라 결정된다고 하였다. Kohlberg는 개인에 의해서 내면화된 사회적 행동에 대한 문화적 행동규칙으로서의 양심을 도덕성이라고 정의하고 도덕성 발달이란 기본적인 문화적 규칙을 내면화해 가는 과정으로서의 성장이라고 보았다(이돈희, 1978 재인용). 이와 같이 도덕성에 대한 다양한 견해 및 정의가 있으나 도덕성의 개념에는 도덕적인 개념이나 의식, 판단 등이 포함되는 인지적인 요소와 도덕적 감성이나 태도 등과 같은 정의적인 요소 그리고 도덕적 실천력의 행동적 요소 등 세 가지 요소로 정의되어 왔다(이은화 외, 1987).

도덕적 개념, 의식, 판단 등의 인지적 차원을 강조하는 입장에서는 도덕성을 특정한 행동 규준에서 판단을 내리는 능력 및 자기 자신과 다른 사람에 대해서 그 규준의 유지를 합리화하는 능력이라고 본다.

도덕적 감성, 태도 등의 정의적 차원을 강조하는 입장에서는 도덕성을 일반적인 '양심'으로 보고 '양심'이란 말을 초자아력으로 표현한다. 여기에서는 도덕성이 무의식적인 동기와 죄의 감정에 의한 것으로, 도덕적인 기준은 대부분 강력한 비이성적 동기의 무의식적 산물이며 죄책감을 피하고자 하는 데에 있다고 본다.

도덕적 실천력의 행동적 차원을 강조하는 입장에서는 도덕성이란 개별적인 상태 속에 산재하는 도덕적 행위의 총체 혹은 여러 덕행이나 덕목의 종합체로 보고 있다.

위와 같이 세 가지 요소에서 정의되어 온 도덕성의 개념은 각기 개별적인 의미를 가지는 것이 아니라 서로 연관되어 있을 때 진정한 도덕성의 의미를 갖는다고 볼 수 있다. 예를 들어, 유아가 유아교육기관에서 가지고 놀던 놀잇감을 집에 가져갔을 경우, 즉 유아는 놀잇감이 너무 재미있고 계속해서 놀고 싶은 마음에 집에 가져간 경우 이는 성인의 도벽과 같은 도덕적 평가의 대상이 되지 않는다는 것이다.

한편 자신의 도덕적 신념에 따른 실천은 이후에 도덕적 감성과 태도를 수반한다. 따라서 세 가지 요소가 서로 모순 없이 의미 있게 연관되어 있을 경우 도덕성의 진정한 의미를 갖는다고 볼 수 있다.

이상의 내용을 통해서 도덕성의 개념을 살펴보면 구성원이 속한 그 사회에서 기대하는 바람직한 행동 규범에 부합되는 사고와 행동 체계로서 실천적인 행동만을 의미하는 것이 아니라 사회적 규범에 대한 판단과 사고, 태도와 성향을 모두 포함하는 것이다. 따라서 도덕성은 도덕적 개념의 사고와 태도가 발달하여 바람직한 행동으로 실천하며 사회적으로 규범화된 질서를 지키는 행동을 반복하면서 점차 내면화된다. 즉, 이러한 내면화의 특징은 외부적인 통제에 의한 행동의 조절이 아니라 타인이 지켜보지 않는다 하여도 자신의 도덕적 기준 안에서 자율적으로 행동하는 과정에까지 확장된 개념이라고 볼 수 있다.

2. 도덕성의 발달

도덕성 발달에 대한 관점은 인간발달의 관점과 더불어 각기 강조하는 점이 다르며 내면화 현상의 강조 측면에 따라 정의적, 인지적, 행동적 요인을 기초로 연구되어 왔다. 도덕성 발달 이론들은 정신분석이론, 사회학습이론, 인지발달이론으로 나눠 볼 수 있다. 각각의 이론에 대해서 구체적으로 살펴보고자 한다.

1) 정신분석이론

정신분석이론은 도덕성의 정서적 측면에 관심을 갖는 이론이다. 정신분석학자의 대표적인 Freud는 인간의 마음이 본능(id), 자아(ego), 초자아(superego) 세 부분으로 구성된다고 주장했다. 본능은 동기적인 힘과 관련이 있으며, 자아는 의식적 사고, 초자아는 도덕적 쟁점과 관련이 있다. Freud의 초자아는 양심과 자아-이상(ego-ideal)으로 구분되어지며 양심은 잘못된 행동을 하였을 때 죄책감이나 수치심을 느끼게 하며, 자아-이상(ego-ideal)은 유혹을 이기고 행동했을 때 자신에 대한 자부심을 느끼게 한다(Michael, 2004). Freud는 이러한 초자아가 유아가 이성 부모를 선망하게 되는 3~6세 사이의 남근기에 발달된다고 보았다. 이 시기의 남아는 어머니를 좋아하게 되고 아버지를 경쟁의 대상자로 질투심을 갖는 한편, 이로 인해 아버지가 자신을 거세할지 모른다는 공포를 갖게 되는데 이러한 거세불안으로 남아는 어머니에 대한 성적 감정을 억제하고 아버지를 동일시하게 된다. 이렇게 아버지를 동일시하면서 아버지의 태도와 특성 등을 내면화하여 도덕성을 발달시켜 가는 것이다. 따라서 Freud는 남아가 오이디푸스 콤플렉스를 해소하는 시기인 6세에 이르러 초자아를 형성하게 된다고 주장한다.

반면 여아는 페니스를 갖고 있지 않으므로 이미 거세되었다고 느껴서 어머니의 도덕 기준을 동일시하고 내재화해야겠다는 두려움을 갖지 않게 때문에 엘렉트라 콤플렉스(Electra complex)를 해소하기 어렵게 되므로 여아는 남아보다 초자아 발달이 미약하다고 한다(Shaffer & Brody, 1981). 정신분석이론에서 유아의 도덕적 행동은 생득적인 것이 아니고 생후 6년간에 걸쳐 부모와의 무의식적인 동일시에 의해서 이루어진다고 보았다. 다시 말해 유아가 동일시하는 부모의 도덕적 가치나 태도를 내면화함으로써 양심의 원리가 작용하는 것으로 본다. 내면화된 가치나 기준을 어길 때는 죄의식이 생겨 이를 피하게 되며 부모의 기대에 부합하는 행동을 한다는 것이다(조순옥·이경화·배인자·이정숙·김정원·민혜영, 2007).

그러나 정신분석이론은 실제 동성 부모와의 동일시나 부모 사랑의 상실에 대한 두려움이 도덕성의 기준을 내면화하게 한다는 증거가 희박하다는 비평을 받고 있으며, 여아의 도덕성 발달이 더 열등하거나 완전하지 못하다는 주장에 대한 비평도 크다(이영자·유효순·이정욱, 2007). 도덕성 발달에 대한 Freud의 이론이 충분한 지지를 받지 못했으나, 유아가 그 사회의 규범이나 질서를 내면화하는 과정에서 부모의 역할이 중요한 영향을 미치며, 도덕성 발달에서의 유아의 정서적 측면을 중요하게 다룬 것에 관한 부분은 크게 인정받고 있다.

2) 사회학습이론

인간은 사회 구성원으로 성장하는 가운데 그가 속한 사회 구성원들이 기대하는 가치와 행위의 규범체계를 가지고 있다. 유아들은 이러한 사회적 가치와 행위의 규범체계를 부모나 성인의 가르침과 통제에 의해 자신의 것으로 내면화하게 된다(송명자, 1999). 사회학습이론에서는 이러한 사회적 가치나 규범들을 자신의 것으로 내면화하는 과정을 통해 도덕성이 발달한다고 보며 도덕적 행동에 관심을 갖는다. 도덕적 행동이란 유아가 내면화된 약속이나 규칙에 따라 행동하는 것을 말한다.

사회학습이론의 대표적인 학자는 Bandura를 들 수 있으며 사회학습이론에서는 도덕성을 다른 심리적 특성과 동일한 학습의 과정으로 설명한다. 즉, 유아의 지적 수준이나 연령보다는 제시된 경험에 따라 그리고 벌, 보상과 동일시에 따라서 도덕성 발달이 이루어진다고 보는 것이다. 유아는 부모나 교사 등 주변의 성인들을 모델로 하여 이들을 통한 도덕적 행동을 보고 배우는 모델학습을 통해 도덕성을 갖게 되고 이때 부모나 교사가 주는 상과 벌은 유아의 행동을 결정한다. 즉, 이 과정에서 스스로 도덕적으로 옳은 행동을 했을 때는 보상받으며, 도덕적으로 부적절한 행동은 처벌받음으로써 억압되는 강화의 원리가 크게 작용한다. 또한 타인이 같은 방식으로 강화받는 것을 보고 배우는 대리강화도 중요한 도덕성의 학습기제가 된다. 모방학습을 통해 나타나는 도덕적 행동은 적절한 조건화를 통해서 강화되며 이러한 행동의 누적된 습관으로 도덕적 행동을 형성해 간다는 것이다.

전통적으로 사회학습 이론가들은 유아의 도덕성 발달을 위해서 부모와 교사의 역할과 또래의 역할이 중요하다고 강조해 왔다. 부모의 모델링을 통해서 유아는 도덕적 행동을 하게 되고, 도덕적 행동에 따른 상과 벌은 도덕적 행동의 지속 여부를 결정짓는다고 볼 수 있다. 이렇듯 외적인 보상이나 벌이 유아의 도덕적 행동을 일어나게 한다고 보는 사회학습이론은 유아의 도덕적 가치나 행동을 획득해 가는 기제를 잘 설명해 주는 이론이다. 그러나 사회학습이론에서 근본적으로 도덕성이 외적인 통제에 의해 학습된다고 주장함으로써 유아 스스로 도덕적으로 사고하고 판단하며 행동하고자 하는 인간 고유의 주관적이며 내재적인 성향을 인정하지 않는 문제가 있다(송명자, 1999). 예를 들어, 친구의 물건을 가져오는 것은 나쁘다고 판단하는 것은 그렇게 행동하도록 부모나 교사, 즉 성인으로부터 길들여진 결과라고 믿으며 보다 더 근본적으로 왜 다른 사람의 물건을 가져오면 안 되는지에 대한 내적인 인식과 사고할 수 있는 유아의 능력은 인정하지 않는다는 것이다. 따라서 사회학습이론은 외적인 통제가 없으면 도덕적 가치나 행동도 함께 무너질 위험을 안고 있다고 볼 수 있다.

3) 인지발달이론

인지발달이론은 도덕성 발달이론을 설명하는 대표적인 이론이다. 인지발달에서의 도덕성 발달은 인지발달에 의존한다고 보고 연구의 초점을 도덕적 추리(moral reasoning)에 둔다. 도덕적 추리는 인지발달과 함께 계속적인 단계를 거쳐 이루어지며 각 단계는 전 단계를 기초로 하여 발전되지만 그 단계와는 다른 통합된 전체라고 본다. 인지발달이론을 근거로 도덕성 발달단계를 처음으로 주장한 사람은 Piaget이며 이를 토대로 Kohlberg에 의해 변형, 확대되었다. 인지발달이론가들은 도덕성 발달을 인지발달의 한 양상으로 보고 유아가 자라면서 인지능력이 질적으로 변화하는 것처럼 도덕성 능력 또한 질적인 단계를 거쳐 발달한다고 주장한다. 인지발달이론의 도덕성 발달을 구체적으로 살펴보면 다음과 같다.

(1) Piaget의 도덕성 발달이론

Piaget는 그의 유명한 저서 『아동의 도덕적 판단』에서 아동의 도덕성 발달은 세

단계를 거쳐서 이루어진다고 제시하고 있다. 그는 아이들의 놀이를 관찰하면서 도덕성 발달을 연구하였는데 아래와 같은 도덕갈등 상태와 비슷한 내용의 이야기를 짝으로 제시하면서 유아들에게 어느 쪽의 아이가 도덕적으로 더 나쁘며 왜 그런가를 묻는 면접을 통하여 유아의 도덕성 발달을 체계화하였다.

〈이야기 1〉

John이라는 아이가 방에 있는데 어머니가 저녁을 먹으라고 부르셔서 식당으로 갔다. 그런데 문 뒤의 의자 위 쟁반에 접시가 15개 있었는데 John이 이것을 모르고 문을 열고 들어가자 문이 '쾅' 하고 쟁반에 부딪치면서 접시 15개가 모두 깨져 버렸다.

〈이야기 2〉

Henrry라는 아이가 있었는데 어느 날 어머니가 외출하였을 때 Henrry는 잼을 꺼내려고 하였다. Henrry는 의자를 놓고 올라가 잼을 꺼내려고 하였으나 잼이 너무 높은 곳에 있어 손이 잘 닿지 않았다. Henrry가 잼을 꺼내려고 애를 쓰다 한 개의 컵을 쓰러뜨려 마루에 떨어져 깨졌다.

출처: Piaget(1965). 이영자 외(2001) 재인용.

위 이야기를 들려주고 '누가 더 나쁜 아이일까?' 질문하면 더 어린 유아일수록 John이 더 나쁜 아이라고 판단한다. 어린 유아일수록 행동의 의도를 고려하기보다는 행동의 결과를 가지고 판단하므로 한 개의 컵을 깬 Henrry보다 접시 15개를 깬 John이 더 나쁘다고 판단한다는 것이다. Piaget에 의하면 유아의 도덕성 발달은 전 도덕단계, 도덕적 실재론의 단계 그리고 도덕적 상대론의 단계를 거치면서 발달한다고 주장한다. Piaget의 도덕성 발달단계를 구체적으로 살펴보면 다음과 같다.

도덕성 발달의 첫 단계에 속하는 2~4세의 유아는 규칙이나 질서에 대한 도덕적 인식이 거의 없다. 이 시기 유아들은 아무런 규칙 없이 가상적 놀이나 게임에 몰두하는 것을 볼 수 있다. 이 단계의 유아는 도덕갈등 상황에서 일관성 있는 도덕적 인식을 이끌어 내기가 어렵다. Piaget는 이시기를 전 도덕단계(premoral stage)라고 한다.

두 번째 단계인 도덕적 실재론(moral realism)의 단계에서 아동은 타율적 도덕성(heteronomous morality)에 지배된다. 다시 말해 위 이야기에서 누가 더 나쁘냐고 물으면 5~7세 아동은 그릇을 깨게 된 동기와는 관계없이 15개의 접시를 깬 John이 1개의 컵을 깬 Henry보다 더 나쁘다고 생각한다. 타율적 도덕성 단계에서는 누가 더 나쁜가 또는 결과적으로 다른 사람으로부터 누가 더 비난을 받는 것인가에 대한 여부로 도덕적 선악을 결정하는 단계이다. 또한 이 단계에서는 내재적 정의(immanent justice)에 지배되는데 이는 규칙의 절대성을 강하게 믿기 때문에 규칙을 어기면 반드시 벌을 받는다고 믿는다. 예를 들어, 엄마에게 거짓말을 한 유아가 다음 날 배가 아프다면 어제 엄마에게 거짓말을 해서 배가 아픈 것이라고 생각한다.

세 번째 단계는 도덕적 상대론(moral relativism)의 단계이다. 8~11세경의 아동은 사회적 규칙은 임의적인 약속이며 사람들의 동의에 의해 변화될 수 있다는 것을 알 수 있다. 예를 들어, 동생을 돌보기 위해 학교에 결석할 수 있다고 생각한다. 이 단계의 아동은 위 이야기를 통해 1개의 컵을 깬 아이가 15개의 접시를 깬 아이보다 더 나쁘다고 판단함으로써 결과가 아니라 동기나 의도에 의한 도덕적 사고를 보여 준다. 이러한 점에서 Piaget는 이 단계를 자율적 도덕성(autonomous morality)의 단계라고 하였다.

Piaget에 의하면 2단계 타율적 도덕성 단계에서 자율적 도덕성 단계로 발달하기 위해서 다양한 사회적 경험과 인지적 성숙 모두 중요한 역할을 한다. 즉, 2단계에 속하는 전조작기 시기의 아동은 자기중심적인 사고로 타인 조망능력이 부족하지만 구체적 조작기로 발달하면서 인지적으로 보다 성숙하고 사회적 경험을 쌓아감에 따라 점차 타인의 동기와 의도를 파악할 수 있게 되며 타율적이며 절대적인 도덕성으로부터 자율적이며 상대적인 도덕성으로 이해하게 된다.

〈표 10-1〉 Piaget의 도덕성 발달단계

단계	연령	특징
전 도덕단계	2~4세	• 규칙이나 질서에 대한 도덕적 인식이 거의 없다.
타율적 도덕성 (절대적 도덕성의 단계)	4~7세	• 성인의 권위로부터 나오는 요구나 규칙을 정의로 받아들인다. • 규칙은 힘이 있고 권위 있는 사람이 만든 것이므로 절대 변경될 수 없는 것으로 생각한다. • 옳고 그름의 판단 기준은 성인에 의존하며, 권위의 힘에 동조하고 복종한다. • 규율을 어기면 당연히 벌이 따르는 응보적인 것으로 생각한다. • 어떤 행위의 의도를 헤아리지 못하고 결과에 비중을 두고 판단하는 경향이 있다.
자율적 도덕성 (상대적 도덕성의 단계)	7~10세	• 규칙은 사람들이 만들어 낸 것임을 인식한다. 그러므로 서로 동의를 하면 규칙은 변경될 수 있다고 생각한다. • 어떤 행위의 의도나 동기를 고려하여 판단한다.

도덕성 발달과 관련해 Piaget의 도덕성 발달이론에 대한 연구가 계속적으로 이루어졌으며 대부분의 연구가 Piaget의 이론에서 제시하는 3단계의 과정을 거치는 결과와 일치하는 보고를 하고 있다. 특히 아동의 도덕성이 타율적 도덕성으로부터 자율적 도덕성으로 이행된다는 발달과정과 각 단계의 특징적 현상에 대해서는 이론의 여지가 없는 것 같다. 그러나 아동의 도덕적 판단에 있어서 행위의 동기나 의도를 추론하는 노력은 Piaget가 생각한 것보다 일찍 나타난다는 연구결과가 보고되고 Piaget가 아동의 도덕적 추론능력을 과소평가했다는 비판이 제기되었다.

(2) Kohlberg의 도덕성 발달이론

Kohlberg는 유아의 도덕적 추리와 인지발달과의 관계에 대한 Piaget의 견해를 전적으로 받아들이고 Piaget의 인지적 도덕발달이론을 보다 확대하여 분석하였다. 즉, Kohlberg는 다음의 Heinz 딜레마와 같은 도덕적 갈등상황을 제시하고 이 상황에서 주인공의 행동을 어떻게, 왜 그렇게 생각하는지를 물어 Kohlberg의 도덕발달 단계를 3수준 6단계의 이론으로 제시하였다(Kohlberg, 1984 송명자, 1999 재인용).

〈Heinz의 딜레마〉

유럽에서 어떤 부인이 특수한 암으로 죽어 가고 있었다. 의사가 보기에 그녀를 구할 수 있는 약이 꼭 하나 있었다. 그 약은 최근에 같은 마을의 약제사가 새로 개발한 일종의 라디움이었다. 그 약을 제조하는 데 비용도 많이 들었지만 약제사는 약을 만드는 데 든 비용의 열 배를 약값으로 매겨 라디움 값을 정하였다. 다시 말해 약을 만드는 데 200불이 들었는데 그 약을 조금 투약하는 데에는 2,000불을 매겨 놓았다. 그 부인의 남편인 Heinz는 자기가 아는 사람을 모두 찾아가 돈을 빌렸지만, 약값의 절반인 1,000불 정도밖에 구할 수 없었다. 그는 약제사에게 아내가 죽어 가고 있다고 말하고, 약을 좀 싼값에 팔든지 아니면 모자라는 돈은 후에 갚도록 해줄 것을 간청하였다. 그러나 약제사는 "안 됩니다. 내가 그 약을 발견했습니다. 그 약으로 돈을 좀 벌어야겠습니다"라고 말했다. Heinz는 절망에 빠진 나머지 약제사의 점포에 침입하여 아내를 살릴 약을 훔쳤다.

〈표 10-2〉 Kohlberg의 도덕발달단계

제1수준: 전 인습적 도덕 수준(pre-conventional morality level)
이 수준의 유아는 행위의 결과가 가져다주는 보상이나 처벌에 의해 옳고 그름을 판단하거나 규칙을 정하는 사람들의 물리적인 권위에 따라 도덕성을 고려하여 판단한다. 이 수준은 다음의 두 단계로 구분된다. 제1단계: 처벌과 복종 지향의 단계 인간적 의미나 가치와는 무관하게 행위의 물리적 결과에 의해 옳고 그름을 결정한다. 처벌을 피할 수 있거나 힘이 있는 사람에게 무조건 복종하는 것 자체가 도덕적 가치를 갖는다. 따라서 남편이 나쁘다고 말하며, 이유는 법에 어긋나니까 훔치는 것은 벌을 받을 것이기 때문이다. 제2단계: 도구적 상대주의 지향 단계 자신이나 타인의 욕구를 도구적으로 충족시키는 것이 옳은 행위이다. 모든 것이 상대적이기 때문에 각자의 욕구에 따라 옳고 그름의 판단 기준이 된다. 따라서 남편이 아내를 진정 사랑한다면 약을 훔칠 수 있으나 다른 여자와 결혼하기를 원한다면 훔칠 필요가 없다고 대답한다.

제2수준: 인습적 도덕 수준(conventional morality level)

이 수준에서는 가족·사회·국가의 기대를 유지하는 것 자체가 그 결과와는 무관하게 가치롭다. 이러한 태도는 단순히 개인적 기대나 사회적 질서에 동조하는 것뿐만 아니라, 적극적으로 질서를 유지하고 지지하며, 집단이나 그 성원들에게 동일시하고 충성하는 것을 포함한다. 다음의 두 단계를 포함한다.

제3단계: 대인 간 조화 또는 착한 소년·소녀 지향

이 단계에서 옳은 행동은 타인을 기쁘게 하고 도와주며, 타인으로부터 인정받는 것이다. 대다수의 사람이 갖는 고정관념에 동조한다. 타인의 반응이 도덕성 판단 기준이 되지만, 물리적 힘보다는 심리적인 인정 여부에 관심이 있으며 착해짐으로써 타인의 인정을 얻는다. 즉, 남편은 아내를 사랑했고 그 생명을 구하려고 애썼고 어쩔 수 없이 약을 훔친 착한 사람이다. 그러나 약제사는 탐욕스럽고 자신의 이익만 생각하는 나쁜 사람으로 판정된다. 이 단계에서 단순히 행위의 결과가 아닌, 행위자의 의도를 고려하는 전이가 일어난다.

제4단계: 법과 질서 지향 단계

권위·고정된 규칙·사회적 질서를 지향한다. 자신의 의무를 다하며, 권위자를 존중하며 사회적 질서를 유지하는 것이 옳은 행동이다. 따라서 남편에 대해서 안타깝게 여기기는 하나 약을 훔치는 것은 용서하지 않는다. 자신의 이유로 법을 어긴다면 사회가 어떻게 될것인가? 라고 대답한다.

제3수준: 후 인습적 도덕 수준(post-conventional morality level)

이 수준에서는 집단의 권위나 권리를 행사하는 사람들과는 무관하게 도덕적 가치와 원리를 규정하려는 노력을 보인다. 이 수준은 두 개의 단계를 포함한다.

제5단계: 사회적 계약과 합법적 지향 단계

개인의 권리를 존중하고 사회 전체가 인정하는 기준을 준수하는 것이 옳은 행동이다. 법은 개인 자유의 규제가 아닌 이익을 극대화하기 위해 제정된다는 것을 인식한다. 사회적 약속은 대다수의 구성원들의 보다 나은 이익을 위해 항상 바뀔 수 있는 것으로 판단되며, 이전 단계와 달리 도덕적 융통성을 갖는다. 따라서 이 단계의 아동은 법에 의하면 약을 훔친 것은 나쁘나 인간이 살아야 할 권리에 의하면 남편을 나쁘다 할 수 없다고 대답한다.

제6단계: 보편적인 윤리적 원리 지향 단계

옳은 행동은 자신이 선택한 윤리적 원리와 일치하는 양심에 의해 결정된다. 이 원리는 구체적인 규율이 아닌 인간의 존엄성, 정의, 사랑, 공정성에 근거를 둔 추상적이며 보편적인 행동지침이다. 이 단계의 도덕성은 극히 개인적인 것이므로 때로 대다수가 수용하는 사회적 질서와 갈등을 일으킬 수 있다. 따라서 남편이 아내를 위해 약을 훔칠 권리는 없으나 사랑하는 사람의 생명은 고유한 가치를 가지고 있으므로 사랑하는 아내뿐만 아니라 어떠한 사람이라도 구제할 의무가 있다고 대답한다.

이와 같은 Kohlberg의 도덕발달단계 연구는 도덕적 사고를 촉진하는 도덕교육방법 및 내용을 설정하는 데 중요한 이론적 근거가 되었으며 그가 도덕적 사고의 발달단계를 촉진하는 방안으로 제시한 집단 토론법은 도덕교육방법을 혁신적으로 바꾸어 놓는 계기가 되었다. 그럼에도 불구하고 그의 이론의 한계와 문제점은 지적되고 있다(송명자, 1999).

첫째, 도덕발달단계의 후 인습적 도덕 수준 그중에서도 6단계에 속하는 보편적인 윤리지향 단계에 대한 적합성 여부이다. 도덕성 발달연구에서 5단계에 도달한 비율은 10% 이내이며 6단계에 도달한 사람의 비율이 극히 드물다. 이러한 연구결과는 인습 이후 수준의 도덕성이 인간이 지향해야 할 이상적인 도덕발달의 방향을 보여 주는 이론적 가치는 있지만 현실적으로 있는 그대로의 도덕발달을 진단해 줄 수 있는 틀로서는 부적합하다는 사실을 말해 준다.

둘째, Kohlberg의 연구대상이 주로 미국 중상류 백인들의 도덕적 가치를 반영함으로써 그의 이론이 세계 모든 사회의 문화권에서 통용되는 도덕적 가치는 아니라는 점이다. 다시 말해 각 사회 문화는 도덕적 가치를 결정하는 데 나름대로의 독특한 도덕적 가치를 갖고 있다고 볼 수 있는데 그의 이론은 문화적으로 편향되어 있다는 문제점이 제기된다. 예를 들어, 이스라엘에서는 개인보다는 집단의 안녕을 더욱 중요한 도덕적 목표로 삼고, 인도에서는 자비와 배려를 지상의 도덕적 가치로 삼고 있는 반면 Kohlberg 이론에서는 각 문화권이 전통적으로 중시하고 있는 인습이나 사회적 규범이 갖는 도덕적 가치들이 등한시되고 있는 것이 문제점으로 지적된다.

셋째, 도덕적 사고와 도덕적 행위 간의 불일치이다. 도덕성의 인지발달이론은 전반적으로 도덕적 행위보다는 도덕 관련 상황에 대한 올바른 판단과 사고능력을 중시하는 이론이다. 그러나 바른 판단능력을 갖는다고 해서 반드시 도덕적 행동으로 이어진다고 보기는 어렵다. 이에 대해 Kohlberg는 도덕 판단이 행위로 이행되지 못하는 것은 도덕적 사고가 단순히 옳고 그름을 구별하는 일차적인 의무판단 수준에 정체되어 판단에 따라 행동해야 한다는 이차적인 책임판단 수준으로

심화되지 못했기 때문이라 지적한다. 이러한 설명에도 불구하고 도덕적 사고와 행위 간의 불일치는 여전히 그의 이론의 문제점으로 남는다.

(3) Turiel의 영역구분모형

Kohlberg의 도덕발달연구에 나타난 문제점으로 지적된 것처럼 각 사회 문화에서 전통적으로 중요하게 여기는 인습이나 사회적 규범이 다르다는 것을 전제로 도덕적 사고의 발달을 고려해야 할 필요성을 반영한 이론이 Turiel의 영역구분모형이다.

Turiel은 도덕성이 도덕적 영역, 사회 인습적 영역, 개인적인 영역의 도덕적 규범들로 이루어진다고 보았다(Turiel, 1983). 이를 구체적으로 살펴보면 다음과 같다.

첫째, 도덕적 영역은 생명의 가치·정의·공정성 등과 같이 어느 시대 사회를 막론하고 보편적으로 준수하여야 하는 보다 근원적인 가치규범을 포함한다. 예를 들어, 타인에게 신체적이거나 정신적인 해를 입히는 것을 금지하는 것, 사람을 수단으로 삼지 않고 모두에게 공평하게 대하는 것, 어려운 사람을 돕는 것 등은 도덕적 영역에 속하는 대표적인 규범이다.

둘째, 사회 인습적 영역은 사회적 체계에 함께 참여하는 집단 내의 개인의 행동을 통합하며 사회적 상호작용을 조화시켜 주기 위해 성원들의 일종의 상호합의에 의해 규정된 행동규범을 의미한다. 예를 들어, 인사하는 법이나 성역할 관습 등은 문화권에 따라 서로 다른 도덕적 규범을 가질 수 있으며 이러한 부분은 사회 인습적 영역에 속하는 사회적 규범이다.

셋째, 개인적인 영역은 보편적인 도덕원리나 인습적 규범과는 비교적 무관하게 개인이 선택할 수 있는 개인 특유의 행동이나 사태를 포함한다. 친구에게 줄 선물을 선택하거나 결정하는 것이 바로 개인적 영역에 속한다.

일반적으로 아동들은 도덕적 영역과 사회 인습적 영역의 규범을 지키지 않는 일탈행동에 대해 다른 판단을 한다. 즉, 도덕적 영역의 규범을 지키지 않은 것은 사회 인습적 영역이나 개인 영역의 규범을 위배하는 것에 비해 더 나쁘며, 규제하는 규칙이 없어도 본질적으로 나쁘고 모든 시대 사회를 불문하고 나쁜 것으로 판단한다. 예를 들어, 남의 것을 훔치는 것이나 때리는 행동은 규제하는 규칙이 없다고 하더라도 나쁘다는 것을 어린아이들도 이해하고 있다. Turiel 등의 연구에 의하면 4~5세경부터 아동들은 도덕적 영역과 사회 인습적 영역을 구분할 수 있고 일반적으로 5~11세 사이에 각 영역의 가치규범들은 그 중요성이나 사회적 맥락에 따라 판단하는 능력이 확립된다(Nucci, 1981).

Turiel의 영역구분모형은 각 사회 문화권에서 전통적으로 이어 내려오는 도덕적, 사회 인습적 규범이 갖는 도덕적 의미와 중요성을 고려할 수 있게 한다는 점에서 가치가 인정되고 있다.

(4) Damon의 공정성 판단이론

분배의 공정성은 한 사회의 도덕적 건강을 결정하는 중요한 지표로서 한 사회의 많은 구성원이 공평하게 분배되지 못하고 있다고 느낀다면 그 사회는 큰 도덕적 갈등을 내포하고 있는 것을 의미한다. 분배의 공정이 갖는 중요성은 유아기에도 마찬가지로 적용된다. 예를 들어, 부모가 동생에게 먹을 것을 더 많이 주거나 더 많이 안아 준다고 느낄 때 부모와 자녀 및 형제간에 도덕적 갈등이 시작되기 때문이다. 이러한 도덕적 갈등을 통해 나타나는 도덕적 판단을 알아보기 위해 Damon은 자원과 보상의 분배의 공정성에 대한 아동의 판단을 연구하였다. Damon은 Piget의 도덕발달이론을 확장하여 다양한 도덕성 개념(우정, 권위, 분배 등)을 주제로 연구하였는데 특히, 분배, 나누기는 공정성에 대한 이해를 도덕적 추론단계와 유사한 과정으로 설명한다. 인간은 분배의 과정에서 자신의 판단 기준을 근거로 분배가 이루어지지만 이것이 타인에게 인정이 되지 않을 경우 불공정을 느껴 갈등을 일으키며 이러한 불공정의 갈등을 해결하는 기본적인 논리가 공정성이다. 다음 글은 Damon이 공정성 수준을 알아보기 위해 아동들에게 들려준 이야기이다(Damon, 1977).

> 어느 반의 아이들이 그림을 그렸습니다. 어떤 아이들은 그림을 보다 많이 그리고, 어떤 아이들은 적게 그렸습니다. 어떤 아이들은 그림을 잘 그리고, 어떤 아이들은 잘 못 그렸습니다. 어떤 아이들은 착하게 열심히 그렸지만, 어떤 아이들은 돌아다니며 장난을 쳤습니다. 아이들 중에는 가난한 아이도 있고 부자도 있으며, 남자아이도 있고 여자아이도 있었습니다. 아이들이 그린 그림을 학교 바자회에서 팔았습니다. 바자회에서 번 돈을 어떻게 나누면 공평할까요?

Damon은 Kohlberg의 도덕성 발달연구에서 사용한 갈등상황은 유아들의 세계와 동떨어져 있다는 문제점을 제기하고, 유아들의 사고에 대한 연구는 유아들의 세계와 직접 관련되어 있어야 한다고 보았다. Damon(1977)은 Kohlberg의 발달적 사고의 틀과 갈등적 상황에서의 사고 형태에 대한 연구방법은 그대로 받아들이면서 갈등상황을 유아의 수준에 맞게 조정하여, 유아의 초기 도덕적 개념을 공정한 나누기, 권위 개념, 우정 개념, 규칙에 대한 개념으로 나누고 연구하였다. 그는 4~10세까지의 아동들을 대상으로 위와 같은 이야기를 들려주고 개방적인 질문을 통한 아동들의 반응을 연구한 결과 공정성 판단발달을 3단계 6수준으로 제시하였으며, 유아는 자기중심적인 입장에서 점차적으로 보다 객관적이고 평등과 상호 호혜성을 동시에 포괄하게 된다고 설명했다. 이를 요약하면 다음 〈표 10-3〉과 같다.

〈표 10-3〉 Damon의 공정성 판단의 발달 수준

단계	수준	연령	추론의 특징	선택의 이유	추론의 예
0단계 (4~5세)	0-A	3-4세	피험자의 소망	이유 없이 단순히 그 선택을 주장	내가 원하니까 많이 가져야 해
	0-B	4-5세	피험자의 욕망을 반영	외현적 실체, 관찰 가능한 사실로 선택을 정당화(키, 성별, 그 밖의 특징)	키가 제일 큰 아이가 제일 많이 가져야 해, 우리는 남자니까 많이 가져야 해

단계	수준	연령	추론의 특징	선택의 이유	추론의 예
1단계 (5~7세)	1-A	5~6세	철저한 평등-호혜적이고 상호적인 개념 출현	철저한 동등 분배가 공평함	열심히 한 아이나 못한 아이나 똑같이 가져야 해
	1-B	7~8세	행위에 대한 호혜적이고 상호적인 개념 출현	모든 사람은 각자 행위에 따라 좋은 것이나 나쁜 것으로 보강 받아야 함	그림을 많이 그린 아이들이 많이 가져야 해
2단계 (8~10세)	2-A	8~10 세	도덕적 상대성에 대한 개념 생김. 모든 사람의 요구를 고려, 양적인 타협을 시도	각자의 정의에 대한 가치, 합리성	아이들의 이야기를 들어 보아야 돼, 가난한 아이가 더 가져야 해
	2-B	10세 이상	동등과 상호성에 대한 고려	모든 사람은 자신이 가져야 할 몫이 있음	가장 공평하게 나누려면 어떻게 해야 할지 이야기해 봐요

0-A 수준에서는 자신의 욕구와 공정성이 혼돈되어 자신의 욕구와 그 욕구의 충족을 방해하는 장애를 갈등으로 인식한다. 따라서 이 수준의 유아는 자신의 욕구와 다른 사람의 욕구 간에 잠재적인 갈등이 있을 경우, 주로 가까운 사람에게 유익한 결과를 보장하는 해결방법을 사용한다. 따라서 자신의 해결방안의 특성은 주관적이며 이기적인 특성이 있다.

0-B 수준에서는 자신을 만족시키고자 하는 목적도 있으나 다른 사람의 어떤 관찰 가능한 외형적인 특성도 고려하는 초보적인 상호성의 개념이 나타난다.

1-A 수준에서 유아에게 인식되는 갈등의 유형은 사람 대 사람의 갈등으로 누구나 자기 이익을 추구하므로 갈등은 불가피하다고 본다. 따라서 어떤 상황에서든 모든 사람이 똑같은 취급을 받아야 한다고 본다.

1-B 수준에서는 행위의 상호성 원리에 기초해 판단하는데 바람직한 특성을 소유했느냐의 기준에 따라 사람을 다르게 취급하지만, 단지 한 가지 종류의 주장만 보상받을 가치가 있는 것으로 생각하기 때문에 갈등 해결방법에 대한 정당화가 일방적이고 융통성이 없다.

2-A 수준이 되면 도덕적 상대주의를 나타낸다. 따라서 여러 가지 갈등이 포함된 주장을 인식하게 됨으로써 갈등의 해결이라기보다는 갈등이 되는 주장 간에 타협을 시도하게 된다.

마지막 2-B 수준에서는 현 상황에서 가장 정당 정당화될 수 있는 것이 어떤 주장인지 더 고차원적으로 판단하게 됨으로써, 가장 좋은 주장을 제외하고 모든 것을 체계적으로 제외시켜 나가는 갈등 해결방법을 사용한다고 본다.

이상의 6단계를 살펴보면 먼저 첫 번째 두 단계는 갈등상황 속에서 단지 한 사람의 관점에만 초점을 맞추게 되고, 두 번째 두 단계에서는 공정의 기준은 일관성 있는 평등에 있다. 아동은 여러 사람의 관점을 동시에 볼 수 있기 때문에 공정의 문제를 고통스럽게 경험하게 된다. 모든 사람이 똑같이 가져야 하므로 그가 원하든 원하지 않든 나눠 갖도록 강요하기도 한다. 마지막 단계에서 아동은 갈등 속에서 진정한 요청과 필요를 가려내려고 노력하게 된다(이은화 외, 2008).

Turiel의 영역구분모형과 Damon의 공정성 이론은 Piaget와 Kohlberg의 도덕성 발달단계를 확장하여 연구한 결과들이다. 이러한 연구들은 유아의 도덕성 발달이 자기중심적 성향에서 차후 타인의 입장에서 생각하고 판단할 수 있는 단계로 발달하는 것을 말해 주고 있다. 유아기의 자기중심적 사고가 탈중심화되면서 인지구조의 변화를 가져오고 타인 조망능력이 발달되는 것을 알 수 있다.

3. 도덕성에 영향을 주는 요인

유아의 도덕성 발달은 그가 속한 사회적 환경, 즉 가정과 사회 그리고 관계를 맺는 다양한 사람들과의 상호작용을 통해 발달하게 되므로 부모나 성인 및 또래가 도덕성 발달에 영향을 미친다. 즉, 부모의 양육태도나 가치관, 또래 그리고 사회 속 다양한 환경을 도덕성 발달에 영향을 미치는 요인으로 볼 수 있으며 이를 구체적으로 살펴보고자 한다.

1) 부모의 양육방식

유아는 부모로부터 영향을 받으며 부모 또한 유아의 행동을 자극하게 된다. 유아와 부모 간의 상호작용이 일어나는 가운데 기본적으로 부모가 유아에게 더 강한 자극이 부여되는 것을 생각할 때 부모의 양육방식은 유아의 도덕적 발달에 영향을 미치는 것을 알 수 있다. 부모의 양육방식은 학자들마다 다르게 분류하고 있는데 Hoffman(1963)은 부모가 자녀를 양육하는 유형을 부모의 힘을 어떤 방법으로 사용하고 있는지에 따라 구분하여 세 가지로 개념화하였는데 원력단언, 애정철회, 귀납적 방식으로 나누었다. Baumrind(1996)는 부모가 권위를 적절히 사용하고 허용의 정도가 적합한지에 따라 부모의 양육방식을 허용적, 권위주의적, 권위 있는, 무관심의 네 가지 유형으로 나누었다. 허용적인 양육은 벌을 사용하지 않고 수용적이며 규칙이나 제한이 없고 자녀를 통제하지 않으며 자녀 스스로 활동을 통제할 수 있게 하는 유형이다. 권위주의적인 양육은 평소 제한적이고 벌을 많이 사용하며 지시하거나 명령을 많이 사용하는 유형이다. 권위 있는 양육은 일관성이 있으며 애정적이고 아동의 발달에 맞는 규칙을 설명하고 명백하게 자녀와 의사소통하고 적절한 대안행동을 제시하며 이를 반영하는 유형이다. 마지막으로 무관심적 양육은 애정도 없고 통제도 없는 방임형 양육 유형이다. Kochanska, Aksan과

Koenig(1995)는 부모가 자녀를 통제하는 데 있어서 사용하는 전략들을 범주화하였는데 비관여, 사회적 상호작용, 지도 및 부드러운 통제, 부정적 통제의 네 가지 전략을 제시하였다. 비관여란 유아에게 아무런 지시도 하지 않는 것을 말하며, 사회적 상호작용이란 유아를 통제하려 하지 않고 대화하는 방법이다. 그리고 부드러운 통제란 권력을 행사하지 않고 유아의 행동을 통제하는 것으로 부드러운 요구, 추론, 긍정적인 말, 제안, 주의전환과 같은 방법을 포함한다. 마지막으로 부정적인 통제는 위협이나 신체적인 체벌, 부정적인 말을 사용한 통제방법이다.

이러한 부모의 양육방식 이론들을 기초로 도덕성 발달과의 관계를 살펴보면, 신미양(2003)과 홍경선(2004)의 연구에서는 부모의 애정적이며 반응적인 그리고 설득적인 방법이 친사회적이고 도덕적 발달에 가장 긍정적인 영향을 미친다고 하였다. Laible(2004)은 부모-아동 간의 대화의 질이 어떻게 도덕적 발달에 영향을 미치는지에 대한 연구를 통해, 대화의 질, 특히 '방식'과 '내용'이 아동의 도덕성 이해 형성에 중요하다는 사실을 밝히고 있는데 아동의 과거 사건에 대해 분명하고 정교하게 그리고 감정에 대해서 언급하며 이야기하는 어머니의 경우 6개월 이후 아동의 도덕관념 발달과 정서적 이해에 긍정적인 영향을 미친 것으로 나타났다. 반면 권위주의적 혹은 권력주의적인 부모는 자신의 요구와 아동의 욕구 사이에 조화를 이루지 못하게 되므로 아동은 사회적으로 위축되고 자기 스스로의 내적 규제가 아닌 벌에 대한 두려움을 갖게 된다. 이렇듯 부모의 양육방식은 유아의 도덕적 발달에 영향을 주는 요인이라 볼 수 있다.

2) 또래의 영향

부모의 양육방식 및 부모와의 초기 경험이 유아의 도덕성 발달에 영향을 미친다는 이론가들의 주장으로 또래와의 상호작용에는 많은 관심을 가지지 않았다. 이는 유아의 심리성적 발달에 부모-자녀와의 관계가 주요 원인으로 형성되고 이후 또래와의 접촉이 이루어진다고 보았기 때문이다. 그러나 최근에는 사회학습

이론가와 인지발달론자들은 또래와의 상호작용이 도덕성 발달에 긍정적인 영향을 미친다고 주장한다. 이 중 Piaget는 사회화 과정에서 또래의 영향을 강조한 최초의 주요 이론가인데 유아의 도덕성 발달은 부모보다 또래의 영향을 많이 받는다고 보았다. 왜냐하면 부모들의 높은 지위와 권위에 의하여 유아는 부모를 권위자로 일방적으로 존경하게 되는 경향이 있기 때문이다. Piaget는 성숙된 도덕적 지향성을 갖기 위해서 규칙이란 유사한 지위를 갖는 사람들 간의 상호작용에 의한 임의적 산물로서 볼 수 있는 기회가 필요하다고 주장한다(최혜선, 2007). 유아들은 동등한 지위 간의 접촉을 하기 위해 또래와의 상호작용이 중요한 역할을 하게 되는데 인지발달과 더불어 새로운 형태의 사회적 상호작용의 직접적인 결과로 유아는 규칙에 대한 새로운 개념을 획득한다. 규칙이란 더 이상 성인에 의해 주어지는 것이 아니고 집단구성원 간의 상호작용을 통해 만들어지는 것임을 알게 된다. 또래와의 상호작용은 교환적, 호혜적 역할수행의 기회를 주어 서로 다르지만 동등한 위치에서 규칙을 만들고 준수해 가는 내면화를 가능하게 한다. 이와 같이 또래는 유아의 도덕성 발달에 영향을 주는데 이는 주로 다음의 세 가지 방법으로 작용한다고 볼 수 있다(최혜선, 2007).

첫째, 행동패턴을 강화하는 강화자로서 또래 역할이다. 또래집단은 자신이 받아들이는 바람직한 행동은 보상함으로써 친구들에게 긍정적인 영향을 미치는 반면, 받아들일 수 없는 행동은 벌하는 사회적 강화를 나타내는 경향이 있다.

둘째, 또래가 행동을 강화시키려 의도하지 않아도 또래의 행동 자체가 모델이 되어 아동의 도덕성 발달에 영향을 미친다고 볼 수 있다. 또래 모델의 행동은 때때로 아이들에게 극적인 영향을 미치고 이러한 영향은 아이들의 성격 형성에도 영향을 미친다.

셋째, 강화자나 모델로서의 역할 이외에도 또래는 규칙을 만들고 평가하는 데에 기초가 되는 동등한 지위 간의 상호작용을 통하여 유아의 도덕성 발달에 영향을 미친다고 볼 수 있다. Piaget는 또래 구성원은 정해진 규칙에 따라 서로 상호작용하고, 함께 활동을 하기 위해 그들만의 규칙을 정해야 하므로 유아의 도덕성 발달에 긍정적인 영향을 준다고 하였다.

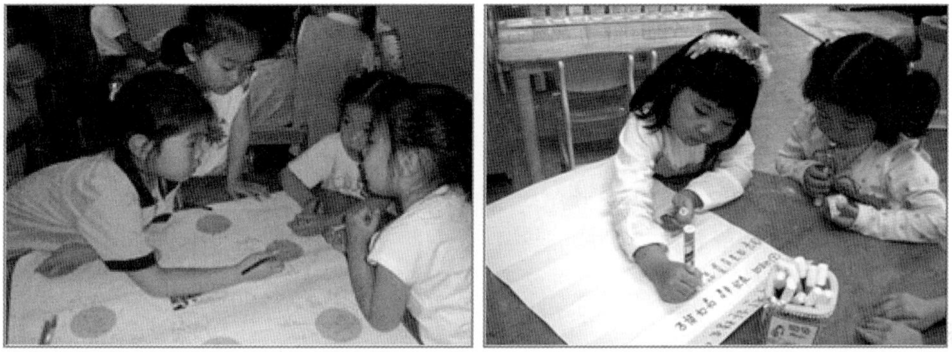

[사진 10-1] 또래와 상호작용하는 하는 유아

3) 대중매체

사회가 변화하는 가운데 대중매체가 발달하게 되고 이러한 대중매체의 발달은 유아에게 직·간접적으로 많은 영향을 미치고 있다. 따라서 대중매체의 영향은 부모나 교사, 또래와 같은 영향력을 지닌다. 대중매체에 나오는 역할모델을 관찰함으로써 도덕적 가치와 태도, 정서적 반응 등 새로운 행동을 인지하고 학습하게 된다.

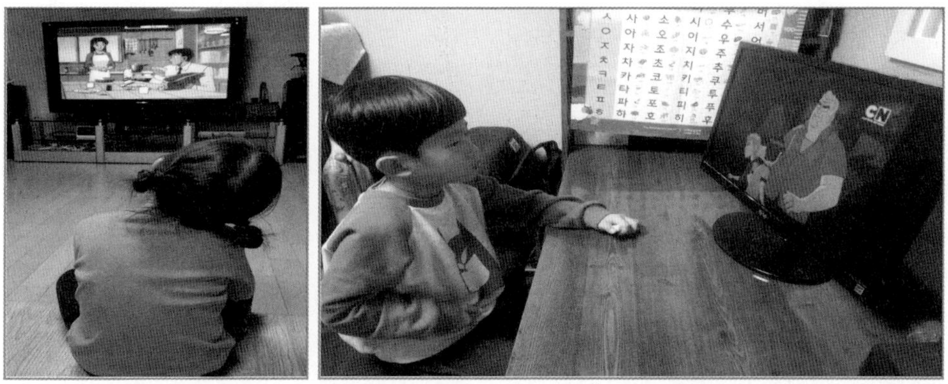

[사진 10-2] 영상매체를 통해 도덕적 가치를 형성하는 유아

4. 도덕성 발달을 돕는 교사의 역할

교사는 유아의 도덕성 발달을 위해 유아로 하여금 일상생활에서의 규칙과 약속 등을 비롯한 사회의 법과 질서, 관습, 규칙 등을 배울 수 있는 기회를 제공해야 한다. 또한 사회적인 상호작용의 기회를 제공하여야 하며 이를 위한 구체적인 교사의 역할을 살펴보면 다음과 같다.

첫째, 법, 관습, 규칙을 학습할 기회를 제공해 주어야 한다.

도덕적 인간은 무엇보다 그가 속한 사회집단에서 요구되어지는 바를 배우고 실천하는 것이다. 유아에게 법과 질서를 잘 지키도록 강요하라는 것이 아니다. 유아들이 일상생활 속에서 적용할 수 있는 법과 규칙, 즉 그가 속한 집단의 관습을 배워야 한다. 예를 들어, 성인과 친구를 만나면 인사하기, 다른 사람의 물건을 훔치지 않기, 도움이 필요한 사람을 도와주기, 타인의 물건을 손상시키지 않기 등 그 사회의 법과 관습을 배워야 한다. 유아도 유아교육기관에 들어가면 그곳에서의 규칙을 지켜야 한다. 이러한 규칙은 유아의 행동 지침이 되므로 바람직한 행동을 구체적으로 가르쳐야 하며 이때 규칙은 일관성이 있어야 한다. 교사의 일관성 없음은 유아로 하여금 불안감을 갖게 하고 도덕적 습관을 형성시키지 못하게 한다.

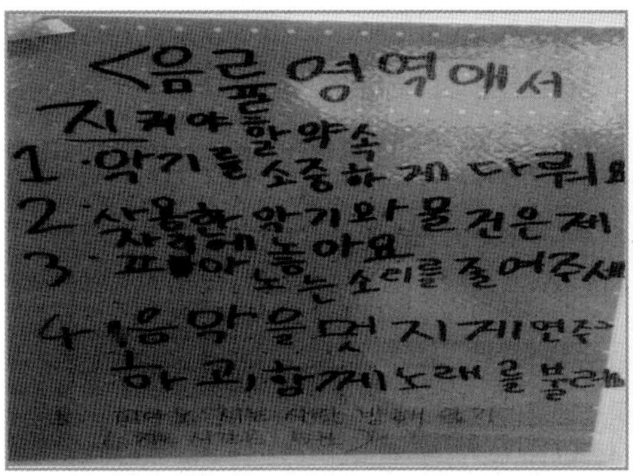

[사진 10-3] 유아들과 함께 지켜야 할 규칙 및 약속 정하기

둘째, 도덕적 판단 능력을 키운다.

Piaget나 Kohlberg의 도덕적 발달단계에서 살펴본 것처럼 유아의 도덕적 행동은 단순한 관습이나 감정적 요소에 의해 이루어지기보다는 깊은 내면화된 인지적 차원에서 이루어지는 것을 알 수 있다. 유아의 도덕적 갈등상황이나 판단상황에서 "이런 경우 너는 어떻게 할 수 있겠니?", "너는 왜 그렇게 하는 것이 좋다고 생각하니?" 등의 질문을 통해 행동의 근거를 합리적으로 사고할 수 있는 습관을 갖게 하는 것이 중요하다. 유아의 잘못된 행동을 지도할 때에도 감정적으로 처리하기보다는 비롯된 것이 무엇인지를 구체적으로 알 수 있도록 하고 그에 대한 올바른 판단과 행동으로 이어질 수 있도록 도덕적 판단능력을 키운다.

셋째, 양심의 발달이다.

양심이란 옳지 않은 행동에 벌이 가해지면서 형성된 어떤 특정한 상황이나 행동에 대해 조건화된 불안 반응이므로 '마음속의 등불', '초자아' 또는 '내부의 감시자' 등의 이름으로 불린다. 따라서 양심은 개인적 행동을 규제하는 내적 기준이라고 할 수 있다. 도덕적 행위를 통제하는 양심의 형성은 5~6세경에 형성되기 때문에 그 이전 시기에 일반화된 보편적 행동원칙을 유아에게서 기대하기는 어렵다. 양심의 기본 바탕이 형성되는 시기가 대체로 유아기 전반에 해당되기 때문에 유아에게 반드시 지켜야 할 일, 해서는 안 되는 일에 대해서 엄격한 규제가 필요하다. 규칙을 위반했거나 부도덕적 행동을 했을 경우에는 그에 따른 적절한 벌을 가해 줌으로써 자신의 행동에 대한 죄책감을 가지도록 하는 것이 중요하다. 이때 교사는 유아와 애정관계를 긍정적으로 맺는 것이 중요하다. 교사와 유아가 서로 사랑과 존경의 관계를 맺은 경우 엄격한 훈육이 긍정적인 교육효과를 가져오지만 그렇지 못한 경우에는 불안과 공포 등 감정적 요소로만 존재할 수 있다.

넷째, 도덕적 행동에 대한 교사의 모델링이 있어야 한다.

가정에서는 부모가 유아의 도덕적 행동에 대한 좋은 모델이 되어야 하는 것처럼 기관에서는 교사가 유아에게 도덕적 모범을 보여야 한다. 유아는 아는 것과 행동하는 것을 배우는 과정에서 교사의 행동을 모방하여 수행하게 된다. 유아기 초기 도덕적 학습은 성인의 행동을 보고 배우게 되므로 그 행동이 의미하는 선과 악의 기준을 이해하지 못하고 일정한 지시와 관찰을 통해 행동을 모방하는 형태를 이룬다. 따라서 교사는 유아의 도덕적 행동을 위한 좋은 모델이 되어야 한다.

[사진 10-4] 교사의 모델링

다섯째, 도덕적 행동에 대한 적절한 강화가 필요하다.

유아의 삶 속에서 나타나는 도덕적 행동에 대해 계속적인 강화를 받을 수 있도록 도와주어야 한다. 유아의 생활 속에 의도된 도덕적 행동이나 의도하지 않았지만 나타나는 도덕적 행동은 즉각적인 칭찬이나 관심으로 보여 줌으로써 그러한 행동을 강화시켜 주어야 한다. 유아의 긍정적인 사회적 행동을 칭찬해 주거나 관심을 가져 주면 그러한 행동이 강화되어 더 자주 나타낼 가능성이 높은 반면, 벌을 받거나 좋지 못한 것으로 평가될 경우 행동이 약화되거나 소멸될 수 있기 때문이다.

여섯째, 집단 경험을 많이 제공해 주어야 한다.

도덕적 규범은 개인이 속한 사회 속에서 작용하는 규칙이다. 따라서 도덕적 규범이 형성되는 과정을 이해하도록 하기 위해서나 개개인의 사회적 행동이 사회관계에 미치는 영향을 지도하기 위해서는 두 사람 이상이 모여 상호작용하는 집단 활동을 경험하는 것이 중요하다. 타인과의 상호작용이 없다면 사회적으로 승인된 규범이나 질서를 알 수 없을 뿐만 아니라 어떤 행동을 하고자 하는 동기도 생기지 않을 것이다. 따라서 유아가 친구들과 상호작용함으로써 도덕적 규범을 알게 되고 그에 따른 행동을 하려는 동기를 갖게 된다.

[사진 10-5] 집단 활동을 경험하는 유아

일곱째, 유아의 일상생활에서 나타나는 비도덕적인 행동에 대해 '나쁜 아이'로 규정해서는 안 된다. 유아는 아직 옳고 그름에 대한 도덕적 판단 능력이 부족하고 자기중심적인 사고로 도덕적 행동이 나타나기 때문에 자신이 하는 행동이 나쁜 것인 줄 전혀 모르고 잘못된 행동을 하는 경우도 있다. 이때 교사는 그 잘못된 행동에 대해서만 지도해야 한다.

CHAPTER

11

Social Studies for Young Children

정 서

Social Studies for Young Children ▸ ▸ ▸

1. 정서의 개념과 분화

유아는 하루의 일과에서 아무런 감정 없이 지내는 순간은 거의 없으며, 매순간 활동마다 다양한 정서를 나타낸다. 즉, 등원을 하여 교사 및 또래와 상호작용하면서 행복감, 즐거움, 호기심, 흥분, 화남, 슬픔, 질투, 두려움, 실망, 긴장 등을 나타낸다. 이러한 다양한 감정들은 자신과 타인에게 영향을 주며 더 나아가 그 사회에서 요구하는 정서로 발달하게 된다. 물론 유아가 자신의 감정이나 기분을 인식하고 표현하는 능력이 부족하고 여러 갈등 상황 속에서 자신의 정서를 조절하는 데도 어려움을 겪는다. 하지만 유아기는 자신의 정서를 인식하고 표현하는 시기이고 자기중심적 사고에서 벗어나 다른 사람의 감정을 이해하는 것으로 전환하는 시기이다. 따라서 유아기 정서발달에 대한 이해와 이를 근거로 하는 적절한 지도가 요구된다.

[사진 11-1] 다양한 정서를 표현하는 유아

1) 정서의 개념

정서는 감정과 혼용되어 사용되기도 하고 구별되어 정의되기도 한다. 예를 들어, 외부의 자극에 대해서 신체적인 반응을 포함하지 않는 단순히 가벼운 심리적인 상태가 감정이고, 정서는 이보다 더 강한 것으로 신체적인 흥분이나 변화까지 동반하는 반응이라고도 하는데 실제 감정과 정서가 구별되기는 쉽지 않다.

정서(emotion)란 용어는 어원적으로 라틴어 e(out)와 movere(to move)에서 유래되었는데 이는 정서가 신체적인 면에서 행동을 하도록 하는 것 또는 격동을 의미한다. 오늘날은 이러한 개념들이 포함되어 정서는 쾌·불쾌를 포함한 감정적 느낌과 이에 따르는 행동적 표현으로 이해하고 있다(최혜순, 2012). 정서는 인간이 태어나면서부터 인간의 행동에 작용하며, 일생 동안 인간 행동의 기저를 이루는 중요한 요소이다. 이러한 정서는 유아의 성장발달에 많은 영향을 미치며 다른 발달과도 밀접한 관련이 있다. 즉, 정서적으로 안정되고 긍정적인 자아개념을 지닌 경우 지적활동이 활성화되고 운동기능에도 영향을 미친다. 그리고 사회적 상호작용에도 영향을 미쳐 부정적인 자아개념을 지닌 경우에는 타인에 대해서 부정적인 생각을 지니게 되고 원만한 대인관계를 이루기 어렵다. 유아기는 주변세계에 대해 많은 호기심을 가지게 되며, 독립심도 증가하는 시기이다. 기관이나 또래와의 관계 속에서 심리적 긴장감을 갖게 되고 일상생활 속에서 기쁘고, 슬프고, 화나고, 즐겁고, 두려운, 좋고 나쁜 감정을 느끼며 살고 있는데 유아의 이러한 정서적 특징을 살펴보면 다음과 같다.

첫째, 유아의 정서표현은 경과 시간이 짧기 때문에 2~3분 정도 나타났다가 갑자기 사라지는 경우가 많다. 이러한 현상은 유아가 성인과는 달리 그들의 정서를 외적 행동으로 숨기거나 남김없이 표현하기 때문이다.

둘째, 유아기의 정서는 아주 강력하게 폭발하듯이 표현되기 때문에 그 강도에 있어서 차이를 알 수 있다. 예를 들어, 아주 작은 자극일지라도 큰 자극과 비교해서 별로 다르지 않은 정서반응을 일으킬 수도 있다.

셋째, 유아의 정서는 변하기 쉽다. 금방 화났다가도 다시 웃고, 웃고 깔깔거리다가도 분노를 표현하는 등 돌발적이고 극단적으로 변하는 것을 볼 수 있다.

넷째, 유아의 정서는 성인에 비해 정서의 표현이 자주 나타난다. 이는 유아가 성장하면서 여러 가지 상황이나 사건 속에서 적응하는 능력을 발달시키는 가운데 정서표현이 자주 나타나는 것이다.

다섯째, 성인들의 감정표현에 대해 민감하게 반응한다. 즉, 부모나 교사가 좋아하는 것에 깊은 관심을 보이고 부모나 교사가 좋아하는 정서표현을 즐긴다.

〈정서이해의 기초〉

- 모든 사람은 정서를 가지고 있다.
- 서로 다른 상황 때문에 정서가 일어난다.
- 정서는 내가 어떻게 느끼는지 또는 다른 사람들이 어떻게 느끼는지에 대해 이야기를 할 때 활용될 수 있다.
- 감정을 나타내는 서로 다른 방법이 있다.
- 다른 사람들은 모든 일에 대해 내가 느끼는 것과 같은 방식으로 느끼지 않을 수 있다.
- 나의 느낌이나 다른 사람들의 느낌을 변화시키기 위해 어떤 일을 할 수 있다.

출처: Hyson(1998).

2) 정서의 분화

인간이 태어나면 출생 시 정서반응을 단지 흥분이라고 표현할 수밖에 없는 미분화 상태이었다가 점차 성장하면서 특정한 정서반응으로 분화된다는 것을 알 수 있는데 일반적으로 정서가 분화되는 순서를 살펴보면 다음과 같다.

첫째, 생의 초기 정서는 기쁨으로 주로 생후 6주경에 나타나며 이 시기에 최초의 사회적 미소를 보인다. 이러한 미소는 주 양육자의 얼굴을 통해 영아에게 기쁜 정서를 가지게 한다. 2~3개월에는 미소가 점차 발달하는 웃음으로 바뀌게 된다. 생후 3개월 정도가 되면 쾌정서와 불쾌정서가 분화된다. 이때는 주로 자신의 신체가 불편하거나 욕구가 충족되지 않았을 때 울음으로 표현된다. 다시 불쾌정서는 6개월 정도가 되면 세분화되어 공포, 혐오, 분노의 정서로 분화된다.

둘째, 생후 1년 정도가 되면 쾌정서는 의의양양과 애정의 정서로 분화된다. 18개월에서 2년 정도가 되면 대부분의 유아가 자기 자신과 사회적 관계에 대한 이해와 관련된 정서를 나타내기 시작하는데 수치심, 죄책감, 부러움 등으로 타인과 관련된 상황을 인식할 때 나타난다. 또한 이 시기에 동생이나 형 등을 질투하는 감정과 같이 성인에게 나타나는 기본적인 정서까지도 발달한다.

셋째, 유아기에 들어서면서 유아는 다양한 정서를 나타내지만 지속시간이 짧고 자주 바뀐다. 금방 싸우고도 다시 친하게 함께 놀이할 수 있고, 함께 잘 놀이하다가도 다시는 놀지 않을 것 같이 싸우기도 한다. 또한 정서의 표현이 폭발적이어서 울 때도 큰일이 난 것 같은 울음을 보이거나, 사소한 일에도 과장된 웃음과 기쁨으로 나타나기도 한다. 정서는 계속 분화하여 5세 정도에 이르면 쾌·불쾌정서를 넘어서 불안, 수치, 실망, 선망 등과 같은 정서로 분화하여 나타난다.

정서는 연령이 증가할수록 계속 분화 및 발달된다. 또한 언어의 발달은 정서표현에 많은 영향을 주고 인지적 능력과 사회적 능력이 발달하면서 더 정교화되고 복잡해진다.

유아들에게 나타나는 각 정서의 특징을 살펴보면 다음과 같다.

공포는 자신의 안정에 어떤 위협이 왔을 때 또는 외부적인 자극에 적응할 만한 준비가 되어 있지 않을 때 행동의 균형을 잃고 불안정한 상태에 이르게 되는 정서이다. 예를 들어, 개에 물린 경험이 있는 유아가 개를 보면 공포심을 갖게 되는 것이다.

애정은 인간관계를 통해 경험되어지는 쾌나 만족을 추구하는 정서이다. 인간은 태어나면서부터 생존의 욕구를 가지고 있으나 이러한 요구는 다른 사람의 도움을 받아 충족되므로 다른 사람으로부터 도움을 받으며 애정을 경험하게 된다. 애정의 정서를 처음 경험하는 경우는 주로 주 양육자로부터 경험하게 되고 점차 성장함에 따라 자신이 경험한 애정을 또래나 성인, 장난감 등으로 발달시켜 나간다.

[사진 11-2] 불안해하는 유아

불안은 일어나지 않은 장래의 일에 대해 미리 느끼는 반응이다. 유아는 자신의 행동에 대해 미리 걱정하고 불안해하는 경우들이 있는데 이러한 불안은 일어나지 않은 일로 막연하고 비합리적이기 때문에 불안이 지속되면 현재의 생활을 방해하고 심하면 신경증과 같은 장애를 유발할 수 있다.

[사진 11-3] 분노를 나타내는 유아

분노는 자신의 욕구가 충족되지 않거나 좌절되었을 때 일어나는 반응이다. 유아기에는 주로 신체의 자유가 구속되거나 행동에 제한을 받는다거나 원하는 것이 이루어지지 않고 있거나 자신의 소유물에 침해를 받았을 때 분노의 정서가 나타난다. 분노는 영아보다는 유아기에 점차 줄어드는 경향이 나타나지만 부모의 양육방식이나 가정의 사회화 과정에 따라 다르게 나타난다. 다시 말해 유아의 분노 감정에 어떻게 반응하는가에 따라 유아의 분노가 조절되거나 아니면 더 큰 분노나 공격성으로 나타날 수 있다.

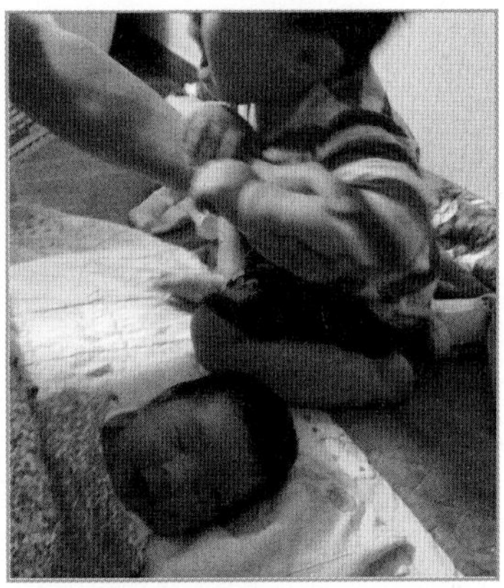

[사진 11-4] 동생을 돌보는 엄마로 인해 질투를 표현하는 유아

질투는 자신에게 주어진 애정을 상실했거나 그로 인한 두려움으로 나타나는 정서이다. 즉, 자신이 받는 관심과 사랑이 다른 사람에게 이동되거나 자신이 고립되어 있음을 느끼고 안전감의 근원이 되어 온 부모를 독차지하려는 감정이 위협받게 되면서 나타는 정서이다. 흔히 첫째로 태어난 유아가 동생이 생기게 되면 지금까지 독차지하던 부모의 사랑과 관심이 동생에게 옮겨졌

[사진 11-5] 신문지로 자신의 몸을 꾸며 기쁨을 표현하는 유아

다고 인식되면서 유아는 질투심을 갖게 된다. 이러한 질투심은 질투의 대상에게 부정적인 행동을 유발하는 원인이 되기도 한다.

기쁨은 자신이 원하는 욕구가 충족되었을 때 표현되는 정서로 만족과도 동일하게 사용되기도 한다. 기쁨을 많이 경험할수록 긍정적이며 적극적인 태도를 가질 수 있으며 긍정적인 정서표현으로 나타난다.

2. 정서발달이론

인간은 출생과 더불어 다양한 정서적인 반응들을 나타내기에 일반적으로 출생할 때 이미 생물학적으로 결정되어 있는 것으로 간주되어 왔다. 이는 인간 생의 초기부터 표출하기 시작하는 정서표현이 성장과 함께 다양하게 변화하지만 과거 정서발달에 대한 관점은 주로 개인의 주관적인 내적 상태를 강조하는 생물학적인 부분에 초점을 두었다. 그러나 유아의 정서표현이 그 문화에서 요구하는 바를 반영하고 있다는 연구(Saarni, Mumme, & Campos, 1998)에서 나타났듯이 정서의 주관적인 내적 심리 과정보다 사회적인 관계 속에서 타인과의 관계의 측면을 강조하면서 정서의 사회적 기능을 중요하게 부각시켰다. 인간의 발달을 다루는 중요한 이론들, 즉 정신분석이론, 인지이론, 학습이론 등이 정서를 어떻게 다루고 있으며, 최근 새로운 이론적 관점은 정서의 어떤 점을 강조하고 있는지에 대해서 살펴보고자 한다.

(1) 정신분석이론

대표적 정신분석학자인 Freud는 유아의 발달에 미치는 정서의 영향을 강조하였으며 정서가 모든 행동의 근본적인 원인이 된다고 보았다. 따라서 1920년대 정신분석이론에 기초한 프로그램도 행동과 학습을 동기화할 수 있는 무의식적인 정서의 힘을 강조하면서, 자유로운 표현으로써 정서가 억압되지 않는 것을 통해 건전한 인성발달을 이루는 것을 강조하였다(조순옥 외, 2007).

Erikson은 인간의 심리사회적 발달단계를 8단계로 나누고 각 단계별로 극복해야 할 위기와 달성해야 할 발달과업을 제시하였다. 각 단계별로 발달과업의 성취 여부를 대립적 개념으로 설명하였고 발달과업의 성취 여부에 따라 발달의 위기 극복의 여부가 결정된다고 하였다. Erikson이 제시한 8단계 중 유아기 정서적 단계는 2단계와 3단계에 걸쳐 발달한다고 보았다. 유아기에 해당하는 2, 3단계를 살펴보면 다음과 같다.

❙ 2단계: 자율성 대 수치감과 회의

1~3세에 해당하는 이 시기의 유아는 스스로 할 수 있는 것을 하며 자율과 독립의 기초를 마련한다. 이 시기의 유아는 질문과 탐색활동이 증가하는 가운데 주변세계에 대한 적극적이고 능동적인 활동을 통해 자발성을 성장시키는 반면, 자율적이지 못한 유아는 자신의 능력을 의심하게 되고 타인을 지나치게 의존하는 가운데 수치감이나 회의감을 가지게 되다. 이 시기 유아는 부모의 신뢰감을 얻고 자신의 욕구를 충족하는 데 필요한 자율성을 발달시키면서 스스로 독립하고자 한다. 이때 스스로 할 수 있는 것을 격려하고 수용하면 자율성을 형성하게 된다. 이러한 자율성은 독립심과 존중감을 기르는 데 기초가 된다. 그러나 이때 적당한 규제와 감독은 필요하며, 또 규제와 감독이 너무 지나치면 유아는 자신의 능력을 의심하게 되고 자신의 행동에 수치심을 갖게 되어 심한 자기회의에 빠지게 된다. 따라서 이 단계 유아는 자존감과 자긍심을 통해 긍정적인 정서를 발달시킬 수 있는 반면 자신의 행동을 통제할 수 없는 것에 대한 수치심과 의심을 통해 부정적인 정

서를 발달시킬 수도 있다.

▌3단계: 주도성 대 죄책감

주로 4~5세 유아가 경험하는 단계로 이 시기의 유아는 자신의 활동을 계획하고 목표를 세우며 이를 달성하고자 노력한다. 또래와 함께 놀이하면서 주도성을 가지고 자기주장을 내세우기도 하고 경쟁에 몰입하기도 하면서 때로는 좌절을 경험하기도 한다. 이 시기에 활발히 나타나는 자기주도적 활동이 자기 스스로 인정할 수 있는 만족이나 성공으로 나타나면 주도성을 확립하는 가운데 긍정적인 정서를 발달시키는 반면, 실패의 경험으로 불만족이 커지면 유아의 주도성은 위축되고 자기주장에 대한 죄의식이나 수치심, 처벌에 대한 두려움 등의 부정적 정서가 발달한다.

〈표 11-1〉 Erikson의 유아기 정서발달

연령	발달과업	긍정적 정서	부정적 정서
2~3세	자율성 대 수치감과 회의	선택과 자기억제를 할 수 있는 능력: 자존감 및 자긍심	자신의 행동을 통제할 수 없는 것에 대한 수치심과 의심을 갖는 경향
3~6세	주도성 대 죄책감	행동을 주도할 수 있는 능력: 성취를 즐김	처벌에 대한 두려움

(2) 학습이론

학습이론에서는 인간의 경험이나 학습을 통해 정서발달이 다르게 나타날 수 있다고 주장한다. 유아가 성장하는 가운데 경험한 자극의 유무, 조건 형성, 유아에 대한 주변인들의 태도나 방법에 따라 개별적으로 다른 정서를 표출할 수 있다는 것이다(정희영·이성복·김성원·윤선화·김정희·김서아 외 2014). 예를 들어, 벌레를 보고 처음에는 특별한 반응을 보이지 않던 유아가 벌레와 큰소리 나는 비명이 함께 결부되는 것을 보고 이후에 벌레를 보면 두려움이나 공포를 갖게 된다. 또한 부모로부터 애정을 받지 못하면 다른 사람에게도 애정을 갖지 못하게 되거나, 슬픔이나 걱정 등 부모의 정서가 유아에게 전달되어 같은 정서를 나타내기도 한다. 학습이론에서는 정서표현이나 조절이 개인의 가정환경과 문화의 특별한 학습경험에 의해서 크게 통제된다고 주장한다. 이는 우리가 결혼식장에서는 웃고 장례식장에서는 울게 되는 것과 같이 정서 사회화의 한 측면이 된다(이영자 외, 2007). 특히 학습이론에서는 바람직한 정서표현을 위해 보상, 벌, 타임아웃, 모방 등과 같은 행동기법을 적절히 사용하는 것이 가능하다고 여겼고 바람직하지 못한 정서표현에 대해서는 통제가 필요하다고 보았다. 따라서 성인이 어떤 표정을 얼마나 자주 짓는가를 관찰한 유아는 자신이 표현할 표정을 학습한다고 설명한다.

(3) 인지발달이론

인지발달이론에서는 인간의 정서가 인지적 사고과정을 통해 표현된다고 주장한다. 즉, 정서발달을 생물학적 성숙에 의한 결과라기보다는 인지발달의 결과로 본다. 다시 말해 정서가 인지발달에 동기가 되는 어떤 힘을 제공해 준다는 것에 관심을 갖고, Piaget의 평형은 발달을 가져오는 핵심과정으로 여기에서는 정서가 포함된다고 강조한다. 인지적 사고과정에서, 동화와 조절의 관계에서 동화 할 수 없는 상황에서 갖게 되는 욕구좌절이라는 정서적 불균형 상태가 더 높은 수준의 인지적 능력을 갖도록 하여 조절하게 되어 새로운 평형 상태, 즉 발달이 이루어지는데 이러한 발달을 동기유발시킨 것이 바로 욕구좌절이라는 것이다. 또한 Piaget는 인지발달에서 유아가 자기중심적 사고로부터 벗어나는 것은 또래와의 상호작용을 통해 이루어진다고 하였다. 이는 유아가 자기중심적이며 미분화된 특성을 가지고 있다가 또래와의 상호작용을 통해 타인이 자신과 다른 내적상태를 가지고 있다는 것을 깨달으며 타인을 이해할 수 있는 능력을 발달시키게 된다는 것이다.

3. 정서발달에 영향을 주는 요인

정서를 표현하거나 이해하는 방식, 또는 능력은 개인이나 문화, 성에 따라 다르게 나타난다. 정서표현의 개인차는 개인의 사회적인 관계, 즉 가정에서 부모와의 관계나 그가 속한 사회문화적인 관계와 밀접한 관련이 있으며, 개인이 지닌 유전적·생리적인 요인과도 밀접한 관련이 있다. 즉, 유아의 정서발달은 성, 연령, 기질 등의 변인과 직·간접적인 관련이 있다. 따라서 유아의 정서발달에 미치는 영향을 구체적으로 살펴보고자 한다.

1) 유아의 성

유아의 성은 출생과 함께 결정되어 성역할 사회화라는 사회적 압력을 통해 일생 동안 지속적으로 정서발달에 영향을 미친다. 흔히 우리 사회에서 남자아이들에게 눈물을 보이는 경우 남자는 울음을 표현해서는 안 되고 울음을 참아야 한다는 사회적 통념으로 정서표현에 대한 성차를 강요하고 있는데, Roberts와 Strayer(1996)는 만 5세의 남아 15명과 여아 18명에게 두려움, 슬픔, 노여움, 기쁨의 지배적인 정서를 유발하는 여섯 가지 상황의 비디오를 보여 주면서 눈에 띄지 않게 유아의 얼굴 표현을 녹화하고 비디오 시청 후 면접을 통하여 유아의 정서적 표현성과 강조에 대하여 알아보았다. 그 결과 여아는 남아보다 정서를 유발하는 상황에 대해 더 높은 정확성을 보였으며 부정적 정서를 유발하는 상황을 시청할 때 남아보다 여아가 상황에 적합한 부정적 정서를 더 많이 표현한 것으로 나타났다. 정서표현에 있어서 성차가 나타나는 이유를 Malatesta와 Haviland(1982)는 생후 1년부터 남아와 여아의 정서표현에 대해 부모가 다르게 반응하고 유아가 이를 학습하기 때문이라고 하면서 유아의 정서표현에 있어 부모의 사회화 영향력이 가장 크다고 지적했다. 또한 Saarni, Mumme와 Campos(1998)는 유아의 인지적 발달로 인하여 자신의 정서표현이 상대방에게 미치는 영향을 고려할 수 있기 때문에 동성 및 이성 또래에게서 자신이 수용될 수 있도록 효율적인 정서적 의사소통을 하게 되고 이를 위해 서로 다른 정서를 표현하게 된다고 하면서 유아의 성에 따른 정서표현의 차이가 나타나는 이유를 논의하였다. 또한 유아의 성과 정서인식에 대한 관련성에서도 성차가 나타나는데 남녀아의 생득적 차이라기보다는 여아와 남아가 접하게 되는 사회적 맥락이 다르고 유아가 타인으로부터 받는 정서적 반응이 다양하기 때문이라고 설명하였다. 정서조절에 있어서도 사회적인 요구가 차별적으로 적용되기 때문에 성에 따른 차이가 나타난다고 볼 수 있다. 물론 모든 연구가 성에 따라 정서발달 차이가 있다는 결과가 나타난 것은 아니며 차이가 없는 연구도 있다. 다시 말해 유아의 정서발달이 생득적 성에 의해 결정되기보다는 성역할 사회적 압력을 통해 사회화되어 가는 것임을 뒷받침하는 연구들도 있다.

[사진 11-6] 놀이 속에서 나타나는 남아와 여아의 정서

2) 유아의 기질

유아의 기질은 유아의 정서표현성과 일부 중복된다고 볼 수 있으나 유아의 정서적 성향뿐만 아니라 유전에 의해 영향을 받는 환경적 변화에 반응하는 생리적 규칙성, 접근성, 적응, 민감성 등을 포함하는 보다 포괄적인 개념으로 유아의 정서발달에 영향을 미친다. 황선희(2003)의 연구에서 순한 기질의 유아는 까다로운 기

질의 유아보다 조절능력이 높게 나타났고 이러한 자기조절능력은 효율적인 대처 능력의 발달에서 가장 중요한 역할을 담당한다고 하면서 유아의 기질이 유아의 조절전략에 영향을 미치는 요인이라는 것을 밝혔으며, 박성연·Rubin·윤종희·도현심·정옥분(2002)의 연구에서도 정서적 기질 특성이 항상 밝고 명랑한 아동은 문제 중심적으로 정서조절을 하거나 지지를 추구하는 정서조절전략을 많이 사용하는 반면, 회피적인 전략은 적게 사용하는 것으로 나타났다. 기질은 유아의 정서 발달에 직접적으로 영향을 미치는 요인이기도 하나 부모의 양육행동 등 환경적 자극에 영향을 주어 간접적으로 유아의 정서적 반응에 영향을 미친다.

3) 유아의 연령

유아기는 정서발달이 급격하게 이루어지는 시기로 특히, 3~5세 시기의 유아는 정서적 발달 경향성이 가장 분명하게 나타난다. 즉, 유아는 연령이 증가하면 정서 표현 행동이 변화하는데 일반적으로 유아의 연령이 증가하면서 긍정적 정서표현이 많아지고 부정적 정서표현은 감소하며, 부정적 정서표현의 강도는 극단적이기보다는 온화하게 변한다. 김지현(2003)의 연구에서 기쁨과 슬픔 정서는 3세 유아보다 5세 유아가 더 많이 표현하는 것으로 나타났지만 정서표현의 분노 행동과 공격적 행동을 포함하는 신체접촉은 3세 유아가 더 많이 표출하는 것으로 나타났다. 즉, 어린 유아일수록 갈등상황에서 화나는 정서를 더 많이 표현하는 반면, 5세 유아는 3세 유아보다 기쁨 및 슬픔 정서를 의도적으로 더 많이 표현한다고 볼 수 있다. 연령에 따라 긍정적·부정적 정서표현과 강도가 변화하는 이유는 연령이 증가하면서 정서표현에 대한 부모의 규제 폭이 넓어지고 부모의 정서표현에 대한 관심과 규제가 정서표현에 대한 유아의 자각과 주의를 증진시키기 때문에 연령이 증가하면서 정서표현이 점차 완화되는 것으로 볼 수 있다. 또한 유아의 연령 증가와 함께 정서적 상태를 표현할 수 있는 언어적 능력이 증가하기 때문이다. 정서표현뿐만 아니라 정서인식 수준 역시 연령이 증가할수록 정교해지고 정서조절전략이 증가하여 문제 중심적이 되는 연구결과들은 유아의 연령이 유아의 정서발달에 영향을 미치는 요인임을 설명해 준다.

Mayer, Dipaolo와 Salovey(1990)는 유아의 연령이 증가함에 따라 인지가 발달하게 되고 이에 따라 유아의 정서적 경험에 대한 지식과 일반적인 경험의 축적으로 정서지능의 발달을 가져온다고 하였다. 정서적 지식이란 주변에서 일어나는 사건을 이해하고 해석하기 위해 사용하는 정서정보의 축적을 말한다. 연령과 관련하여 정서의 지속 시간, 다양한 정서를 구별하는 능력, 표현하는 능력, 다양한 정서의 경험을 설명하는 능력, 정서표현에 대한 문화적 규칙을 습득하는 능력 등의 증가를 볼 수 있다고 하였다.

4) 부모(어머니)의 정서성

유아의 정서발달은 유아의 개인적인 변인뿐만 아니라 가정, 또래, 이웃, 사회와 문화를 포함하는 많은 영향 요인들에 의해 결정되는데, 특히 가정은 정서발달에 중요한 역할을 담당한다. 사람은 가정에서 최초로 가족 구성원의 정서적 의사소통을 경험하고 모델링을 제공받으며 이를 바탕으로 유아는 정서를 표현하고 인식하며 조절하는 능력을 발달시킨다. 가족 구성원 중 특히 주 양육을 담당하는 어머니는 유아의 정서발달에 큰 영향을 미치는 요인임을 알 수 있다. 부모의 긍정적인 정서표현은 유아의 긍정적 정서표현을 이끌고 부모의 부정적 정서표현은 유아의 정서표현을 감추게 된다.

어머니의 양육태도에 따른 유아의 정서발달에 미치는 영향을 살펴보면, 어머니의 양육태도가 수용적이고 일관적이거나 긍정적일 때 유아의 정서발달에 긍정적인 유대감이 형성되고 자아존중감이 높아지고 또래와의 관계에서도 자신감을 갖는다고 한다. Gottman(1992)은 양육태도를 중심으로 유아 정서지능의 관계를 연구한 결과 정서적 성숙성을 갖추고 자신과 타인의 감정을 이해하고 배려할 줄 아는 부모에게서 양육된 유아는 자신의 감정을 잘 관리하고, 또래집단에서 인기가 있으며, 교사나 부모로부터 사회적 능력이 뛰어난 유아로 평가받았고, 공격성과 같은 문제행동이 적은 것으로 나타났다. 통제적인 가정의 유아는 자율적인 가정의 유아에 비해 수동적이어서 다른 유아들에게 인기가 없었던 반면에 자율적인 가정의 유아는 보다 활동적이고 경쟁적이며 다른 유아들에게 인기가 있는 것으로 나타났다.

안수영(2004)은 자아의식과 유아의 정서지능 간 관계의 연구에서 긍정적인 자아의식을 가진 어머니의 자녀는 정서지능이 전체에서 높게 나타났다고 하였으며, 특히 긍정적인 자아의식은 유아의 자기정서의 이용, 타인정서의 인식 등에서 높은 상관이 있는 것으로 연구되었다.

4. 정서발달과 교사의 역할

정서는 인간의 삶 전 영역에서 경험하는 크고 작은 다양한 감정이며 유아 역시 생활하는 모든 환경에서 다양한 정서가 표현된다. 따라서 유아의 정서발달 중요성이 강조되어 왔으며, 최근 Gardner(1983)의 다중지능이론 중 개인 지능 안에는 자신의 정서상태나 동기와 같은 마음의 내면을 살필 수 있는 능력이 포함된다고 말하면서 정서지능이 중요시되었다. 정서지능은 '자신과 타인의 정서를 점검하고 그들의 차이를 변별하며 이러한 정보를 생각하고 행동하는 데 이용할 줄 아는 능력'으로 정의한다(조순옥 외 2007). 최근 Mayer와 Salovey(1990)는 정서지능을 4단계로 나누었는데 첫째, 정서의 인식과 표현의 단계로, 자신의 정서를 얼마나 잘 파악하느냐와 관련되며 더 나아가 정서를 정확하게 표현하는 단계이다. 유아가 자신과 타인의 정서를 잘 파악하고 표현하며 이를 구분하는 것을 익히게 되는 단계이다. 둘째, 정서에 의한 사고촉진 단계이다. 이는 정서가 지능에 영향을 미칠 수 있다고 보는 단계로, 정서를 이용한 사고와 판단 및 문제해결 촉진이 일어난다.

셋째, 정서지식의 활용단계이다. 이는 정서를 통해 수집한 다양한 지식과 정보를 활용하는 능력이다. 넷째, 정서의 반영적 조절 단계이다. 자신과 타인의 정서를 반영적으로 보며 정서를 조절하는 능력과 관련 있다. 이를 정리하면 〈표 11-2〉와 같이 정서지능의 영역을 4단계에 각각 하위수준 4개씩을 두어 4영역 4수준 전체 16요소로 나누고 있다.

〈표 11-2〉 정서지능의 영역

영역	수준	내용
영역 I 정서의 인식과 표현	수준1	자신의 정서 파악하기
	수준2	자신 외부의 정서 파악하기
	수준3	정서를 정확하게 표현하기
	수준4	표현된 정서들을 구분하기
영역 II 정서에 의한 사고 촉진	수준1	정서정보를 이용하여 사고의 우선순위 정하기
	수준2	정서를 이용하여 판단하고 기억하기
	수준3	정서를 이용하여 다양한 관점 취하기
	수준4	정서를 활용하여 문제해결 촉진하기
영역 III 정서지능의 활용	수준1	미묘한 정서 간의 관계를 이해하고 명명하기
	수준2	정서 속에 담긴 의미를 해석하기
	수준3	복잡하고 복합적인 감정을 이해하기
	수준4	정서들 간의 전환을 이해하기
영역 IV 정서의 반영적 조절	수준1	정적·부적 정서들을 모두 받아들이기
	수준2	자신의 정서에서 거리를 두고 반영적으로 보기
	수준3	자신과 타인의 관계 속에서 정서를 반영적으로 보기
	수준4	자신과 타인의 정서를 조절하기

출처: Mayer & Salovey(1990).

Goleman은 Mayer와 Salovey(1990)의 정서지능 개념을 기초로 정서지능이란 좌절상황에서도 개인을 동기화시키고 자신을 지켜 낼 수 있으며 충동이나 통제, 스트레스로 인해 합리적인 사고를 억누르지 않으며 타인의 행동에 대해 공감할 수 있는 희망을 버리지 않는 능력이라고 보았다(정희영 외, 2014 재인용). 이를 자기인식, 자기조절, 자기 동기화, 감정이입, 대인관계 기술 등 다섯 영역으로 나누었다. 첫째, 자기인식이란 자신이 느끼는 정서를 재빠르게 인식하고 알아차리는 능력이다. 둘째 자기조절이란 자신의 감정을 균형 있게 조절하고 처리할 수 있는 능력이다. 셋째, 자기 동기화는 어려움을 극복하고 자신의 성취를 위해 노력할 수 있는 능력이다. 넷째, 감정이입은 타인이 느끼는 감정을 자신의 것처럼 느끼고 타인의 감정을 읽어 내는 능력이다. 다섯째, 대인관계 기술은 먼저 타인의 감정을 인식하고 난 후 자신의 감정을 인식하고 적절한 행동으로 옮길 수 있는 능력이다.

Goleman(1995), Mayer와 Salovey(1990)의 정서지능을 참고한 유아기에 다루어야 할 정서교육의 내용인 정서인식 능력, 정서표현 능력, 감정이입 능력, 정서조절 능력 등 4가지 영역과 이에 따른 교사의 역할을 살펴보면 다음과 같다(최혜순, 2012).

1) 정서인식 능력

정서인식 능력은 자신의 감정과 기분을 정확하게 인식하고 이해하며 타인의 감정과 기분도 정확하게 파악하고 이해하는 능력이다. 자신의 정서를 올바르게 인식하는 것은 아주 어릴 때부터 발달되는 능력으로 기초적인 능력이다. 자신의 감정은 다양한 환경 속에서 변화하게 되는데 변화할 때마다 자신의 정서를 잘 파악할 줄 알고 스스로 평가할 수 있는 능력을 말한다. 유아가 자신의 정서를 잘 인식하는 것은 타인을 보다 잘 이해하고 그들이 어려움에 처할 때 도와주고, 타인과 함께 자원을 공유함으로 사회성 발달에 유능함을 보이는 반면, 타인의 정서를 바르게 이해하지 못하면 심각한 발달상의 문제를 가지게 된다. 유아가 인식하는 정서에는 복잡하고 모순된 정서도 있음을 인식하는 것도 포함한다. 예를 들어, 사랑과 미움이 애증의 감정으로 나타나거나, 두려움과 놀람이 경외감으로 인식될 수 있다. 정서인식은 자신의 정서를 인식하는 것뿐만 아니라 타인의 정서를 정확하게 인식하는 것도 매우 중요하다. 다른 사람과 상호작용하는 가운데 상대방의 표정이나 반응을 보고 그 사람의 정서를 인식하는 능력을 기를 수 있어야 한다. 이렇듯 유아의 정서인식은 자신뿐만 아니라 타인의 정서를 인식하는 것을 포함하는데 이를 위해 교사의 역할을 살펴보면 다음과 같다.

첫째, 교사는 유아가 느끼고 표현하는 감정을 잘 파악하여 유아의 감정을 표현해 주어야 한다. 유아기 감정 및 정서의 표현은 갑자기 나타났다가 또 갑자기 사라지는 특징이 있으므로 교사는 유아의 정서를 잘 파악하여 표현해 주어야 한다. 예를 들어, 블록을 이용해 자신이 만들어 놓은 작품이 부서졌을 때 유아에게 "네가 만든 작품이 부서져서 네가 많이 속상하겠구나"라든지 새 옷을 입고 기분 좋게 등원하는 유아에게 "네가 참 행복해 보이는 구나"라고 언어적으로 유아의 정서를 표현해 주는 것이 필요하다.

둘째, 타인의 정서를 이해하고 인식하는 데는 다양한 방법이 있음을 알게 한다. 유아가 타인의 정서를 인식할 때 일반적으로 울고 있으면 슬프다거나, 웃고 있으면 기쁘다고 생각하는 유아도 있고 다양한 상황을 고려하여 타인의 정서를 인식하기도 한다. 따라서 교사는 유아에게 "지금 ○○의 기분은 어떤 것 같니?", "왜 그렇게 생각하니?", "무엇을 보고 알 수 있었니?", "너는 ○○에게 뭐라고 말해 줄 수 있을까?" 등의 질문을 통해 유아가 정서를 인식할 때 다양한 방법을 통해 파악할 수 있다는 것을 알려 줄 수 있다.

셋째, 교사는 유아의 정서인식을 도와줄 수 있는 활동을 제공해 주어야 한다. 유아에게 제공되는 다양한 상상놀이, 창의적 표현 활동 등은 유아가 감정 및 정서를 배울 수 있는 좋은 활동이다. 다른 사람의 역할을 해보면서 타인의 정서를 인식하게 되고 또한 자신의 역할을 표현하면서 자신의 정서나 타인의 정서를 이해하는 데 많은 도움을 받을 수 있다. 또한 창의적 표현 활동은 자신의 정서를 다양한 매체를 통해 표현하게 되고 다른 사람들의 표현에 관심을 가질 수 있게 한다. 좀 더 높은 연령의 유아는 글쓰기 활동을 통해 자신의 정서와 관련된 경험의 의미를 탐색할 수 있다.

넷째, 한 가지 상황 속에서도 다른 감정을 가질 수 있음을 알게 한다. 흔히 유아는 동생이 생기게 되면 다양한 감정 변화를 경험하게 된다. 동생이 생겨 기쁘기도

하지만 관심과 사랑을 동생에게 빼앗겼다고 느낄 땐 미움과 질투를 가지게 된다. 한 상황 속에서 두 감정이 존재할 수 있다는 것을 알려 줄 수 있다.

다섯째, 유아가 타인의 감정에 관심을 가질 수 있도록 한다. 타인의 감정을 이해하는 것은 다른 사람들과 관계를 맺기 위한 기초가 된다. 타인이 어떤 기분인지, 어떤 것을 좋아하는지, 어떤 일을 했을 때 기뻐하는지를 알게 되면 그만큼 타인에 대한 배려가 능숙해질 수 있다. 따라서 교사는 유아가 타인의 감정에 관심을 가질 수 있도록 자신의 이야기뿐만 아니라 타인의 이야기를 들을 수 있는 기회를 제공해 주어야 한다. 더 나아가 타인의 감정을 관찰할 수 있는 기회를 주어야 한다. 예를 들어, 책을 읽고 이야기 속에 나타난 주인공의 감정을 알아볼 수 있으며 역할놀이를 통해 타인의 입장이 되어 감정을 알아볼 수 있는 기회를 제공하는 것도 바람직한 활동이다.

[사진 11-7] '소피가 화가 났을 때' 동극으로 등장인물의 정서를 인식하는 유아

2) 정서표현 능력

정서표현은 자신의 정서를 왜곡하지 않고 적절한 방법으로 표현하는 능력이다. 자신과 타인의 정서를 인식하고 올바른 방법으로 정서를 표현하게 된다면 타인의 대한 이해와 더불어 관계에서 오는 어려움을 극복할 수 있을 것이다. 따라서 교사는 유아가 자신의 정서를 표현할 수 있도록 다양한 활동을 제공하고 효율적

인 상호작용이 이루어져야 하는데 구체적인 교사의 역할을 살펴보면 다음과 같다.

첫째, 먼저 교사는 자신의 감정이나 정서를 표현할 수 있어야 한다. 교사도 다양한 정서 및 감정이 있으며 그러한 감정을 올바른 방법으로 표현할 때 유아의 정서 표현 능력을 길러 줄 수 있다.

둘째, 유아에게 감정을 긍정적으로 정확하게 표현하도록 한다. 유아는 자신의 정서를 말로 표현함으로써 자신의 욕구를 충족시킨다. 예를 들어, 좀 더 높은 연령의 유아는 "지금 난 슬퍼", "엄마 사랑해"라고 자신의 정서를 표현하는 언어를 사용하기도 하며 "네 장난감을 내가 모르고 부서트린 거라 미안하다고 말하려고 했는데 네가 날 때려서 기분이 나빠"라고 자신의 정서를 복잡하고 섬세하게 표현하기 위한 언어를 사용할 수 있다.

[사진 11-8] 표정판을 이용해 자신의 정서를 표현하는 유아

셋째, 유아가 부정적 정서를 느끼고 있다면 부정적 정서를 표현할 수 있는 적절한 방법을 찾아 주어야 한다. 유아가 느끼는 부정적 정서를 표현하지 못하게 막는 것은 오히려 정서적으로 더 큰 문제를 가져올 수 있다. 예를 들어, 유아가 몹시 화가 나거나 속상한 일로 인해 공격적인 행동을 보이려고 할 때 친구를 때리거나 장난감을 던지는 행동보다는 넓은 공간에서 공 던지기를 한다든가 큰 소리를 내어 볼 수 있는 기회를 제공해 주는 것도 좋다.

넷째, 유아에게 다양한 음악, 미술, 춤 등의 예술작품을 통해 다른 사람들의 정서 표현을 인식할 수 있는 기회를 제공한다. 다른 사람들의 정서표현을 파악하고 공유하는 경험들을 통해 유아 스스로 정서를 표현하는 능력을 기를 수 있다.

3) 감정이입 능력

감정이입 능력은 타인의 감정이나 기분을 자신의 감정이나 기분처럼 느낄 수 있는 능력으로 공감능력을 말한다. 감정이입 능력을 가지기 위해서 우선시되어야 하는 것은 다양한 정서경험이다. 자신의 다양한 정서경험을 통해 타인의 정서를 공감하면 상대방의 욕구나 필요를 잘 파악하게 되고 이를 통해 원만한 대인관계를 형성할 수 있으며 이러한 감정이입 능력은 타인의 입장을 공감할 수 있는 이타적인 행동의 근원이 될 수 있다. Piaget에 의하면 전조작기 시기의 유아는 자기중심적 사고로 인해 타인의 입장이나 정서를 이해하는 데 어려움이 있다고 말한 것처럼 7세 이전의 유아는 아직 다른 사람들의 감정이나 기분을 이해하는 능력이 부족하므로 감정이입 능력을 발달시키기 위한 교사의 노력이 요구된다. 이를 구체적으로 살펴보면 다음과 같다.

첫째, 교사는 유아가 다른 사람의 감정을 직접 또는 간접적으로 경험해 볼 수 있게 한다. 이는 이야기 속 주인공의 감정이나 다른 사람의 상황 속에서 나타나는 감정 등을 이야기하면서 다른 사람의 감정을 내면화할 수 있는 기회를 제공할 수 있다.

둘째, 교사는 유아에게 긍정적인 경험을 많이 가질 수 있도록 해준다. 유아는 긍정적인 경험을 통해 자신감을 가지게 되고 이러한 경험은 정서활용에도 도움을 줄 수 있다. 더 나아가 자신의 경험을 통해 타인의 감정을 이해하는 데 도움을 준다.

셋째, 유아에게 책임감을 부여하여 감정이입 능력을 발달시킬 수 있다. 예를 들어, 동생을 돌보는 일, 가족을 돕는 일, 친구들을 위해 책임감을 갖고 해야 할 일 등이 주어질 때 유아는 자신에게 주어진 일을 잘 감당하기 위해서 타인의 감정을 이해하고 그들의 욕구나 필요를 생각하게 되는 자연스러운 경험을 할 수 있다.

4) 정서조절 능력

정서조절 능력은 자신과 타인의 감정이나 기분을 효율적으로 조절하는 능력을 말한다. 정서조절은 상황에 맞게 정서를 지속하거나 중단하는 것을 말하며 만약 정서조절을 잘하지 못하게 되면 타인에게 참을성이 없고 고집스러운 부정적인 인식을 남길 수 있으므로 정서조절 능력을 발달시키는 것은 매우 중요하다. 그러나 무조건적인 정서조절은 바람직하지 않으며 오히려 왜곡된 성격을 형성할 수 있으므로 교사는 유아에게 바람직한 정서조절 능력을 향상시킬 수 있도록 지도해야 한다. 이를 구체적으로 살펴보면 다음과 같다.

첫째, 교사는 유아가 자신의 정서를 점검·관리·조절하도록 격려한다. 유아의 정서가 그가 속한 사회문화적인 기준에서 적절한가를 평가하고 적절한 정서를 선택할 수 있어야 한다. 다양한 상황 속에서 유아는 자신의 정서를 표현할 수 있으나 이러한 정서표현이 타인과의 원만한 관계형성에 방해를 주는 표현이라면 정서를 조절할 수 있도록 해야 한다. 예를 들어, 자신의 작품을 망쳐 버린 친구에게 화가 나는 감정은 자연스러운 정서지만 이로 인해 친구를 때리거나 친구의 작품을 망가트리는 것은 적질한 표현이 아니라는 것을 알게 해야 한다. 즉, 화가 나는 감정을 부정적인 정서로 표현하기보다는 다른 방법으로 정서를 표현할 수 있도록 해야 한다. 다시 말해 유아가 다른 방법으로 정서조절을 할 수 있도록 격려해 주어야 하는 것이다.

둘째, 교사는 정서조절을 통해 유아가 또래와 성공적인 관계를 이룰 수 있도록 해야 한다. 유아가 자신의 정서표현하는 데 있어 감정적 자극을 잘 조정하여야 성공적인 관계를 이룰 수 있다.

셋째, 교사는 인내심을 가지고 유아의 행동을 기다려 주는 것이 필요하다. 유아가 즉각적으로 표현되는 정서나 행동을 조절하는 것은 쉬운 일이 아니다. 또한 정서조절의 필요성을 느끼면서도 실천에 옮기는 일이 쉽지 않을 수 있으므로 교사는 유아의 정서조절을 강요하기보다는 자연스러운 기회를 갖고, 그 기회가 주어졌을 때 정서조절을 실천해 볼 수 있도록 인내심을 가지고 기다려 주어야 한다.

넷째, 교사는 유아가 정서를 조절하는 것은 매우 중요한 일이나 너무 지나친 정서조절은 부정적인 결과를 가져올 수 있다는 사실을 간과해서는 안 된다. 예를 들어, 친구를 때리거나 교실에서 뛰어다니는 행동, 휴식시간에 큰 소리를 지르는 것 등은 하지 말아야 한다는 기본적인 규칙들은 배워야 하지만 간식을 기다리거나 활동의 전이시간에 움직이지 않고 조용히 있어야 한다거나 식사시간에 친구와 전혀 말을 하지 않고 밥만 먹어야 한다는 등의 신체적 자유를 구속하거나 욕구를 좌절시키는 경험은 오히려 유아의 기분을 우울하게 하거나 공격성을 강화할 수도 있다는 사실을 기억하고 어떠한 상황에서 정서조절을 해야 하는지를 잘 파악하고 지도해야 한다.

CHAPTER

12

Social Studies for Young Children ▸ ▸ ▸

사회활동의 실제

Social Studies for Young Children ▸ ▸ ▸

본 장에서는 제3차 0~5세 어린이집 표준보육과정과 3~5세 누리과정의 '사회관계' 영역을 중심으로 목표와 내용, 연령에 따른 수준별, 연령별 활동 예시와 실제 활동의 예를 중심으로 재구성하였다. 예비 유아교사 또는 현직 유아교사들에게 표준보육과정(누리과정)의 사회관계 영역의 내용을 보다 실질적이고 체계적으로 이해할 수 있도록 하였으며, 제3차 표준보육과정 및 누리과정을 중심으로 유아 사회교육의 접근방법과 실제 부분에 대하여 이해를 돕고자 한다.

사회관계 영역은 자신에 대한 긍정적인 자아존중감을 형성하고, 자신과 타인의 다양한 정서를 인식하여 이를 다양한 사회적 관계에서 적절히 조절하여 활용할 수 있도록 하는 영역이다. 사회관계 영역의 내용범주를 살펴보면 0~1세와 2세는 '나를 알고 존중하기', '나와 다른 사람의 감정 알기', '더불어 생활하기'로 구성되어 있다. 3~5세는 '나를 알고 존중하기', '나와 다른 사람의 감정 알고 조절하기', '가족을 소중히 여기기', '다른 사람과 더불어 생활하기', '사회에 관심 가지기'로 구성되어 있으며, 이들 내용범주는 위계적으로 구성되어 있음을 알 수 있다. 즉, 자신을 소중히 여기고 존중하는 '나를 알고 존중하기'에서 출발하여, 자신과 타인의 정서를 알고 조절하는 '나와 다른 사람의 감정 알기', 나아가 가족, 또래, 공동체와의 '더불어 생활하기'로 사회적 관계를 형성한다.

이러한 세 가지 내용범주는 영유아가 가족과 또래와의 다양한 놀이상황에 참여함으로써 다른 사람의 기본 정서를 인식하고 더불어 살아가는 능력을 발전시킬 수 있다. 따라서 사회관계 영역은 영유아가 성장함에 따라 새로이 경험하고 습득해야 할 내용이 많아지므로 내용과 수준별 내용이 보다 다양하게 구성되어져 있다.

1. 영유아 사회활동의 실제

1) 0~1세 표준 보육과정의 사회관계 영역

0~1세 표준보육과정에서의 사회관계 영역은 영아가 자신을 다른 사람과 분리된 존재로 인식하고 스스로 긍정적인 느낌을 가지며, 자신의 감정을 표현하고 다른 사람의 감정을 알며, 주 양육자와 안정된 애착관계를 형성하고, 또래에 관심을 갖고 자기가 소속된 집단이 있다는 것을 알게 됨으로써 다른 사람들과 더불어 생활하는 기초를 익히도록 하는 영역이다. 영아기에는 먼저, 자신에 대해 긍정적인 자아존중감의 기초를 갖추는 것이 중요하다. 영아기에 형성된 자아존중감은 유아기 이후 평생 동안 사회관계의 기본 요소가 되기 때문에 영아기에 긍정적인 경험을 지속적으로 해야 할 필요가 있다. 특히 영아기에는 정서가 다양하게 분화되면서 여러 가지 감정을 느끼고 이를 말과 행동으로 나타내게 되며, 뿐만 아니라 영아는 다른 사람의 행동이나 표정을 보거나 말을 듣고 그 사람에게 주의를 기울이거나 반응을 보이게 되는 상호작용이 이루어진다. 즉, 영아가 자신과 다른 사람의 감정을 인식하는 과정은 사회적 상호작용의 기초가 된다. 영아기 사회관계는 자기를 돌봐 주는 주 양육자에게서 비롯하여, 점차적으로 주변 복수의 양육자에게 안정된 애착을 형성하게 되며, 나아가 자기와 함께 생활하는 친숙한 사람을 인식하게 되는 과정으로 확대된다. 그러므로 영아가 주변 사람들과 긍정적인 관계를 경험하고 일관성 있는 양육자의 태도와 어린이집에서의 규칙적인 생활을 통해 기본적인 사회적 가치를 익힐 수 있도록 지원하는 것이 무엇보다 중요하다.

(1) 목표

0~1세 보육과정에서 수립한 사회관계 영역의 연령별집단 목표와 내용범주에 따른 하위목표를 살펴보면 〈표 12-1〉과 같다.

〈표 12-1〉 사회관계 영역의 연령별집단 목표와 내용범주에 따른 하위목표

연령집단별 목표	친숙한 사람과 관계를 형성한다.
내용범주에 따른 목표	• 자신과 다른 사람을 구별된 존재로 인식한다. • 기본 정서를 표현하고 다른 사람의 감정에 주의를 기울인다. •안정적인 애착을 형성하고 또래나 교사와 함께 지낸다.

(2) 내용범주 및 세부내용

0~1세 영아기의 사회관계 영역은 '나를 알고 존중하기', '나와 다른 사람의 감정 알기', '더불어 생활하기'의 세 가지 내용범주로 구성되어 있다. 영아가 자신이 다른 사람과 분리된 존재임을 알고, 주 양육자, 가족, 친구 등 주변의 친숙한 사람과의 관계형성을 통하여, 사회관계의 기초를 형성하는 데 중점을 둔다. 영아기는 주변 환경과 자신을 구별할 수 있고, 다른 사람에게 반응하며, 타인과 함께 생활 경험을 통해 평생 동안 지속될 사회관계의 토대를 마련하는 시기이므로, 사회관계 영역에서는 영아가 자신을 인식하고 상황에 맞는 감정을 나타낼 줄 알며 타인과 긍정적인 관계를 맺음으로써 더불어 생활할 수 있는 기본적인 행동과 태도를 경험하는 데 중점을 두고 있다. 사회관계 영역의 내용범주별 내용과 세부내용은〈표 12-2〉와 같다.

〈표 12-2〉 0~1세 내용범주 및 세부내용

<table>
<tr><th>내용범주</th><th>내용</th><th>1수준</th><th>2수준</th><th>3수준</th><th>4수준</th></tr>
<tr><td rowspan="3">나를 알고 존중하기</td><td>나를 구별하기</td><td colspan="2">거울 속의 나에게 관심을 가진다.</td><td colspan="2">거울 속의 나를 알아본다.</td></tr>
<tr><td rowspan="2">나의 것 인식하기</td><td colspan="4">자기 이름을 부르는 소리에 반응한다.</td></tr>
<tr><td colspan="2"></td><td colspan="2">친숙한 자기 물건을 안다.</td></tr>
<tr><td rowspan="2">나와 다른 사람의 감정 알기</td><td>나의 감정을 나타내기</td><td colspan="4">나의 욕구와 감정을 나타낸다.</td></tr>
<tr><td>다른 사람에게 주의 기울이기</td><td colspan="2">다른 사람의 말과 표정, 몸짓에 주의를 기울인다.</td><td colspan="2">다른 사람이 나타내는 여러 가지 감정에 주의를 기울인다.</td></tr>
</table>

<table>
<tr><th>내용범주</th><th>내용</th><th>1수준</th><th>2수준</th><th>3수준</th><th>4수준</th></tr>
<tr><td rowspan="6">더불어 생활하기</td><td rowspan="2">안정적인 애착 형성하기</td><td>양육자와 시선을 맞춘다.</td><td colspan="3">양육자에게 적극적으로 관심과 욕구를 표현한다.</td></tr>
<tr><td colspan="2">주변의 친숙한 사람의 얼굴과 목소리를 인식한다.</td><td colspan="2">주변의 친숙한 사람에게 애정을 표현한다.</td></tr>
<tr><td>또래에 관심 갖기</td><td colspan="4">다른 영아와 함께 지내는 것을 경험한다.</td></tr>
<tr><td>자신이 속한 집단 알기</td><td colspan="2">담임교사를 구별한다.</td><td colspan="2">자기 반에서 지내며 안정감을 가진다.</td></tr>
<tr><td rowspan="2">사회적 가치를 알기</td><td colspan="2"></td><td colspan="2">친숙한 물건의 자리를 안다.</td></tr>
<tr><td colspan="4">만나고 헤어지는 인사를 해본다.</td></tr>
</table>

출처: 보건복지부(2013). 제3차 표준보육과정.

(3) 사회관계 영역의 내용별 지도원리 및 유의점

가. 나를 알고 존중하기

일상생활에서 영아가 자신의 모습에 관심을 가지거나 나의 모습을 알도록 하는 데 중점을 두며, 자신의 물건이나 이름 등 나에 대한 기본적인 특성에 대하여 알아가면서 스스로 자기존중감을 형성하는 데 중점을 두고 있다. 범주별 세부내용 '나를 구별하기'와 이에 따른 수준별 활동 예시는 다음과 같다.

◉ 나를 구별하기

'나를 구별하기'는 영아 스스로 자신을 양육자와 분리된 존재로서 인식하고 다른 사람과 구별하게 되는 내용으로서, 구체적인 내용은 '거울 속의 나에게 관심을 가진다'와 '거울 속의 나를 알아본다'로 구성되어 있다. 이를 통해 영아가 자신의 손이나 발 등 신체를 자연스럽게 탐색하고, 양육자와의 신체적 접촉이나 상호작용을 통하여 나는 다른 사람과 분리된 존재로서의 인식을 하기 위함이다.

1 수준별 활동 예시

◉ 나를 구별하기

수준	활동개요	사진
1수준	안전거울 앞에서 영아를 안고 이름을 불러 주며 얼굴을 보여 준다.	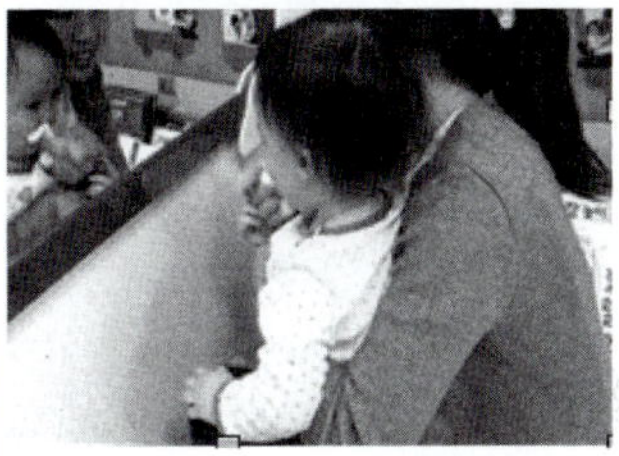
2수준	안전거울 앞에서 영아의 얼굴을 물수건으로 닦아 주면서 거울을 바라보며 이야기한다.	
3수준	안전거울에 영아 얼굴 사진을 붙여 두고 영아와 함께 자신의 얼굴을 찾아본다.	
4수준	안전거울에 뚜껑이 덮인 얼굴 사진을 붙여 두고 영아와 뚜껑을 열어 보면서 함께 자신의 얼굴을 찾아본다.	

출처: 보건복지부(2013). 제3차 어린이집 표준보육과정 교사용 지침서.

2 지도지침 및 유의사항

- 교사는 0세 영아가 거울에 비치는 자신의 모습을 주목하거나 응시하도록 하여, 거울 속에 비치는 자신의 모습을 자연스럽게 관찰할 수 있도록 함께 바라본다. 1세 영아가 좋아하는 인형을 들고 스스로 거울 앞에서 흔들어 보거나 신체활동 등을 할 수 있도록 하며, 이때 모습을 비춰 볼 수 있는 적당하고 안전한 크고 작은 크기의 안전거울을 비치하여 보여 준다.
  (예) (영아를 안고 거울 속을 가리키며) "○○ 얼굴이 거울 안에 있구나."
  "거울 속에서 ○○이가 웃고 있네!"
  (영아가 좋아하는 인형을 거울 앞에서 흔들면서) "○○ 얼굴이 어디 있나?"
  "거울 속에서 웃고 있구나."
- 영아가 항상 자신을 볼 수 있도록 영아의 활동 범위를 고려하여 문을 열거나 자주 다니는 통로 쪽이 아닌 보육실 벽면에 안전거울을 부착하여 제공한다. 작은 안전 손거울도 함께 비치한다(유리가 아닌 안전거울로 준비한다).
- 영아는 개별적이고 반복적인 신체적 접촉과 상호작용을 통해 다른 사람과 분리된 존재로서의 자신을 인식함을 이해하고, 교사는 친숙한 상호작용을 지속적으로 지원해 주어야 한다.

출처: 보건복지부(2013). 제3차 어린이집 표준보육과정 교사용 지침서, 재구성.

◉ 나의 것 인식하기

'나의 것 인식하기'는 영아가 자신의 신체뿐만 아니라 자기의 이름이나 친숙한 물건 등 자기에게 속한 것이 있다는 것을 알도록 돕는 내용으로 구성되어 있다. 구체적인 내용은 '자기 이름을 부르는 소리에 반응한다'와 '친숙한 자기 물건을 안다'로 구성되어 있으며, 이를 통해 영아가 자기의 이름이 있고 자신의 옷이나 음식 등 자신에게 속한 것이 있다는 것을 일상생활 속에서 경험하며 자신의 고유성에 대해 인식해 가기 위함이다.

1 수준별 활동 예시

◉ 나의 것 인식하기

수준	활동개요	사진
3수준	영아의 가방을 등 뒤에 숨겨두고 "ㅇㅇ이 가방이 어디 숨어 있을까?"라고 이야기하면서 영아가 자신의 가방을 찾아보도록 함께 놀이한다.	
4수준	놀이매트 위에 여러 가지 놀잇감과 영아의 가방이나 옷가지 등을 함께 두고 "ㅇㅇ이 가방 어디에 있는지 찾아볼까?"라고 하면서 영아와 함께 놀이한다.	

출처: 보건복지부(2013). 제3차 어린이집 표준보육과정 교사용 지침서 재구성.

2 지도지침 및 유의사항

- 교사는 일상생활과 영아의 일상적 양육활동(수유 및 이유, 급·간식, 기저귀 갈기 및 배변훈련, 낮잠 등) 속에서 'ㅇㅇ아'라고 친숙한 목소리로 이름을 불러 주며 일과활동을 함으로써 영아가 자신의 이름에 반응하는 것이 익숙해지도록 한다.
  (예) (영아를 안고 수유 혹은 이유를 하면서) "○○아, 선생님이 맛있는 우유 먹여 줄게요."
  (영아를 눕히고 기저귀를 갈면서) "○○아, 선생님이 뽀송뽀송 기저귀 갈아 줄게요."
  (영아와 마주앉아 교사의 얼굴을 손으로 감추면서) "○○아, 선생님 얼굴 어디 숨었나."
  (영아와 실외 놀이터에서 교사가 손을 흔들면서) "○○야, 선생님 여기 있어요."
- 보육실에서 영아가 자신의 개별 물품에 관심을 갖도록 함께 찾아보거나 보여 주며 개별적으로 상호작용하도록 한다.
  (예) (개별사물함에서 영아의 사진을 손으로 가리키며) "○○이 기저귀 선생님이랑 꺼내 볼까?"
  (등원할 때 영아의 가방을 벗겨 주면서) "○○이 가방 벗어서 사물함에 선생님이랑 함께 넣어 보자."

- 영아가 자신을 자연스럽게 인식할 수 있도록 옷이나 기저귀, 가방 등 개별용품에 영아의 개인 얼굴 사진을 붙여 준다.
- 영아가 자신의 이름이나 자기 물건에 대한 인식을 일상에서 경험하면서 자신의 고유성을 알 수 있도록 교사는 일상생활에서 지속적으로 영아의 이름을 불러 주고 개별용품에 특정의 동일한 그림이나 사진 등을 붙여 주어 개인용품에 관심을 가지도록 한다.

출처: 보건복지부(2013). 제3차 어린이집 표준보육과정 교사용 지침서 재구성.

나. 나와 다른 사람의 감정 알기

영아가 자신의 여러 가지 감정을 나타내는 경험을 통해 자연스럽게 자신에 대해 알아갈 수 있도록 하는 데 중점을 두고 있으며, 영아가 자신의 감정뿐만 아니라 다른 사람의 욕구나 감정에도 관심을 갖도록 하는 데 초점을 둔다.

◉ 나의 감정을 나타내기

'나의 감정을 나타내기'는 영아가 자신의 여러 가지 감정을 나타내는 경험을 통해 자연스럽게 자신에 대해 알아 갈 수 있도록 하고 있다. 즉, 긍정적·부정적 감정 등을 표현해 볼 수 있도록 하며, 구체적인 내용은 '나의 욕구와 감정을 나타낸다'로 구성되어 있다. 이를 통해 영아가 자신의 신체 상황이나 주변 환경에 따라 여러 가지 감정을 느끼며, 표현하였을 때 민감하고 사려 깊게 대응해 주어서 즉시 적절한 보호를 받는 경험을 통해 자신의 욕구와 감정 표현에 익숙해지게 하기 위함이다.

1 수준별 활동 예시

◉ 나의 감정을 나타내기

수준	활동개요	사진
1수준	일과 중이나 놀이 중에 보이는 영아의 미소나 그림, 울음, 몸 움직임 등의 영아의 욕구나 감정에 즉각적으로 반응해 주는 것이 중요하다.	
2수준	옹알이, 가리키기, 소리 내기 등을 통하여 영아 자신의 욕구와 감정을 표현하므로 함께 응시해 주고 대응해 주어 영아가 원하는 것을 구체적인 언어로 표현해 줄 수 있다.	

수준	활동개요	사진
3수준	소리 나는 놀잇감 딸랑이, 마라카스 등을 흔들거나 작은 북을 쳐 보며 즐거운 감정을 표현해 본다.	
4수준	비구조화되어 있는 물놀이, 담고 쏟기 놀이, 종이 뭉쳐 보기, 던지기, 밀가루반죽을 주무르거나 눌러 보기, 두드려 보기 등을 하며 감정을 해소해 본다.	

출처: 보건복지부(2013). 제3차 어린이집 표준보육과정 교사용 지침서 재구성.

2 지도지침 및 유의사항

- 교사는 반복되는 일과 속에서 평소 지속적인 영아의 관찰을 통해 개별적인 기질특성을 이해하고 개별적인 반응속도와 생활리듬을 파악하여 영아가 여러 가지 욕구와 다양한 감정을 나타내는 것에 부드럽고 민감하게 반응해 주고 공감해 준다.
  (예) (우는 영아를 안아주며) "심심했어? 선생님이랑 놀까?"
  "○○가 저쪽으로 갔구나. ○○가 가서 기분이 안 좋구나."
  "○○이도 이거 가지고 놀고 싶었구나. 선생님하고 똑같은 것 어디 있나 찾아볼까."
- 영아가 욕구와 감정을 표현할 때 배고픔, 배변, 피로 등의 원인을 파악하여 영아의 생리적 욕구를 충족해 주도록 한다.
- 영아가 다양한 감정을 놀이로 표현할 수 있도록 흔들거나 두드려서 소리 내는 악기, 다양한 빠르기의 음악, 스카프 등을 제공해 준다. 부정적인 감정을 해소할 수 있는 밀가루 반죽, 물놀이, 부드러운 솜공, 담기·쏟기 놀잇감 등을 제공하여 영아가 놀잇감을 충분히 탐색하며 정서를 표출할 수 있도록 한다.
- 이 시기 영아는 부정적인 정서표현도 할 수 있음을 이해하고, 영아의 부정적 정서표현을 수용해 주고 영아의 감정을 읽어 주며, 공감해 주고 위로해 준다. 영아의 부정적인 정서표현을 즉시 긍정적인 정서로 전환하는 것보다 부정적인 정서표현도 공감해 주고 존중해 주는 것이 중요하다.

◉ 다른 사람에게 주의 기울이기

영아가 자신의 감정뿐만 아니라 다른 사람의 욕구나 감정에도 관심을 갖도록 하는 내용이다. 구체적인 내용은 '다른 사람의 말과 표정, 몸짓에 주의를 기울인다'와 '다른 사람이 나타내는 여러 가지 감정에 주의를 기울인다'로 구성되어 있다. 이를 통해 영아가 자신과 다른 사람이 서로 분리된 존재라는 것, 자신의 감정과 다른 사람의 감정은 다를 수 있다는 것을 자연스럽게 인식하게 하기 위함이다

1 수준별 활동 예시

◉ 다른 사람에게 주의 기울이기

수준	활동개요	사진
1수준	교사의 다양한 표정을 보며 자신과는 다른 사람의 표정에 관심을 가지도록 한다.	
2수준	친구들의 여러 가지 상황에서 보이는 표정 사진을 붙여 주고 친구의 얼굴을 보고 친구 기분이 어떤지, 왜 그런지 선생님의 이야기를 듣는다.	
3수준	친구 사진을 까꿍 놀이판으로 제공하고 문을 들춰 보며 친구들의 여러 가지 감정을 나타내는 표정 사진에 관심을 가지는 활동을 할 수 있다.	
4수준	영아는 교사나 친구가 반창고를 붙인 곳을 보며 다른 사람의 표정을 살펴보고 아픈 곳을 만져 주거나 위로해 주며 다른 사람의 감정에 관심을 가져볼 수 있다.	

2 지도지침 및 유의사항

- 교사는 영아가 자신이 아닌 다른 사람의 얼굴과 목소리에 관심을 가지고 상대방의 몸짓을 살펴봄으로써 자신과 구별되는 존재로서의 상대방이 자기 주변의 환경에 있다는 것을 인식하도록 상호작용한다.
  (예) "○○이가 오늘 기분이 무척 좋구나. 선생님도 기분이 좋아지네."
  (슬퍼하는 친구 사진을 보며) "친구가 슬프대. 잉잉 울고 있네."
- 다른 사람이 표현하는 감정에 대하여 관심을 가져 주고 공감해 주는 것을 보여 주어 영아가 다른 사람의 감정에 관심을 가지도록 하고, 기쁨, 놀람, 분노, 슬픔, 공포 등의 정서를 이해하고 다른 사람이 표현하는 감정에 대하여 이해할 수 있는 언어로 표현해 준다.
  (예) (미소를 보여 주며) "아이, 기분 좋아." (천둥소리와 같이 큰 소리에 놀란 영아에게) "깜짝 놀랐구나. 큰 소리가 나서 놀랐지." (밴드 붙인 손가락을 보여 주고 아픈 얼굴 표정을 지으며) "선생님 손 아파." (선생님에게 안겨서 울고 있는 영아를 바라보는 다른 영아에게) "□□이가 무서운 꿈을 꾸어서 무서웠대."
- 영아가 선생님과 친구가 하는 말이나 표정, 몸짓을 직접 관찰할 뿐만 아니라 또래나

교사 사진을 보면서 관심을 가져 볼 수 있으므로 벽면뿐만 아니라 보육실 바닥, 문 등 영아가 보기에 쉬운 곳을 이용하여 다양한 방법으로 사진을 게시해 준다.

- 영아의 발달 수준에 따라 들춰 보기, 벨크로 테이프를 떼어서 열기, 옆으로 아래로 열기 등 여는 방법으로 다양하게 제작한 우리 반 친구 까꿍놀이판으로 타인에 대한 흥미를 유발해 주도록 한다.
- 영아가 다른 사람의 감정을 공감하는 것이 어려우므로 영아에게 공감하기를 강조하기보다 교사가 풍부한 표정으로 다른 사람의 감정에 공감해 주는 것을 보여 주어 자연스럽게 영아가 다른 사람의 감정에 관심을 가지도록 하는 것이 중요하다.

다. 더불어 생활하기

영아가 주 양육자와 애정적인 유대나 정서적인 결속을 맺고 심리적 안정을 유지하며 자신의 욕구와 관심을 표현하는 것과 또래에 관심을 가지며 함께 지내는 경험을 하는 데 중점을 두며, 영아가 자신이 속한 반이나 담임교사를 알아볼 수 있도록 한다. 또한 자연스럽게 영아가 사회관계에서 기본적으로 익히게 되는 사회적 가치를 일상생활을 통하여 경험해 보도록 하는 데 중점을 둔다.

◉ 안정적인 애착 형성하기

'안정적인 애착 형성하기'는 영아가 일차 양육자와 애정적인 유대나 정서적 결속을 맺고 심리적 안정을 유지하며 일차 양육자에게 자신의 욕구와 관심을 표현함으로써 자신이 안전하게 보호받고 있다는 것을 인식할 수 있도록 하는 내용이다. 구체적인 내용은 '양육자와 시선을 맞춘다'와 '양육자에게 적극적으로 관심과 욕구를 표현한다', '주변의 친숙한 사람의 얼굴과 목소리를 인식한다', '주변의 친숙한 사람에게 애정을 표현한다'로 구성되어 있다. 이를 통해 영아가 일차 양육자와 안정적인 애착을 형성함으로써 자신의 환경이 믿을 만하며, 자신의 욕구가 민감하고 사려 깊게 충족되고, 일차 양육자를 안전기반으로 삼아 활발히 환경을 탐색하여 신체적·지적·사회 정서적 발달을 이루어 가게 하기 위함이다.

1 수준별 활동 예시

◉ 안정적인 애착 형성하기

수준	활동개요	사진
1수준	영아를 바라보며 교사가 손이나 손수건을 이용하여 얼굴을 가리고 목소리를 들려준 후 얼굴을 보여 주며 영아가 교사의 목소리와 얼굴을 인식해 볼 수 있는 활동을 한다.	
2수준	영아가 교사의 얼굴에 관심을 가지도록 교사의 얼굴에 포스트잇을 붙인 후 영아가 포스트잇을 떼어 볼 수 있도록 한다. 포스트잇은 영아가 살짝 건드려도 떨어지므로 쉽게 떼어 볼 수 있다.	
3수준	교사에게 시트지로 만든 스티커를 붙여 주거나 떼어 주면서 관심과 애정을 표현해 볼 수 있도록 한다.	
4수준	교사에게 자신이 만든 것이나 놀잇감을 이용하여 관심을 표현해 볼 수 있는 활동을 한다. 조각호스를 탐색하며 교사의 손가락에 한 개씩 끼워 주며 교사에게 관심과 애정을 표현해 본다.	

출처: 보건복지부(2013). 제3차 어린이집 표준보육과정 교사용 지침서.

2 지도지침 및 유의사항

- 교사는 영아가 교사와 친숙해지고 애착을 형성할 수 있도록 시선 맞추기, 안아 주기, 쳐다보며 미소를 짓는 등의 활동을 통하여 영아가 자연스럽게 관심과 욕구를 표현하도록 한다. 교사는 영아의 흥미와 관심, 성향 등을 잘 관찰하여 즉각적이고 민감하고 온정적으로 반응해 준다.
  (예) (손으로 얼굴을 가렸다 떼며) "선생님 여기 있네. 까꿍."
  (손수건으로 얼굴을 가리고) "선생님 어디 숨었나? 여기 있네. ○○이가 찾았네."
  "선생님 얼굴에 붙은 게 뭐지? 좀 떼어 줄까?"
- 교사는 영아의 다양한 반응에 어떤 것이 필요한지 민감하게 알아채고 영아의 정서적 행동을 언어로 표현해 주고 안정감을 가질 수 있도록 돕는다.
  (예) "선생님이 여기 있네. 까꿍." (교사에게 두 팔을 벌리는 영아에게) "선생님이 안아 줄까?"
  (영아가 가리키는 쪽을 함께 응시하며) "저게 하고 싶구나."

(교사의 옷에 그려진 그림을 가리키는 영아에게) "선생님 옷에 무슨 그림이 있어? 만져 볼까?"

- 영아가 양육자와 떨어져 점차 교사와 친숙해질 수 있도록 적응프로그램을 충분히 가지는 것이 중요하다. 영아가 교사와 친숙해진 후에도 영아가 교사에게 관심과 애정을 표현할 수 있는 기회를 많이 가지도록 한다.
- 실내보육환경 구성은 가정과 같이 편안하고 안락하며 안전한 공간을 구성해 준다.
- 영아의 낯가림 특성을 이해하고 낯선 사람이 있을 때 선생님이 함께 있고 낯선 사람으로부터 거리를 두어 영아가 안정감을 가질 수 있도록 한다.

◉ 또래에 관심 갖기

'또래에 관심 갖기'는 영아가 교사 외에 다른 영아와 함께 지내는 경험을 통해 자연스럽게 자신과 구별되는 다른 존재로서 교사와 또래 영아가 있다는 것을 인식할 수 있도록 하는 내용이다. 구체적인 내용은 '다른 영아와 함께 지내는 것을 경험한다'로 구성되어 있다. 이를 통해 영아가 자신을 둘러싼 주변 환경 중에는 물리적 환경뿐만 아니라 양육자로서의 교사나 다른 영아 등 인적 환경이 있다는 것을 경험함으로써 다른 사람과 더불어 생활하기의 기초를 익히게 하기 위함이다.

1 수준별 활동 예시

◉ 또래에 관심 갖기

수준	활동개요	사진
1수준	영아를 안고 놀잇감을 가지고 노는 친구를 바라보면서 "ㅇㅇ아, ㅁㅁ가 자동차 가지고 놀고 있지? 우리ㅇㅇ이도 한번 해볼까?"라고 말하면서 함께 바라본다.	
2수준	똑같은 놀잇감을 준비하여 교사가 다른 영아를 바라보면서 "ㅇㅇ아, ㅁㅁ이도 딸랑이 가지고 놀고 있지? 우리 똑같은 딸랑이 가지고 있네"라고 밝은 표정으로 이야기하며 서로를 바라보도록 한다.	
3수준	조금 어린 영아는 안고 다른 영아와 마주 보고 앉아 "ㅇㅇ아, ㅁㅁ이처럼 우리도 마라카스 흔들어 보면 재미있겠네. 와! 무슨 소리가 날까? ㅇㅇ이도 소리 들어 볼까?"라고 말하면서 함께 바라보며 활동한다.	

수준	활동개요	사진
4수준	영아 두 명에게 똑같은 핸들을 주고 함께 바라보면서 "ㅇㅇ아, ㅁㅁ이랑 부릉부릉 자동차 운전해 볼까? 그래, 선생님도 이렇게 운전하네. 와! ㅇㅇ이랑 ㅁㅁ이 운전하네요"라고 말하면서 즐겁게 활동한다.	

[2] 지도지침 및 유의사항

- 교사는 영아가 또래에 대한 관심을 자연스럽게 인식할 수 있도록 하루 일과 중 개별적인 영아의 요구를 수용해 주면서도 다른 영아에 대한 보살핌을 함께 느낄 수 있도록 지속적으로 돕는다.
  (예) (영아가 이유식을 먹으면서 좀 더 큰 영아를 바라보며) "○○가 친구 뭐 하나 바라보고 있구나." (영아 두 명을 마주 앉혀서 딸랑이를 흔들며) "와! 선생님이 딸랑이를 흔드니까 ○○이와 □□이가 웃고 있구나."
- 영아가 보육교사와 신뢰로운 관계 속에 안정적인 애착을 형성하기 위해 보육실을 가정과 같이 편안하고 안락하고 안전하게 구성한다.
- 영아는 아직 자신의 개별용품에 대한 구별이나 인식이 약하므로 개별 수유용품 및 기저귀 등의 물품 보관에 유의하여 영아가 다른 영아의 소독된 우유병이나 다 쓴 기저귀 등을 만지지 않도록 관리한다.
- 영아가 교사는 자신뿐만 아니라 다른 영아의 놀이 활동이나 일상적 양육 활동을 지원해야 한다는 점을 자연스럽게 인식할 수 있도록 반복적인 경험을 일관성 있게 지속적으로 지원한다.

◉ 자신이 속한 집단 알기

'자신이 속한 집단 알기'는 영아가 자신을 둘러싼 환경 속에서 생활하면서 자신이 속한 집단을 인식하도록 하는 내용이다. 구체적인 내용은 '담임교사를 구별한다'와 '자기 반에서 지내며 안정감을 가진다'로 구성되어 있다. 이를 통해 영아가 자신이 속한 집단 안에서 안정감을 느끼며 생활하게 하기 위함이다.

1 수준별 활동 예시

◉ 자신이 속한 집단 알기

수준	활동개요	사진
1수준	안락한 자리에 누워 있는 영아에게 교사가 손인형을 이용하여 얼굴을 가렸다, 보였다 하면서 까꿍 놀이하는 활동을 할 수 있다.	
2수준	교사가 손인형을 손에 끼고 까꿍놀이를 해주거나 영아의 신체를 간지럽히면서 교사와의 친밀감을 높이는 활동을 할 수 있다.	
3수준	영아가 교실에서 친숙하게 느끼고 좋아하는 소꿉놀이 용품을 이용하여 냄비에 음식 넣어 저어 보기, 교사에게 음식 먹여 주기 등의 놀이를 해본다.	
4수준	반 친구의 얼굴이 붙어 있는 원통을 제공해 주어 영아가 친구 얼굴 통을 충분히 탐색하면서 원통을 가지고 놀거나 속에 공을 넣는 놀이를 해볼 수 있다.	

2 지도지침 및 유의사항

- 교사는 영아의 여러 가지 생리적 욕구를 온정적으로 충족시켜 주고 영아가 나타내는 여러 가지 감정에 민감하게 반응해 준다. 또한 영아에게 친숙한 놀잇감을 이용하여 상호작용해 줌으로써 교실에서 안정감을 갖고 생활하는 것을 도울 수 있다.
  (예) (영아의 기저귀를 갈아 주고 나서) "○○가 기저귀를 갈고 났더니 기분이 좋구나. 선생님이랑 쭉쭉이 놀이 한번 해볼까?" (짜증내며 옷을 잡아당기는 영아에게) "○○가 매우 더운가 보구나. 선생님이 옷 벗는 거 도와줄게."
  (토끼 인형을 들고 있는 영아에게) "○○가 좋아하는 토끼 인형이 오늘도 우리 반에 놀러 왔네. 깡충깡충~ 안녕, 토끼야, 반가워."
- 영아가 교실에서 불편함을 느끼지 않고 정서적 안정감을 가질 수 있도록 쾌적하고 안락하게 정비된 환경과 친숙한 놀잇감을 제공한다.
- 영아가 여러 가지 생리적 욕구를 보일 때 민감하게 대처할 수 있도록 유심히 관찰하고 온정적으로 반응한다. 다른 영아가 놀잇감을 빼앗거나 해를 끼쳐 불안감이 들지 않도록 잘 살피고, 영아와의 잦은 눈맞춤, 부드러운 스킨십을 통해 정서적 지원을 해주는 것이 중요하다. 규칙적으로 하루 일과를 전개하여 영아가 자신의 반에서 지내는 생활에 익숙하고 편안한 감정을 가질 수 있도록 한다.

◉ 사회적 가치를 알기

'사회적 가치를 알기'는 영아가 사회관계에서 기본적으로 익히게 되는 사회적 가치를 일상생활을 통하여 경험해 보도록 하는 내용으로서 구체적 내용으로는 '친숙한 물건의 자리를 안다'와 '만나고 헤어지는 인사를 해본다'로 구성되어 있다. 이를 통해 영아가 환경에 대한 예측감과 통제감을 가질 수 있어 안정감을 느끼게 되고, 친숙한 사람에 대한 애정을 가질 수 있게 하기 위함이다.

1 수준별 활동 예시

◉ 사회적 가치를 알기

수준	활동개요	사진
1수준	엄마와 헤어질 때 교사에게 안겨 엄마와 헤어짐의 인사를 할 수 있다. 교사는 영아를 온정적으로 안고 영아가 편안하게 느낄 수 있도록 한다.	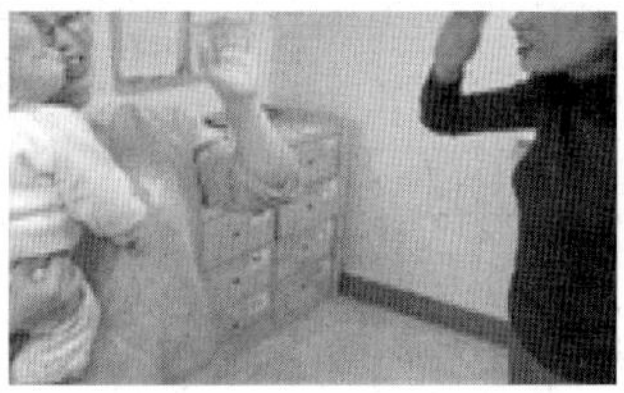
2수준	좋아하는 악기를 흔들거나 두드려 소리 내면서 교사와 함께 안녕 인사 노래를 부른다.	
3수준	영아가 좋아하는 인형을 가지고 만나고 헤어지는 인사를 해볼 수 있다.	
4수준	인형 친구들과 함께 보육실에서 부르는 간단한 안녕 인사 노래를 불러 볼 수 있다.	

2 지도지침 및 유의사항

- 교사는 영아가 자주 사용하는 놀잇감이나 물품이 항상 정해진 자리에 있으면 환경에 대한 예측감 속에 안정감을 느끼게 되므로 친숙한 놀잇감 혹은 개인 물품을 사용한 후에 정해진 자리가 있음을 알도록 함께 정리하거나 찾는 상호작용을 통해 알려 준다. 이를 위해 놀잇감 자리에 사진이나 그림 자리표를 만들고 개인 물품장에 영아의 사진이나 특정의 동일한 그림을 개인 물품에 붙여 준다.
  (예) (실외놀이 후 신발을 갈아 신으려는 영아에게) "○○의 신발이 어디로 들어가야 할까? 신발이 예쁜 ○○ 사진이 붙어 있는 신발장 속으로 쏘옥 들어가고 싶다고 하네."
- 영아가 일차 양육자 혹은 친숙한 사람과 만나고 헤어지는 인사를 할 때 편안한 분위기에서 할 수 있도록 좋아하는 놀잇감이나 일차 양육자를 느낄 수 있는 물건을 미리 준비해

두었다가 함께 사용하여 안정감을 가지도록 한다.
- 친숙한 물건의 자리를 교사 강요에 의해 가르치지 않도록 주의하고, 놀잇감을 정리할 때 영아가 즐거운 놀이로 받아들일 수 있도록 상호작용해주고, 만나고 헤어지는 인사를 할 때 진심으로 반가움과 다시 만날 것에 대한 기대감을 전달할 수 있도록 한다.

출처: 보건복지부(2013). 제3차 어린이집 표준보육과정 교사용 지침서.

(4) 활동의 실제

활동명	까꿍놀이	활동 영역	사회관계
대상 연령	0~1세		
활동 목표	1. 영아가 자신을 둘러싼 환경 속에서 생활하면서 자신이 속한 집단을 인식한다. 2. 어린이집에서 지내며 안정감을 가진다.		
활동 자료	전신거울, 헝겊으로 만든 여러 가지 퍼펫 인형, 음악		
활동 방법	1. 신체 부위를 자유롭게 탐색한다. - 교사와 함께 신체 부위를 자유롭게 탐색하며 노래를 불러 준다. - "ㅇㅇ는 어디 있나~ 요기!" - "ㅇㅇ는 어디 있나~ 요기!" - "ㅇㅇ은 어디 있나~ 요기!" - "ㅇㅇ은 어디 있을까~ 요기!" 2. 퍼펫 인형을 가지고 까꿍놀이를 즐긴다. - "토끼가 어디 갔을까?" (인형을 숨긴다) - "까꿍! 여기 있네!" (인형을 보여 주며) - 반복을 통하여 사라졌다가 다시 등장함을 인식하고 인형과 친근감을 느낄 수 있다. 3. 교사가 직접 두 손으로 얼굴을 가리며 해보도록 한다. - 영아들끼리 까꿍놀이를 즐길 수 있도록 한다. 4. 간혹, 교사가 상대자 역할을 하길 원하지 않고 혼잣말로 흉내를 내고 싶어 하는 영아들도 있다. 이 경우, 서로 말을 주고받는 놀이가 되지 않더라도 영아 혼자서 거울을 보며 자유롭게 까꿍놀이에 몰입할 수 있도록 한다.		

활동명	까꿍놀이	활동영역	사회관계
활동사진			
참고사항	• 영아가 즐거워할 수 있도록 음악과 함께 부드럽고 온화하게 상호작용을 시도한다. • 무서운 얼굴을 하거나, 놀라게 하지 않도록 주의한다.		

2) 2세 표준보육과정의 사회관계 영역

2세 영아의 사회관계 영역은, 영아가 자신을 알고 소중히 여기며 자신을 존중하고, 자신과 다른 사람의 감정을 보다 명확히 인식할 수 있도록 하고, 가족, 또래, 자신이 속한 집단 등 다른 사람들과 더불어 생활해 보는 경험을 통해 기본적인 사회적 가치를 일상생활 속에서 자연스럽게 익히도록 하는 영역이라 할 수 있다. 즉, 영아기에는 자신이 좋아하는 것과 자신과 다른 사람을 구분할 수 있게 되고, 자신의 선호도에 따라 스스로 놀이를 선택하여 자신의 고유성과 독특성을 소중하게 인식하게 된다. 그리고 영아기부터 형성된 자아존중감은 토대를 갖추어 유아기 이후 성인이 되어서도 평생 동안 사회관계의 기본 요소가 되기 때문에 영아기에 긍정적인 사회적 경험이 중요하다. 또한 2세 영아는 자신과 상호작용하는 또래에 대해서도 관심을 보이고 또래가 함께 있는 곳에서 놀이하는 것을 즐거워하게 된다. 즉, 생활 속에서 정리정돈, 차례 지키기, 인사하기, 약속 지키기 등의 기본적인 사회적 가치를 알고 이를 지키기 위해 무엇을 해야 하는지 등의 기본적인 내용을 습득하게 된다. 아울러 영아는 점차 사회적 관계에서 다른 사람과 더불어 생활하는 경험에 익숙해지며 이를 통해 사회적으로 필요한 여러 가지 지식과 기술을 자연스럽게 익힐 수 있다.

(1) 목표

2세 보육과정에서 수립한 사회관계 영역의 연령별집단 목표와 내용범주에 따른 하위목표를 살펴보면 다음과 같다.

〈표 12-3〉 연령별집단 목표와 내용범주 목표

연령집단별 목표	나를 인식하고 다른 사람과 더불어 생활하는 경험을 한다.
내용범주에 따른 목표	• 자기 존중감을 형성한다. • 자신의 감정을 알고 다른 사람의 감정에 반응을 보인다. • 가족을 사랑하고 또래, 교사와 즐겁게 지내며 간단한 규칙 등을 지킨다.

(2) 내용범주 및 세부내용

2세 사회관계 영역은 '나를 알고 존중하기', '나와 다른 사람의 감정 알기', '더불어 생활하기'의 세 가지 내용범주로 구성되어 있다. 또한 자신을 알고 자신에 대해 소중함을 느끼며 다른 사람과 더불어 생활하면서 사회관계 형성에 필요한 기초능력을 기르는 것을 목표로 하고 있다.

영아기는 자신의 감정을 말과 행동으로 나타내고 다른 사람의 감정에 반응을 보이며 가족, 또래, 자신이 속한 집단 등 주변의 친숙한 사람과 더불어 생활하면서 사회적 관계를 형성하고 이에 필요한 사회적 기술과 가치를 익혀 나가는 시기이므로, 영아가 자신에 대하여 긍정적으로 인식할 수 있고 감정을 적절하게 표현하는 방법을 익혀 나가는 것이 중요하다. 아울러 가족이나 친구 등 친숙한 사람과 어울려 살아가는 데 필요한 사회적 기술을 익히고 태도를 갖도록 하는 데 중점을 두고 있다.

2세 사회관계 영역의 내용범주와 세부내용은 다음과 같다.

〈표 12-4〉 2세 내용범주 및 세부내용

<table>
<tr><th>내용범주</th><th>내용</th><th>1수준</th><th>2수준</th></tr>
<tr><td rowspan="3">나를 알고 존중하기</td><td>나를 구별하기</td><td colspan="2">나와 다른 사람의 모습을 구별한다.</td></tr>
<tr><td rowspan="2">좋아하는 것 해보기</td><td colspan="2">내가 좋아하는 것을 찾아본다.</td></tr>
<tr><td>좋아하는 놀이나 놀잇감을 선택해 본다.</td><td>스스로 선택한 놀이나 놀잇감을 즐긴다.</td></tr>
<tr><td rowspan="2">나와 다른 사람의 감정 알기</td><td>나의 감정을 나타내기</td><td colspan="2">여러 가지 감정을 말과 행동으로 나타낸다.</td></tr>
<tr><td>다른 사람의 감정에 반응하기</td><td colspan="2">다른 사람이 나타내는 여러 가지 감정에 반응을 보인다.</td></tr>
<tr><td rowspan="8">더불어 생활하기</td><td>내 가족 알기</td><td>내 가족에게 애정을 표현한다.</td><td>내 가족에게 다른 사람과는 구별된 특별한 감정을 갖는다.</td></tr>
<tr><td rowspan="2">또래와 관계하기</td><td>또래에게 관심을 보인다.</td><td>또래의 모습과 행동을 모방한다.</td></tr>
<tr><td>또래의 이름을 안다.</td><td>또래가 있는 곳에서 놀이를 한다.</td></tr>
<tr><td>자신이 속한 집단 알기</td><td>자신이 속한 반과 교사를 안다.</td><td>자신이 속한 반의 활동에 즐겁게 참여한다.</td></tr>
<tr><td rowspan="4">사회적 가치를 알기</td><td>도움 받아 물건을 정리한다.</td><td>스스로 물건을 정리한다.</td></tr>
<tr><td>자기 순서를 안다.</td><td>순서를 기다린다.</td></tr>
<tr><td colspan="2">바른 태도로 인사한다.</td></tr>
<tr><td colspan="2">간단한 약속을 지킨다.</td></tr>
</table>

출처: 보건복지부(2013). 제3차 어린이집 표준보육과정교사용 지침서.

(3) 사회관계 영역 내용별 지도원리 및 유의점

가. 나를 알고 존중하기

영아가 자신과 다른 사람의 모습을 구분할 줄 알도록 하는 데 중점을 두고 있으며, 자기존중감을 형성하고 자신이 선호하는 것을 표현할 줄 알도록 하는 데 중점을 두고 있다.

◉ 나를 구별하기

'나를 구별하기'는 영아가 자신과 다른 사람의 모습을 구별함으로써 자신이 독특한 존재임을 인식하도록 하는 내용으로 구성되어 있다. 구체적인 내용은 '나와 다른 사람의 모습을 구별한다'로 구성되어 있으며, 이를 통해 영아가 신체적으로 자신이 다른 사람과 분리된 존재임을 인식하면서 점차 자신과 다른 사람의 모습이나 주요한 신체 특징을 구별할 수 있게 하기 위함이다.

1 수준별 활동 예시

◉ 나를 구별하기

수준	활동개요	사진
1수준	영아와 함께 앉아 "코코코 ㅇㅇ코"라고 묻고 영아가 손으로 자신의 코를 가리키고 "눈눈눈 곰돌이 눈" 하고 물으면 곰인형 눈을 가리키는 활동을 하면서 자신과 다른 사람의 모습을 구별하는 활동을 함께 해본다.	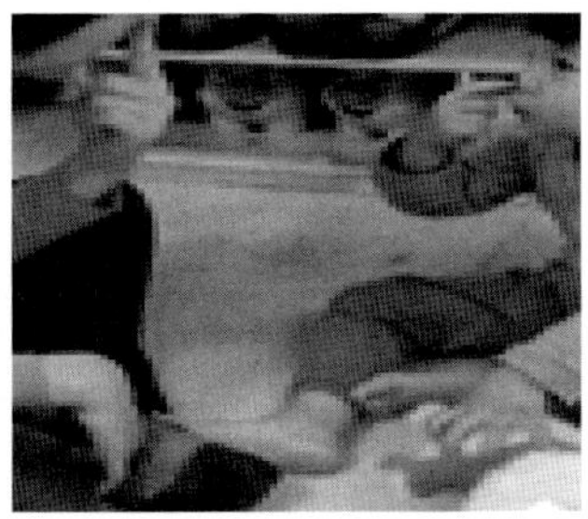
2수준	2~3명의 영아 사진을 탁자 위에 두고 영아와 앉아 "여기 사진 속에 ㅇㅇ이 사진은 어디 있나요"라고 이야기하며 영아가 자신의 얼굴 사진을 찾아서 종이 액자 위에 올려 본다.	

2 지도지침 및 유의사항

- 교사는 영아가 교사와 또래의 얼굴을 가리킬 수 있고, 간단한 신체 부위를 구별하여 손으로 가리킬 수 있도록 놀이활동 속에서 지속적으로 활동경험을 제공한다.
  (예) (영아 뒤에 숨어서) "○○아, 선생님은 어디 있나요?"

(영아 두 명이 마주보고 있을 때) "○○아, □□는 어디 있나요?"

- 영아가 항상 자신의 모습을 자연스럽게 구별할 수 있도록 보육실 문, 사물함, 안전거울 등에 영아의 눈높이를 고려하여 자신의 사진을 붙여 둔다.
- 영아가 항상 자신과 다른 사람을 자연스럽게 구별할 수 있도록 언어 영역 등에 영아가 속한 반 친구들 사진과 교사, 가족사진 등을 붙여 두고 함께 찾아보는 놀이를 한다.
- 영아가 일과 중에 자신과 다른 사람의 모습을 구별할 수 있도록 교사는 일상적 양육활동이나 놀이 활동 중에 지속적으로 이름 불러 주기 및 마주 앉아 서로의 얼굴 모습을 관찰하기 등 친숙하고 반복적인 활동을 지원한다.

◉ 좋아하는 것 해보기

'좋아하는 것 해보기'는 영아가 자신이 좋아하는 것을 알고, 자신의 선호를 구분하며, 좋아하는 것을 즐기는 경험을 통해 자신에 대해 긍정적인 인식을 할 수 있도록 하는 내용으로 구성되어 있다. 구체적인 내용은 '내가 좋아하는 것을 찾아본다'와 '좋아하는 놀이나 놀잇감을 선택해 본다', '스스로 선택한 놀이나 놀잇감을 즐긴다'로 구성되어 있다. 이를 통해 영아가 자기가 좋아하는 것을 선택해 보고, 자기가 좋아하는 것을 즐겁게 해보는 경험을 통해 자신의 고유성에 만족하고 자신에 대해 소중한 감정을 느끼게 하기 위함이다.

1 수준별 활동 예시

◉ 좋아하는 것 해보기

수준	활동개요	사진
1수준	영아가 동물인형 꽂이에서 좋아하는 동물인형을 골라 보게 한 후 영아가 고른 인형을 포대기로 업어 보게 도와준다.	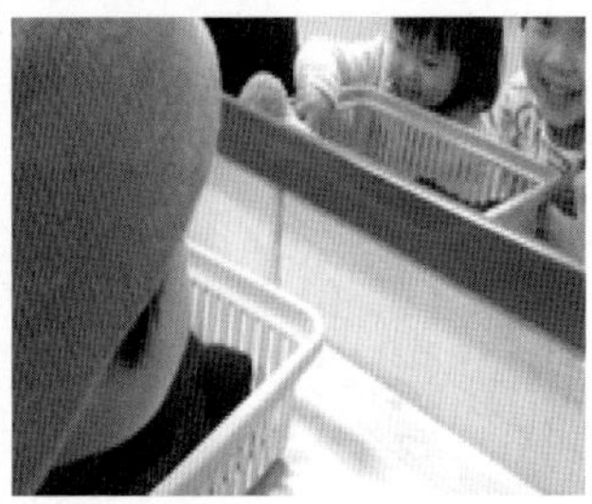
2수준	여러 종류의 모자를 바구니에 담아 두고 "여기 모자 바구니에서 ㅇㅇ이가 좋아하는 모자 골라 보자"라고 말하면서 영아들이 좋아하는 모자를 고르면 쓰고 거울을 함께 바라보며 상호작용하도록 한다.	

2 지도지침 및 유의사항

- 교사는 일과 중 영아가 선호하는 놀이나 놀잇감을 개별적으로 관찰하여 좋아하는 인형이나 놀잇감 등을 함께 찾아보거나 조금 익숙해지면 스스로 찾아보는 활동을 지속적으

로 제공한다.

(예) (영아가 좋아하는 인형을 숨겨 두고 함께 두리번거리며) "○○이가 좋아하는 곰돌이가 어디 숨었니? 선생님이랑 찾아볼까?"
(영아가 좋아하는 놀잇감을 스스로 찾아보도록 교구장 앞에 앉아) "○○이가 좋아하는 노랑 공 어디 있지? ○○이가 찾아볼까?"

- 영아가 좋아하는 놀잇감 사진과 다른 사진을 함께 펼쳐 두고 좋아하는 놀잇감 사진을 선택하도록 지속적으로 기회를 제공하고 좋아하는 놀잇감을 가지고 즐겁게 활동할 수 있도록 함께 상호작용하여 긍정적인 경험을 제공한다.
- 영아가 개별적으로 좋아하는 놀잇감이나 놀이를 찾거나 선택할 수 있도록 영아의 키높이를 고려한 교구장에 찾기 쉽도록 놀잇감을 배치하고 놀이사진 등도 눈높이에 맞추어 벽면에 게시한다.
- 영아가 좋아하는 놀잇감에 대한 선호가 또래 영아와 같을 수도 있으므로 선호도가 높은 놀잇감은 여러 개를 준비하여 갈등이나 다툼이 생기지 않도록 한다.
- 영아는 좋아하는 것을 찾고 선택해 보는 경험을 통해 자신의 고유성을 인식하고 교사의 지속적인 관심을 통해 자신의 선택이 존중받는다는 태도를 형성하므로 교사는 개별적인 영아의 선호도를 항상 주의 깊게 관찰하여 배려해 주도록 한다.

나. 나와 다른 사람의 감정 알기

영아가 자신의 욕구나 감정을 표정이나 소리, 몸짓뿐만 아니라 적합한 말이나 행동으로 표현할 수 있도록 하는 데 중점을 두고 있으며, 영아가 주변의 다른 사람이 나타내는 기쁨이나 즐거움뿐만 아니라 슬픔, 화남, 두려움, 아픔 등 여러 가지 감정을 알아차리고 이에 적합하게 반응할 수 있도록 한다.

◉ 나의 감정을 나타내기

'나의 감정을 나타내기'는 영아가 자신의 욕구나 감정을 표정이나 소리, 몸짓뿐만 아니라 적합한 말이나 행동으로 표현할 수 있도록 하는 내용이다. 구체적인 내용은 '여러 가지 감정을 말과 행동으로 나타낸다'로 구성되어 있다. 이를 통해 영아가 즐거움이나 기쁨, 슬픔이나 두려움, 무료함 등 자신의 여러 가지 감정을 간단한 말이나 적합한 행동으로 표현하는 경험을 통해 자신의 감정을 나타내는 방법이 있다는 것을 인식하게 하기 위함이다.

1 수준별 활동 예시

◉ 나의 감정을 나타내기

수준	활동개요	사진
1수준	신문지를 찢어 보고 찢은 신문지를 던지거나 뿌려 보기, 바닥에 놓고 뒹굴기, 뭉쳐 보기 등을 해보며 자신의 부정적인 정서를 표출해 본다.	
2수준	파란색 비닐 위에서 헤엄치는 흉내를 내 보며 부스럭거리는 비닐 소리를 들어 보고 팔다리를 마음껏 움직이고 뒹굴며 감정을 해소해 본다.	

2 지도지침 및 유의사항

- 교사는 영아가 자신이 느끼는 다양한 감정을 이에 적합한 말로 표현하거나 필요한 행동으로 나타낼 수 있도록 돕는다.
- 영아가 느끼는 다양한 감정을 어떤 감정인지 구체적인 언어로 표현해 주어 영아는 자신의 감정에 대한 언어적 표현을 들으면서 자신이 느끼는 감정에 이름이 있다는 것을 인식할 수 있도록 돕는다.
- 넉넉한 수의 놀잇감을 준비하고 똑같은 모양과 색의 놀잇감을 여러 개(어린 영아인 경우에는 영아 수만큼) 준비하여, 교실 내에서 놀잇감 부족으로 인해 발생 가능한 분쟁 또는 문제 상황을 최소화한다.
- 영아가 긍정적인 감정을 표현할 뿐만 아니라 부정적인 감정도 해소할 수 있는 놀이(예: 밀가루 반죽, 담기·쏟기 놀잇감, 공, 신문지놀이, 모래놀이, 물놀이 등)를 계획하여 영아가 충분히 즐길 수 있도록 한다.
- 이 시기 영아는 부정적인 정서표현도 할 수 있음을 이해하고 교사가 영아의 감정을 읽어 주고 공감해 주며 위로해 준다.

◉ 다른 사람의 감정에 반응하기

'다른 사람의 감정에 반응하기'는 영아가 주변의 다른 사람이 나타내는 기쁨이나 즐거움뿐만 아니라 슬픔, 화남, 두려움, 아픔 등 여러 가지 감정을 알아차리고 이에 적합하게 반응할 수 있는 공감 능력을 기를 수 있도록 하는 내용이다. 구체적인 내용은 '다른 사람이 나타내는 여러 가지 감정에 반응을 보인다'로 구성되어 있다. 이를 통해 영아가 다른 사람이 나타내는 반응을 보고 그 사람이 느끼는 감정을 이해하는 경험을 통해 공감 능력을 기르게 하기 위함이다.

1 수준별 활동 예시

◉ 다른 사람의 감정에 반응하기

수준	활동개요	사진
1수준	병원놀이를 하며 아기인형의 아픈 곳에 시트지로 만든 밴드를 붙여주고 떼어 주는 놀이를 하며 아픈 곳을 위로해 주고 감정을 공감해 보는 활동을 한다.	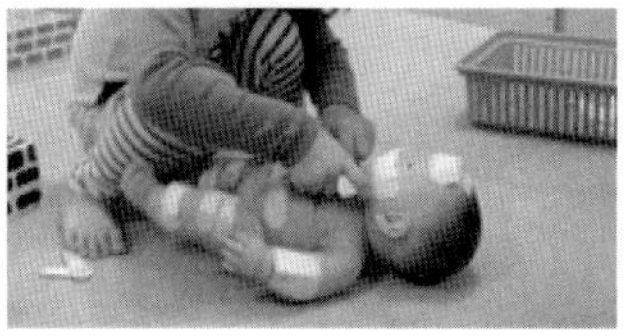
2수준	영아는 슬픈 얼굴, 웃는 얼굴, 화난 얼굴 등 여러 가지 표정 퍼즐을 맞추어 보며 어떤 기분인 것 같은지 이야기를 해본다.	

2 지도지침 및 유의사항

- 교사는 영아가 다른 사람이 다양한 감정을 가지고 있음을 인식할 수 있도록 감정표현에 대하여 언어로 표현해 주고, 영아의 정서표현에 민감하게 반응해 준다.
  (예) "○○이가 오늘 잠을 많이 자지 못해서 기분이 안 좋대."
  "○○이가 넘어져서 다리가 아프대. 호~ 해줄까?"
- 다양한 감정을 나타내는 영아들의 얼굴 사진을 붙여 주어 영아들이 사진을 보며 감정이입을 통해 주인공의 상황을 추측해 본다.
- 다양한 표정퍼즐이나 표정그림판, 표정 바꾸기 놀잇감, 감정표현 관련 그림책 등을 제공하여 영아가 놀이를 통해 자연스럽게 여러 가지 감정에 대한 관심을 가지고 반응해 볼 수 있도록 한다.
- 영아가 부정적 정서를 나타낼 경우 영아의 부정적 정서표현을 피하기 위해 주의를 전환하기보다는 영아의 신체적·심리적 원인을 파악하고 상황을 바꾸어 주거나 적절한 방법으로 표현할 수 있도록 지속적으로 격려해 주고 교사가 직접 모델링을 보여 주도록 한다.

출처: 보건복지부(2013). 제3차 어린이집 표준보육과정 교사용 지침서.

다. 더불어 생활하기

영아가 자기 주변의 친숙한 사람 중에서도 보다 특별한 대상으로서의 가족이 있음을 알고 가족에게 소속감과 애정을 표현할 수 있도록 하는 것에 중점을 두고 있으며, 영아가 또래에게 관심을 보이고 이름을 알고 또래의 모습과 행동을 모방하면서 같은 곳에서 놀이하는 데 친숙해지도록 하는 것과 영아가 집단에 대한 기본적인 소속감을 가질 수 있도록 하며, 다른 사람과 더불어 살기 위해서는 기본적으로 지켜야 할 바람직한 가치가 있다는 것을 인식하는 것에 중점을 두고 있다.

◉ 내 가족 알기

'내 가족 알기'는 영아가 자기 주변의 친숙한 사람 중에서도 보다 특별한 대상으로서의 가족이 있음을 알고 가족에게 소속감과 애정을 표현할 수 있도록 하는 내용으로 구성되어 있다. 구체적인 내용은 '내 가족에게 애정을 표현한다'와 '내 가족에게 다른 사람과는 구별된 특별한 감정을 갖는다'로 구성되어 있다. 이를 통해 영아는 출생부터 가족의 일원으로서 양육자인 부모와 밀착된 관계를 맺게 되며, 점차적으로 형제자매나 조부모 등과의 경험으로 대인관계를 발전시켜 나간다. 그러므로 일상적인 상호작용이 확대되면서 영아가 자신에게 가족이 있음을 인식하고 가족 구성원에 대해 알게 되는 등 가족을 기반으로 사회적 관계를 이루어 나가게 하기 위함이다.

1 수준별 활동 예시

◉ 내 가족 알기

수준	활동개요	사진
1수준	그림을 그리거나 스티커 등을 이용하여 선물을 만들어 엄마, 아빠에게 드리며 가족에게 사랑을 표현하는 활동을 해본다.	
2수준	자기 가족의 사진을 보고 누구인지 짚어 보며 가족과 함께한 일상의 일들을 짧은 문장으로 말해본다.	

2 지도지침 및 유의사항

- 교사는 영아가 생활을 함께하는 가족이 있음을 알고 자신을 둘러싼 가족원에게 소속감을 느끼며 가족과 기쁨이나 즐거움 등을 함께 나누고 가족과 다시 만났을 때 적절한 애정을 표현할 수 있도록 상호작용하면서 격려한다.
- 가족사진, 부모님이 일하시는 모습 사진, 부모님이 읽어 주는 동화나 이야기 녹음한 것, 영아가 좋아하는 노래를 부모님이 불러서 녹음한 것 등 다양한 자료를 활용하여

영아가 가족 구성원의 소중함을 느껴 보도록 한다.
- 가족 구성원이 사용하는 물건, 아기용품 등을 준비하여 가족놀이 소품으로 제공하여 가족 역할놀이를 할 수 있도록 하고 소품을 실물자료로 제공할 때 안전하게 놀이가 되도록 지원해야 한다.
- 맞벌이·외벌이, 주말부부, 한부모 등 다양한 가족형태가 있음을 존중하고 가정으로부터 여러 가지 활동자료 협조를 부탁하여 영아의 가족에 대한 사전 정보를 알고 있도록 하여 각 영아를 존중하며 놀이가 이루어질 수 있도록 한다.

◉ 또래와 관계하기

'또래와 관계하기'는 영아가 또래와 함께 생활하고 놀이하는 경험을 통해 또래에게 기본적인 관심을 가지고 또래의 행동을 모방하거나 나란히 놀면서 또래와 접촉하게 되는 내용이다. 구체적인 내용은 '또래에게 관심을 보인다'와 '또래의 모습과 행동을 모방한다', '또래의 이름을 안다', '또래가 있는 곳에서 놀이를 한다'로 구성되어 있다. 이를 통해 영아는 또래와 놀이가 매우 미흡하지만 점차 또래와의 경험을 통해 자기중심적인 행동과 태도를 상황에 맞게 조절하고, 인지 언어적 능력을 향상시키며 좀 더 복잡하고 조정된 상호작용을 하는 기초 능력을 키우게 하기 위함이다.

1 수준별 활동 예시

◉ 또래와 관계하기

수준	활동개요	사진
1수준	두 명의 영아를 마주 보고 앉게 한 후 똑같은 장갑을 오른손에 끼우고 친구가 "ㅇㅇ아, 나랑 악수하자"라고 말하면서 손을 내밀면 다른 친구도 함께 악수하도록 함께 활동을 지원한다.	
2수준	2명의 영아와 함께 '종이벽돌로 길을 만들어 보자'라고 제안하고 "ㅇㅇ이가 빨간 벽돌을 깔았는데 ㅁㅁ이도 그 옆에 종이벽돌 깔아 볼까?"라고 이야기하면서 길을 함께 만들어 본다.	

2 지도지침 및 유의사항

- 교사는 영아와 놀이할 때 또래에게 간단한 인사를 하게 하거나, 또래가 하는 놀이활동을 함께 바라보며 상호작용하도록 한다. 또한 또래와 마주 앉아 친구의 행동을 따라 하거나 함께하는 동작활동 등을 통해 함께 활동할 수 있는 경험을 지속적으로 제공한다.
  (예) (교사가 영아와 다른 또래를 바라보면서) "○○아, □□이에게 '안녕' 하고 손 흔들어 볼까?"
- 영아가 또래에게 관심을 가질 수 있도록 개별 사물함에 영아 개별사진을 붙여두고 등·하원 시 가방 정리할 때 또래 사진에 관심을 가지도록 한다.
- 영아가 또래와 함께 놀이하거나 나란히 앉아 놀이하는 모습을 사진으로 찍어 벽에 게시하고 영아와 일과 중 자연스럽게 바라보며 또래에 관심을 가질 수 있도록 한다.
- 영아는 아직 또래에 대해 관심을 가지나 병행놀이 단계임을 이해하고 교사는 일과 중 지속적으로 또래의 이름을 자주 불러 주고, 함께 어울리며 상호작용할 수 있도록 지원함으로써 또래에 대한 관심과 사회적 기술을 증진하도록 한다.

◉ 자신이 속한 집단 알기

'자신이 속한 집단 알기'는 영아가 집단에 대한 기본적인 소속감을 가질 수 있도록 하는 내용이다. 구체적인 내용은 '자신이 속한 반과 교사를 안다'와 '자신이 속한 반의 활동에 즐겁게 참여한다'로 구성되어 있다. 이를 통해 영아가 하루 일과에 적응하고 단체생활을 즐겁고 안정적으로 경험할 수 있게 하기 위함이다.

1 수준별 활동 예시

◉ 자신이 속한 집단 알기

수준	활동개요	사진
1수준	색깔 있는 필름을 눈에 대고 선생님, 친구, 우리 반을 둘러보는 놀이를 한다.	
2수준	벽면에 게시된 선생님, 친구들의 놀이 사진을 보면서 누구인지 말해 보는 놀이를 해본다. 사진의 일부분에 다양한 촉감을 느낄 수 있는 천 조각을 대어 주면 영아들의 흥미를 더욱 유발시킬 수 있다.	

2 지도지침 및 유의사항

- 교사는 영아가 자연스럽게 교사와 우리 반 친구들 사진에 관심을 가질 때 영아와 함께 사진 속 인물이 누구인지 알아맞혀 보는 놀이를 할 수 있다. 보육실 내에서 친숙하게 불렀던 노래 등을 활용하여 누구인지 알아맞혀 보는 놀이를 해봄으로써 영아가 교사와 또래에게 긍정적인 관심을 가질 수 있도록 상호작용한다.
  (예) (이름표 판에서 친구 사진을 보며) "♪동그란 눈 누구일까요~ 오늘은 빨간색 옷을 입고 왔어요~. 누구일까? 그래, ○○이구나. 잘 맞추었네."
  (수수께끼 통을 들고) "이 안에는 우리 반 선생님, 친구들 사진이 들어 있단다. 하나씩 꺼내어 누구인지 알아맞혀 볼까?"

◉ 사회적 가치를 알기

'사회적 가치를 알기'는 영아가 정리정돈, 순서 지키기, 인사하기, 약속 지키기 등의 생활 경험을 통해 질서, 예절, 규칙 등 사회적 가치를 익히도록 하는 내용으로 구성되어 있다. 구체적인 내용은 '도움 받아 물건을 정리한다'와 '스스로 물건을 정리한다', '자기 순서를 안다', '순서를 기다린다', '바른 태도로 인사한다', '간단한 약속을 지킨다'로 구성되어 있다. 이를 통해 영아가 다른 사람과 더불어 살기 위해서는 기본적으로 지켜야 할 바람직한 가치가 있다는 것을 인식하게 하기 위함이다.

1 수준별 활동 예시

◉ 사회적 가치를 알기

수준	활동개요	사진
1수준	설거지 놀이를 하면서 교사의 도움을 받아 설거지한 그릇들을 제자리에 정리하는 활동을 해본다.	
2수준	하루 일과 중 정리 시간을 통해 자신이 갖고 논 블록을 스스로 장에 넣어 보는 경험을 할 수 있다.	

2 지도지침 및 유의사항

- 교사는 영아가 자신이 사용한 물건을 평소 그 물건이 놓여진 자리에 정리해 볼 수 있도록 돕고, 좀 더 큰 영아에게는 보육실 내 규칙적인 하루 일과 속에서 스스로 친숙한 놀잇감을 정리할 수 있도록 상호작용한다.

- 여러 친구가 동시에 한 가지 일을 하기 위해서는 필요할 경우 순서를 기다려야 하며, 자기 순서가 되기 위해서는 앞의 사람이 먼저 일을 끝내야 자기 차례가게 된다는 것을 인식하도록 한다.
  (예) (화장실을 이용할 때) “우리가 모두 함께 들어가기엔 화장실이 너무 좁은데… 어떻게 하지?” (변기가 말하는 것처럼 시늉하며) “얘들아, 나에게 여러 명이 한꺼번에 쉬를 하면 내가 꼴깍꼴깍 쉬를 먹기 힘들어. 한 사람씩 쉬를 줄 수 있니?”
- 영아가 어린이집에서 교사나 친구를 만나고 헤어질 때 반갑고 예의 바르게 인사할 수 있도록 모델링을 보이고 상호작용해 준다.
  (예) (보육실에 들어올 때) (교사도 함께 인사하며) “○○가 왔구나. 안녕하세요. 만나서 반가워.” (헤어질 때) “○○야, 안녕히 가세요. 내일 또 만나자.”
- 영아가 식사를 한 후에 양치하기, 친구를 때리지 않기, 친구가 놀고 있는 놀잇감을 빼앗지 않기 등 어린이집에서 지켜야 할 간단한 약속이 있다는 것을 알고 이를 지킬 수 있도록 상호작용해 준다.
- 영아가 자신이 사용한 놀잇감이나 물건을 스스로 제자리에 놓을 수 있도록 하기 위해 흥미 영역에 놀잇감의 사진을 붙여 준다.
- 영아가 지켜야 할 간단한 약속을 함께 만들되 영아의 발달수준과 특성을 충분히 고려하여야 한다.

출처: 보건복지부(2013). 제3차 어린이집 표준보육과정 교사용 지침서.

(4) 활동의 실제

활동명	거.꾸.로. 말.해.요.	활동 영역	사회관계
대상 연령	2세		
활동 목표	친구와 말놀이를 하며 즐겁게 지낸다. (사회관계>사회적 관계>또래와 사이좋게 지내기)		
활동 자료	전화기 5~7대(실물 전화기, 모형 전화기, 휴대전화 등 다양한 형태의 전화기), 수수께끼 카드, 그림 카드		
활동 방법	1. 전화기를 자유롭게 탐색한다. - “따르릉~ 전화기로 무얼 할까?” - “전화기는 무얼 하는 것일까?” - “전화기로 누구에게 전화를 해본 적 있니?”		

활동명	거.꾸.로. 말.해.요.	활동 영역	사회관계
	2. 친구에게 전화하는 놀이를 제안한다. - "누구하고 전화하고 싶어요?" - "○○는 ○○랑 통화하고 싶구나." - "○○랑 통화를 해 보겠니? 무슨 말을 먼저 하면 좋을까?" - (그림 카드를 보며) "수수께끼 전화놀이를 해볼까?" 3. 역할을 대신하여 영아가 전화놀이를 지속할 수 있도록 한다. - (교사) "여보세요~ ○○야, 지금 뭐 하고 있니?" "우리 수수께끼 전화놀이를 해볼까?" (설명을 하며) "이것은 무엇일까?"		
활동사진			
참고사항	•평소 소꿉놀이나 극놀이 영역에 다양한 전화기를 소품으로 두고 지속적으로 놀이활동을 촉진한다. •소극적이고 조용한 영아들에게도 전화놀이를 통하여 또래관계 촉진을 도울 수 있다. •그림 카드는 단순한 것으로 준비한다.		

3) 3~5세 보육과정(누리과정)의 사회관계 영역

사회관계 영역은 자신을 알고 소중하게 생각하며, 가족, 또래 친구와 함께 지내는 방법뿐 아니라 공동체에서 더불어 살아가는 방법을 익히며, 또한 주변 세계에 관심을 가지고 적응해 나갈 수 있는 기초능력과 인성을 기르기 위한 영역이다. 즉, '유아가 나를 알고 존중하기', '나와 다른 사람의 감정 알고 조절하기', '가족을 소중히 여기기', '다른 사람과 더불어 생활하기', '사회에 관심 갖기'의 다섯 가지 범주로 구성되어 있으며, 내용범주로는 '나를 알고 존중하기', '나와 다른 사람의 감정을 알고 조절하기', '가족을 소중히 여기기', '다른 사람과 더불어 생활하기', '사회에 관심 갖기'의 다섯 가지 내용범주로 구성되어 있다. 첫 번째 내용범주는 유아가 스스로를 존중하는 것과 관련되어 있으며, 두 번째 내용범주는 자신 및 타인의 정서에 대한 이해를 바탕으로 나의 감정을 상황에 맞게 조절하는 데 필요한 내용으로 구성되어 있다. 세 번째 내용범주에서는 가족의 소중함과 협력하며 화목하게 지내기로 구성 되어 있으며, 네 번째 내용범주에서는 공동체 및 사회적 가치를 알고 타인과 더불어 사이좋게 지내기로 구성되어 있다. 다섯 번째 내용범주에서는 지역사회와 우리나라, 나아가 세계와 여러 문화에 관심을 가지도록 하고 있다.

그러므로 사회관계 영역에서는 자신과 타인에 대한 존중과 배려, 협력, 질서 등 타인과 더불어 살아가기 위해 필요한 기초 예절과 소양을 기르기 위해 힘쓰고 있으며, 유아가 건강한 자아를 형성하고 원만한 대인관계 속에서 성장할 수 있도록 인성교육에 강조점을 두고 있다.

(1) 목표

3~5세 보육과정에서 수립한 사회관계 영역의 연령별집단 목표와 내용범주에 따른 하위목표를 살펴보면 다음과 같다.

연령집단별 목표	자신을 존중하고 다른 사람과 더불어 생활하는 능력과 태도를 기른다.
내용범주에 따른 목표	• 자신을 소중히 여기며 자율성을 기른다. • 자신과 타인의 감정을 알고, 자신의 감정을 적절하게 표현하고 조절한다. • 가족과 화목하게 지내며 서로 협력한다. • 친구, 공동체 구성원들과 서로 돕고, 예의·규칙 등 사회적 가치를 알고 지킨다. • 우리 동네, 우리나라, 다른 나라에 관심을 가진다.

(2) 내용범주 및 내용

3~5세 사회관계 영역의 내용범주는 '나를 알고 존중하기', '나와 다른 사람의 감정을 알고 조절하기', '가족을 소중히 여기기', '다른 사람과 더불어 생활하기', '사회에 관심 갖기'의 다섯 가지 내용범주로 구성되어 있다. 유아가 자신에 대해 긍정적으로 생각하고, 자신과 함께 생활하는 사람들과 원만한 사회적 관계를 맺고 더불어 생활할 수 있는 능력과 태도를 기르는 것을 목표로 하고 있다. 또한 자신이 사랑받을 만한 가치가 있는 존재이며, 무엇인가를 잘할 수 있는 유능한 사람이라고 생각할 수 있는 스스로의 자아존중감을 갖도록 하며, 이는 다른 사람들과 함께 원만하게 생활하는 능력의 기초가 될 뿐만 아니라 위기 극복이나 문제 해결을 위해 반드시 필요한 자질이다. 세계화가 급속히 진행되고 있는 현대사회 속에서 유아가 사회 변화에 주도적으로 적응하고, 민주사회 구성원으로서 올바르게 성장할 수 있도록 긍정적인 자아 개념과 바람직한 사회 정체감을 형성하기 위한 기초가 마련되어야 한다. 아울러 유아는 일상생활 속에서 다양한 사회·문화적 차이를 인정하고 받아들이는 개방적 경험을 통해 다른 사람과 더불어 살아가는 기능과 태도를 익혀 건전한 사회·정서발달을 이루도록 한다.

〈표 12-5〉 3~5세 내용범주 및 세부내용

<table>
<tr><th>내용범주</th><th>내용</th><th>3세</th><th>4세</th><th>5세</th></tr>
<tr><td rowspan="3">나를 알고 존중하기</td><td rowspan="3">나를 알고, 소중히 여기기</td><td>나에 대해 관심을 갖는다.</td><td colspan="2">나에 대해 알아본다.</td></tr>
<tr><td>나와 다른 사람의 차이에 관심을 갖는다.</td><td>나와 다른 사람 차이점을 알아본다.</td><td>나와 다른 사람의 신체적·사회적·문화적 차이를 존중한다.</td></tr>
<tr><td>나를 소중하게 여긴다.</td><td>나에 대해 긍정적으로 생각하고 나를 소중하게 여긴다.</td><td>나에 대해 긍정적으로 생각하고 나를 소중하게 여긴다.</td></tr>
</table>

내용범주	내용	3세	4세	5세
	나의 일 스스로 하기	내가 할 수 있는 일을 알아본다.	내가 할 수 있는 일을 해본다.	내가 할 수 있는 일을 스스로 한다.
		내가 하고 싶은 일을 선택해 본다.	하고 싶은 일을 계획하고 해본다.	
나와 다른 사람의 감정 알고 조절하기	나와 다른 사람의 감정 알고 표현하기	자신에게 여러 가지 감정이 있음을 안다.	자신의 감정을 알고 표현한다.	
		다른 사람의 감정에 관심을 갖는다.	다른 사람의 감정을 안다.	다른 사람의 감정을 알고 공감한다.
	나의 감정 조절하기	자신의 감정을 조절해 본다.	자신의 감정을 상황에 맞게 조절한다.	자신의 감정을 긍정적으로 조절한다.
가족을 소중히 여기기	가족과 화목하게 지내기	가족의 소중함을 안다.		가족의 의미와 소중함을 안다.
				가족과 화목하게 지낸다.
	가족과 협력하기	가족 구성원을 알아본다.	가족 구성원의 역할에 대해 알아본다.	다양한 가족구조에 대해 알아본다.
		가족을 위하여 내가 할 수 있는 일을 알아본다.	가족을 위하여 내가 할 수 있는 일을 알아보고 실천한다.	가족은 서로 도와야 함을 알고 실천한다.
다른 사람과 더불어 생활하기	친구와 사이좋게 지내기	친구와 함께 놀이한다.	친구와 협동하며 놀이한다.	
		나와 친구의 의견에 차이가 있음을 안다.	친구와의 갈등을 긍정적인 방법으로 해결한다.	
	공동체에서 화목하게 지내기		도움이 필요할 때 다른 사람과 도움을 주고받는다.	다른 사람과 도움을 주고받고, 서로 협력한다.

내용범주	내용	3세	4세	5세
		교사 및 주변 사람과 화목하게 지낸다.		
	사회적 가치를 알고 지키기		정직하게 말하고 행동한다.	
		다른 사람의 소유물을 존중한다.	다른 사람의 생각, 행동을 존중한다.	다른 사람을 배려하여 행동한다.
			친구와 어른께 예의 바르게 행동한다.	
		약속과 규칙을 지켜야 함을 안다.	다른 사람과 한 약속이나 공공규칙을 지킨다.	
			자연과 자원을 아끼는 습관을 기른다.	
사회에 관심 갖기	지역사회에 관심 갖고 이해하기	우리 동네의 이름을 안다.	우리 동네에 대해 알아본다.	

출처: 교육과학기술부·보건복지부(2013). 3~5세 연령별 누리과정 해설서 재구성.

(3) 3~5세 사회관계 영역 내용별 지도원리 및 유의점

가. 나를 알고 존중하기

나와 다른 사람에 대해 긍정적으로 생각하고 존중하는 마음과 태도를 갖도록 하는 데 중점을 두고 있으며, 내가 할 수 있는 일과 하고 싶은 일을 알아보고 스스로 선택하고 계획해서 실행해 보는 데 주안점을 둔다.

◉ 나를 알고, 소중히 여기기

'나를 알고, 소중히 여기기'는 긍정적인 자아개념 형성을 돕기 위해 자신을 소중히 여기면서 다른 사람을 존중하도록 하기 위한 내용이다. 나를 알아보는 다양한 활동을 통해 나에 대해 충분히 탐색해 봄으로써 자신을 소중히 여길 수 있도록 한다. 또한 나와 다른 사람과의 차이를 알아보고 경험하면서 나와 다른 사람과의 차이를 인정하고 존중하는 태도를 형성하도록 지도한다.

1 연령별 활동 예시

◉ 나에 대해 알아보기

수준	활동개요	사진
3세	유아 자신의 이름, 나이, 성별이나 신체 구조와 특징, 내가 사는 곳, 나의 부모와 형제에 대해 이야기 나눈다.	
4세	어렸을 때의 사진이나 입었던 옷, 그렸던 그림 등을 소개하고 지금 나의 모습과 어떤 점들이 달라졌는지에 대해 이야기 나눈다.	
5세	성 개념을 다룬 동화나 성역할과 관련된 다양한 극놀이를 통해 자신의 성에 대한 인식을 표현할 수 있는 기회를 제공한다.	

출처: 교육과학기술부·보건복지부(2013). 3~5세 연령별 누리과정 지침서 재구성.

◉ 나와 다른 사람과의 차이를 알아보기

수준	활동개요	사진
3세	좋아하는 놀잇감, 음식, 놀이 등을 소개하면서 나와 친구의 다른 점을 알아본다.	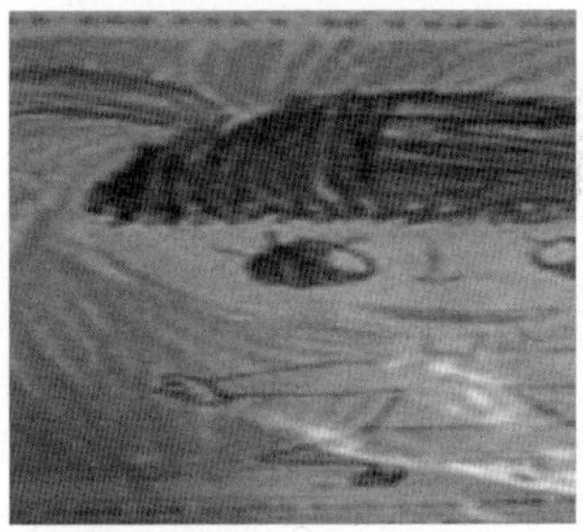
4세	자신의 모습을 다양한 방법으로 표현해 보고 나와 친구들의 표현하는 방법을 비교해 본다.	
5세	친구의 얼굴 그리기로 확장하여 친구의 모습을 자세히 살펴보고 그림으로 표현해 본다.	

◉ 나를 소중히 여기고 다른 사람을 존중하기

수준	활동개요	사진
3세	자신을 긍정적으로 인식할 수 있도록 부모나 다른 사람으로부터 칭찬받은 경험에 대해 이야기해 본다.	
4세	생활 속에서 스스로 자신의 장점 및 노력한 만큼의 성취 정도를 표현해 본다.	
5세	• 자신의 소중함을 느낄 수 있도록 탄생과정, 태몽, 태교에 관한 이야기 등을 조사하고 소개하는 활동을 해본다. • 유아가 잘한 일이나 활동 결과물을 다른 사람에게 보여주는 전시회, 발표회 등을 열어 서로 느낀 점과 칭찬을 주고받는 경험을 한다.	

2 지도지침 및 유의사항

• 나에 대해 관심을 갖도록 하기 위해서 교사는 이야기 나누기를 비롯한 다양한 활동을 통해 유아가 자신에 대해 알아볼 수 있도록 지도한다. 예를 들면, 이름, 성별, 나이, 가족 등에 대해 알아보거나 내 몸과 얼굴을 관찰하여 보는 등 구체적인 활동경험을 제공한다.
(예) "내 이름을 친구들에게 소개해 보자." "어디서 누구와 살고 있니?"

• 유아가 자신의 몸을 이용하여 다양한 모양과 소리를 만들어 보면서 시간의 흐름에 따라 자신의 신체를 인식하고 자신이 어떻게 변화하고 성장해 가는지 경험할 수 있는 활동을 제공한다.
(예) "우리 몸으로 무엇을 할 수 있을까?" "몸을 이용해서 소리를 만들 수 있을까?" "키와 몸무게가 얼마나 변했는지 볼까?"

• 유아기는 긍정적인 자아개념을 형성하는 시기이므로 교사는 유아가 자신을 소중히 여길 수 있도록 지도해야 한다. 이때 유아가 자신의 모습 그대로 인정받을 수 있도록 자신이 잘하는 것, 좋아하는 것 등을 친구나 가족, 교사에게 소개할 수 있는 시간을 제공한다.

• 자신과 친구와의 공통점과 차이점을 인식함에 있어 성별이나 외모, 장애 등과 같은 외적인 부분뿐만 아니라 선호하는 놀이활동이나 음식, 색깔 등과 같은 내적인 공통점과 차이점에 대해서도 관심을 갖도록 한다. 이때 친구와 가족, 친척뿐만 아니라 장애인, 외국인 등과 같이 지역사회에서 만날 수 있는 사람들에 대해서도 이야기 나누는 경험을 제공할 수 있다.

(예) "나와 친구와 같은 점(다른 점)은 무엇이 있을까? 친구를 자세히 살펴보자." "가족들은 어떤 일을 하니?" "우리 가족과 ○○가족의 같은 점은 무엇이니? 다른 점이 있다면 어떤 점이 다르니?" "외국 사람을 본 적이 있니? 어떤 느낌이 들었니?"

- 책, 현장체험, 역할놀이, 외국인 초빙 등의 활동을 통해서 차이를 인정하고 더 나아가 존중할 수 있는 태도를 형성하도록 지도한다.
- 교사가 먼저 유아의 외모, 행동, 정서, 능력, 흥미, 생각을 존중하며 유아를 소중히 여기는 모범을 보여야 한다.
- 교사는 유아에게 지시, 명령, 위협, 경고, 비난, 충고 등 긍정적 자아개념 형성 및 의사소통에 걸림돌이 되는 언어를 사용하지 않도록 주의한다.

◉ 나의 일 스스로 하기

'나의 일 스스로 하기'는 내가 할 수 있는 일을 알아보고 실천해 보며 나아가 내가 할 수 있는 일을 스스로 하도록 하고, 여러 가지 일들 중에서 내가 하고 싶은 일을 선택해 보고 계획하여 실행해 보는 내용이다. 자기가 할 수 있는 일을 찾아서 실천하는 과정을 통해 유아는 성취감과 책임감을 기를 수 있다.

1 연령별 활동 예시

◉ 할 수 있는 일 알아보고 해보기

수준	활동개요	사진
3세	선반 위에 붙인 놀잇감 사진을 보며 필요한 놀잇감을 찾고, 또 가지고 놀았던 것을 스스로 정리한다.	
4세	놀잇감을 정리하는 시간에 자신이 가지고 놀았던 놀잇감을 제자리에 정리하거나 다른 유아의 정리를 돕는다. 유아는 놀았던 놀잇감뿐만 아니라 유아용 빗자루, 스펀지 등을 사용하여 자신의 주변을 깨끗이 정리한다.	
5세	흥미 영역에서 놀잇감을 정리하지 않았을 때 어떤 일이 생길 것인지에 대해 이야기를 나누며 놀잇감 정리에 대한 약속을 정하고 실천한다.	

◉ 하고 싶은 일 선택하고 해보기

수준	활동개요	사진
3세	자유선택활동 시간에 스스로 선택한 놀잇감과 놀이방법을 이용하여 자유롭게 놀이한다.	
4세	자유선택활동 시 준비된 교실 환경 속에서 자신의 흥미와 능력에 맞는 놀이를 스스로 선택하여 활동하고 평가한다.	
5세	활동한 결과물을 발표하거나 친구들과 함께 전시를 위한 계획을 세우고 준비하여 친구들이나 동생들에게 소개한다.	

2 지도지침 및 유의사항

- 놀잇감, 개인 용품 등 물건에 표시를 해주어, 유아가 놀잇감과 자기의 물건을 제자리에 정리하고 정돈할 수 있도록 한다.
- 유아의 자율성을 기를 수 있는 동화나 관련 있는 이야기 나누기를 통해 유아 스스로 할 수 있는 일에 대해 알아보고 실천하도록 격려한다.
- 교사는 유아의 흥미와 능력에 대한 정보를 기초로 다양한 흥미 영역에서 유아 자신이 계획하고 선택할 수 있는 기회를 제공한다.
- 유아에게 하고 싶은 일을 선택해 볼 수 있도록 민주적이고 개방적인 학급 분위기를 조성한다.
- 부모면담이나 가정통신문, 대화수첩 등을 통해 부모와 지속적으로 의사소통함으로써 유아가 스스로 하는 일들이 기관과 가정에서 연계되어 이루어질 수 있도록 협력한다.

나. 나와 다른 사람의 감정 알고 조절하기

◉ 나와 다른 사람의 감정 알고 조절하기

'나와 다른 사람의 감정 알고 조절하기'는 자신에게 여러 가지 감정이 있음을 알고 자신의 감정을 표현할 줄 알며, 다른 사람의 감정에 대한 관심과 이해를 바탕으로 다른 사람의 감정을 공감하는 내용으로서 이를 위하여 유아가 자신의 감정을 잘 알고 이를 언어적으로 또는 비언어적으로 표현하는 방법을 익힌다. 이를 토대로 다른 사람의 감정을 수용하고 이해하며 공감할 수 있는 태도를 형성한다.

1 연령별 활동 예시

◉ 다양한 감정 알아보기

수준	활동개요	사진
3세	거울을 보면서 자신의 얼굴표정을 다양하게 지어 보며 여러 가지 감정이 있음을 알도록 한다.	
4세	자신의 감정을 다양한 방식(예: 언어, 신체 및 미술 표현 등)으로 표현한다.	
5세	유아가 기쁘고, 즐겁고, 미안하고, 부끄럽고, 속상하고, 실망할 때(예: 노래를 부를 때, 엄마에게 혼이 났을 때, 동생이 미울 때, 좋아하지 않는 물건을 선물로 받았을 때 등)를 기억해 보고 어떠한 감정이 들었는지 말로 표현해 본다.	

◉ 친구의 감정 알아보기

수준	활동개요	사진
3세	일상생활에서 유아가 감정을 표현하는 상황(예: 넘어져서 울고 있을 때, 엄마가 보고 싶을 때, 춤을 추고 있을 때 등)을 보고 친구의 감정에 대해 말해 본다.	
4세	다양한 감정이 포함된 동화 속 등장인물을 극놀이로 재현해 본다.	
5세	다양한 상황들(예: 쌓아 놓은 블록을 무너뜨리는 장면, 친구를 놀리는 장면, 함께 놀아 주지 않는 장면, 갖고 놀던 놀잇감을 빼앗아 가는 장면, 같이 놀고 나서 정리하지 않고 가 버리는 장면 등)을 극으로 꾸며 본다.	

2 지도지침 및 유의사항

- 교사는 유아가 슬프고, 기쁘고, 행복하고, 화나고, 속상하고, 실망하는 등 자신의 감정을 알고 이를 말로 표현할 수 있도록 한다. 또한 교사가 다양한 감정을 적절하게 표현하는 본보기를 보여 주어서 유아가 다양한 감정 상태를 알고 적절하게 표현하도록 한다.

(예) "많이 속상할 때는 '정말 속상해요'라고 말하는 거야!"
"친구를 때려서 아프게 하면 선생님도 화가 나고 속상하구나."

- 유아가 잘 관찰할 수 있는 장소에 남녀노소가 다양한 감정을 표현하고 있는 사진이나 그림들을 게시해 주어 유아가 다양한 감정의 종류에 대하여 관심을 가질 수 있는 기회를 제공한다.
- 교사는 유아가 다른 사람의 감정에 관심을 갖도록 주의를 환기시켜 주고 친구들의 감정은 모두 다를 수 있다는 것을 알도록 한다. 이때 성인이나 친구의 감정을 읽어 줌으로써 다른 사람의 감정 차이를 구분하는 기회를 제공한다.
- 학급에서 일어난 갈등해결 상황 또는 일상생활 중 기쁘거나 슬픈 감정과 관련된 상황을 유아가 다른 사람의 감정을 공감할 수 있는 기회로 활용한다.
- 긍정적인 표현뿐만 아니라 부정적인 표현도 필요한 상황이 있음을 알려 주도록 한다. 다만 부정적인 감정은 사회적으로 수용 가능한 방법으로 표현해야 함을 함께 알도록 한다.
- 화가 나거나 너무 기뻐도 눈물이 날 수 있고, 속상하지만 괜찮다고 표현하는 등 복합적인 감정이 존재함을 알고 유아가 이를 죄책감 없이 수용할 수 있도록 한다.

◉ 나의 감정 조절하기

'나의 감정 조절하기'는 자신의 감정을 상황에 맞게 조절해 보는 내용이다. 유아가 사회적으로, 문화적으로 수용될 수 있는 감정 표현을 알고 조절함으로써 성숙한 정서발달을 도모할 수 있고, 사회적으로 수용되는 감정조절 기술을 습득하며 다른 사람과 긍정적인 관계를 맺는 기초를 형성할 수 있다.

1 연령별 활동 예시

◉ 자기 감정을 조절하기

수준	활동개요	사진
3세	울다가 웃기, 화내기와 웃기 등 상반되는 감정을 표정이나 몸짓으로 표현하는 놀이를 해본다.	
4세	인형을 이용하여 부정적이거나 긍정적인 감정을 조절하는 놀이를 해본다.	
5세	그림책에 등장하는 인물을 활용하여 어떻게 감정을 조절하면서 다양한 문제를 해결할 수 있는지에 대하여 이야기를 나눈다.	

2 지도지침 및 유의사항

- 유아가 자신의 감정을 표현하는 방식에 차이가 있음을 알고, 부정적인 감정을 긍정적으로 조절하도록 하는 데 중점을 둔다.
- 교사는 유아가 사회에서 수용되는 감정표현 방식을 알도록 하고, 유아의 다양한 감정을 상황에 따라 적절하게 표현할 수 있는 기회를 제공한다.
  (예) "화가 난 것을 말로 설명할 수 있어."
  "슬플 때는 울어도 돼. 우는 것이 부끄러운 것은 아니야."
- 교사는 학급에서 무의식적으로 나타내는 자신의 감정표현 방식에 유의하도록 한다. 개인적으로 화가 나는 일이 생기더라도 때와 상황에 알맞게 감정을 조절하는 모습을 유아에게 보여 주어서 본보기가 될 수 있도록 한다.

다. 가족을 소중히 여기기

가족에 대한 의미와 소중함을 알게 함으로써 가족에 대한 자부심을 갖도록 하는 데 주안점을 두며, 가족 구성원과 역할, 친구들의 가족에 대하여 알아봄으로써 다양한 가족에 대해 편견 없는 태도를 형성하는 데 초점을 둔다.

◉ 가족과 화목하게 지내기

'가족과 화목하게 지내기'에서는 가족의 의미와 소중함을 알며 화목하게 지내는 내용을 다룬다. 이를 통해 가족이 있음에 감사한 마음을 갖고, 가족을 소중히 여기는 마음을 갖도록 한다.

1 연령별 활동 예시

◉ 가족의 소중함 알기

수준	활동개요	사진
3세	가족막대인형을 활용하여 엄마 아빠와 즐거웠던 점을 말하고 이를 녹음하여 들어본다.	
4세	가족막대인형을 꾸미고 가족이 함께 있어서 좋은 점을 그림이나 글로 표현해 본다.	
5세	가족이 있어 감사한 점에 대해 '고마운 우리 가족 이야기'로 구성하여 인형극으로 소개해 본다.	

◉ 가족과 화목하게 지내기

수준	활동개요	사진
5세	유치원이나 어린이집에 가족을 초대하여 다양한 가족 구성원들과 함께 만들기, 요리하기, 게임하기 등의 활동을 진행한다.	

2 지도지침 및 유의사항

- 교사는 가정에서 가지고 온 사진이나 물건 등을 활용하여 가족의 의미와 소중함을 느낄 수 있는 기회를 제공한다.
  (예) "가족과 함께해서 행복했던 일을 말해 줄 수 있니?"
  "가속이 어떻게 지내는지 이야기해 줄 수 있니?" "가족의 자랑거리를 소개해 줄 수 있니?"
- 가족에게 고마움이나 소중함을 표현할 때 이를 전달할 수 있는 방법(예: 행동, 말, 선물 등)이 있음을 알고 마음을 전달하는 방법을 알도록 한다.
  (예) "가족에게 감사하는 마음을 전하기 위한 방법에는 어떤 것들이 있을까?"
  "엄마, 아빠 '사랑해요'라고 표현하려면 어떻게 하면 좋을까?"
  "엄마, 아빠가 몸이 피곤하실 때 우리가 어떻게 해드리면 나아지실까?"
- 가족 간에도 화목하게 지내려면 서로 예의를 지키며 존중해야 함을 알도록 한다.
  (예) "가족의 물건 중에서 네가 필요한 것이 있을 때 어떻게 하면 좋을까?"
  "누나나 형, 동생과 사이좋게 지내려면 어떤 방법이 있을까?"
- 가정과 연계하여 집에서 가져온 사진, 가족들이 사용하는 물건 등으로 환경 구성을 한다.
- 가족에 대하여 이야기할 때 교사는 항상 긍정적이고 자랑스러운 부분을 강조하기보다 유아들이 자신의 가족에 대하여 있는 모습 그대로 자연스럽게 말할 수 있도록 허용적인 분위기를 만드는 데 유의한다.
- 다양한 가족 문화와 다문화가족에 대한 반편견 교육내용을 포함하도록 한다.

◉ 가족과 협력하기

'가족과 협력하기'는 유아가 자신의 가족 구성원과 각자의 역할에 대해 알아보며 다양한 가족 구조에 대해 알아보고, 나의 가족을 위해 내가 할 수 있는 일을 찾아보고 실천하며 가족 간에 서로 도울 수 있는 방법을 알아보는 내용이다. 유아는 가족 구성원을 소개하고 역할을 알아보며 친구들 가족과의 차이를 이해하는 활동을 통해 다양한 가족에 대하여 편견 없이 수용하는 태도를 형성한다. 또한 가족을 위해 유아 수준에서 할 수 있는 일을 알아보고 실천하며 가족 간에 어떠한 도움을 주고받을 수 있는지에 대하여 지도한다.

1 연령별 활동 예시

◉ 가족 소개하기

수준	활동개요	사진
3세	가정과의 연계를 통해 집에서 가져온 사진과 물건으로 가족에 대하여 소개해 본다.	
4세	우리 가족을 소개하는 책으로 만들고 우리 가족이 하는 일을 잡지에서 찾아서 꾸며 본다.	
5세	우리 가족에 대한 이야기를 소식지로 정리하여 친구들에게 소개하는 과정에서 다양한 가족 구조와 형태에 대해 경험하게 한다.	

◉ 가족을 위해 도울 수 있는 일 알아보기

수준	활동개요	사진
3세	신발 정리하기, 식사 차리는 것 돕기, 심부름하기 등 가족을 위해 할 수 있는 일에 대해 친구와 이야기한다.	
4세	가족참여활동에 가족이 초대되어 왔을 때 유치원이나 어린이집 안내하기, 간식 준비하기 등을 돕는다.	
5세	가정과의 연계활동으로 자신이 가족을 도울 수 있는 일을 쿠폰으로 만든 후 가정에서 실천한다.	

2 지도지침 및 유의사항

- 다양한 가족(예: 한부모가족, 다문화가족 등)의 유형에 대해 알아보고 가족이 다양한 구성원으로 이루어져 있음을 알도록 한다.
  (예) "우리 반 친구들의 가족 이야기를 들어볼까?" "만약에 엄마가 계시지 않는다면, 그 집에서는 누가 엄마를 대신해서 도와줄 수 있을까?"
- 가족의 다양한 특성(예: 엄마 역할을 하는 할머니, 다문화가족 엄마)과 역할(예: 가족을 돌보는 아버지, 밖에서 일하시는 어머니 등)에 관심을 갖고 존중하도록 한다.
- 유아가 가족 구성원의 역할을 알고 가족 간에 서로 도와야 하며 자신의 수준에서 가족에

게 도움을 줄 수 있는 일을 실천해 보도록 한다.
(예) "아빠가 음식을 하실 때 너희가 도울 수 있는 일에는 어떤 것들이 있을까?"
"엄마가 안 계실 때 너희들이 할 수 있는 일에는 어떤 것들이 있니?"

- 역할놀이 영역에 가족과 관련한 소품을 다양하게 제공한다.
- 가족 구성원의 역할에 대하여 성 고정적인 선입견을 가지지 않고, 양성평등 의식을 가지도록 기회를 제공한다.
- 각 가족은 가족구조, 생활방식, 가치관이 다르므로 이러한 차이를 이해하고 다양성을 존중하는 반편견·다문화 관점을 교사가 가지도록 한다.
- 유치원이나 어린이집의 행사를 특정 구성원의 참여(예: 어머니 참여, 아버지 참여 등)로 제한하지 말고 가족으로 확장하여 다양한 가족을 배려한 활동을 준비하도록 유의한다.

라. 다른 사람과 더불어 생활하기

서로 협동하여 놀이하고, 친구와의 갈등을 긍정적으로 해결하는 방법을 익히는 데 초점을 두며, 다른 사람과 도움을 주고받고 화목하게 지내며 더불어 살아갈 수 있는 능력을 기르는 데 초점을 두고 있다. 다양한 능력과 특성을 가진 사람들을 수용하고 존중, 배려할 줄 알게 되어 원만한 인간관계를 유지하도록 하며, 사회와 자연환경에 관심을 갖게 하여 사회 적응력을 높이고, 도덕성의 기초를 형성하는 데 주안점을 둔다.

◉ 친구와 사이좋게 지내기

'친구와 사이좋게 지내기'는 유아가 친구의 소중함을 알며, 친구들과 바람직한 관계를 형성하고 유지하는 능력을 기르는 내용이다. 친구들에게 친밀감을 표현하고, 협동하면서 놀이하며, 갈등을 해결하는 과정을 통해 수용, 배려, 양보, 타협 등 친구와 사이좋게 지낼 수 있는 사회적 기술을 익히도록 지도한다.

1 연령별 활동 예시

◉ 친구와 함께 놀이하기

수준	활동개요	사진
3세	친구와 함께 쌓기놀이, 모래놀이, 역할놀이 등의 여러 가지 놀이를 해본다.	
4세	친구들과 서로 의견을 나누고 협동하면서 놀이를 해 본다.	
5세	친구들과 무엇을 만들 것인지 계획을 세우고 역할 분담을 통해 협동하면서 놀이를 해본다.	

◉ 친구와의 갈등 해결

수준	활동개요	사진
3세	친구와 이야기를 나누면서 친구의 생각이 나와 다르다는 것을 알아본다.	
4세	친구들과 토의활동을 통해 갈등이 일어난 이유를 알아보고, 해결방법에 대하여 이야기를 나누어 본다.	
5세	친구와 화해의 악수나 서로 안아 주기, 양보하기 등의 갈등 문제를 해결할 수 있는 방법을 찾아서 해본다.	

2 지도지침 및 유의사항

- 친구와 함께 생각하고 행동하면서 협동의 효과와 즐거움을 느낄 수 있는 다양한 경험의 기회를 갖도록 한다. 물건을 나누어 쓰거나, 순서를 바꿔가며 서로 공유하고 양보하는 등 다양한 협동방법을 적용해 보는 과정을 통해 집단의 한 구성원으로서 자발적으로 협력하는 자세를 배우도록 한다.
- 친구들 간에도 서로 의견 차이와 갈등이 있음을 알고, 긍정적인 방법으로 문제를 해결하도록 한다. 다툼과 갈등은 서로 이해가 부족하여 생기는 것임을 알고 상대방의 관점에서 생각해 보게 하며, 갈등이 있을 때는 서로 배려하고 양보하는 노력을 통하여 화해하고 협동하는 관계로 되돌아가는 긍정적인 경험을 할 수 있도록 지도한다.

(예) "○○가 친구 때문에 속상했구나. 무슨 일이 있었는지 말해 줄 수 있겠니?"
"그럴 때 친구의 마음은 어땠을까?"
"어떻게 하면 서로 사이좋게 지낼 수 있을까?"

- 갈등상황에 개입할 때에는 명확한 상황판단으로 어느 한쪽에게만 일방적인 양보나 배려를 요구하지 않도록 한다.

◉ 사회적 가치를 알고 지키기

'사회적 가치를 알고 지키기'는 사회의 질서를 유지하기 위해서 필요한 사회적 가치를 알고 지키는 습관을 기르도록 하는 내용이다. 정직한 말과 행동, 다른 사람에 대한 존중과 배려, 예의 바른 행동, 약속과 공공규칙 지키기, 자연과 자원 보호하기 등과 같은 사회적으로 가치 있는 것들에 대한 필요성과 중요성을 이해하고 실천하면서 올바른 습관을 형성하도록 지도한다.

1 연령별 활동 예시

◉ 정직하게 말하고 행동하기

수준	활동개요	사진
4세	정직하지 않은 말과 행동을 했을 때 어떤 마음이 들었는지 친구들에게 이야기해 본다.	
5세	정직한 행동과 정직하지 않은 행동에 대한 역할놀이를 해 보고, 정직해야 하는 이유에 대해 토의활동을 해본다.	

◉ 다른 사람을 존중하고 배려하기

수준	활동개요	사진
3세	친구나 다른 사람의 물건을 만져도 되는지 허락을 구하고 상대방이 허락하면 만지거나 사용해 본다.	
4세	친구들과 잘 어울리지 못하는 친구에게 간식 시간에 옆자리에 앉도록 배려하여 같이 먹는다.	
5세	친구와 함께 놀이를 하면서 친구의 차례가 끝날 때까지 기다려 준다.	

◉ 예의 바르게 행동하기

수준	활동개요	사진
4세	집으로 돌아갈 때 친구에게 "안녕, 내일 또 보자" 하고 바른 말을 사용하며 웃는 얼굴로 인사해 본다.	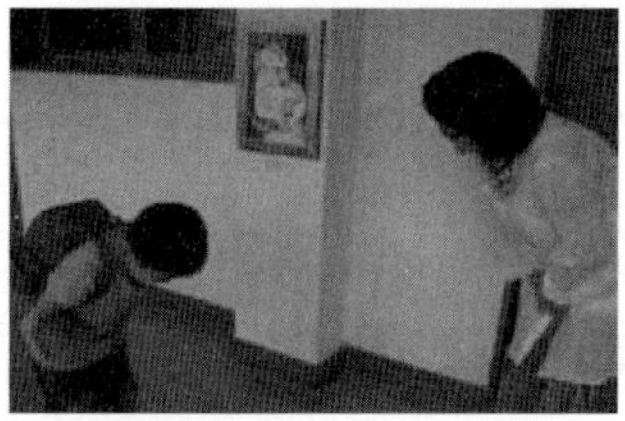
5세	선생님을 만나면 바른 자세로 고개 숙여 인사하고, 다른 사람이 이름을 부르면 "안녕하세요" 하고 친절히 응대하며 예의 바르게 먼저 인사한다.	

◉ 약속과 공공규칙 지키기

수준	활동개요	사진
3세	약속과 규칙에 관련된 책을 보며 약속과 규칙을 지켜야 하는 필요성에 대해 알아본다.	
4세	우리가 지켜야 할 약속을 만들며 약속과 규칙을 잘 지키면 어떤 점이 좋은지에 대해 이야기를 나누어 본다.	
5세	장소 및 상황에 맞는 공공규칙을 알아보고 놀이터에서 차례 지키기 등의 체험활동을 해본다.	

◉ 자연과 자원 아끼기

수준	활동개요	사진
4세	텃밭 가꾸기, 곤충 관찰하기 등의 체험활동을 통하여 자연과 자원의 중요성에 대해 이야기를 나누어 본다.	
5세	수돗물 잠그기, 전등 끄기 등의 자원을 아끼고 보호하는 활동을 직접 경험해 본다.	

[2] 지도지침 및 유의사항

- 정직한 말과 행동의 중요성에 대해 알아보고, 어떠한 경우에도 정직하게 말하고 행동하도록 지도한다. 동화책, 영상, 토의활동 등을 통하여 유아와 정직과 솔직함의 긍정적인 효과와 정직해야 하는 이유에 대해서 이야기 나누기를 해본다.
- 다른 사람과 함께 생활할 때에는 자신의 생각과 감정만이 아니라 상대방의 의견이나 감정도 존중하고 배려할 줄 알게 한다.
- 예의 바른 행동은 다른 사람에 대한 존중과 배려, 친절 등을 표현하는 것임을 알게 하고, 친구나 어른에게 바른 말을 사용하며 웃는 얼굴로 인사하고 예의를 갖추어 행동하도록 지도한다.
  (예) "어른들께는 어떤 말을 사용해야 할까? 친구에게는 어떻게 말해야 될까?"
  "선생님과 친구들에게 어떻게 인사를 하면 좋을까?"
- 사회가 건강하고 질서 있게 유지되기 위해서는 약속과 공공규칙을 지키는 노력이 필요함을 알게 하고, 이를 통해 유아 스스로 행동을 선택하고 통제하는 법을 습득하여 사회적 가치 규범의 중요성을 내재화할 수 있도록 도와준다.
- 자연과 자원이 우리의 생활에 주는 도움과 그 가치에 대하여 알아보고, 자연과 원을 보호하는 습관을 기르도록 지도한다.
  (예) "자연과 자원은 우리 생활에 어떤 도움을 주는지 생각해 보자."
  "우리가 자연을 잘 보호하지 않으면 어떤 일이 생길까?"
  "소중한 자연과 자원을 보호하려면 어떻게 해야 할까?"
- 다양한 경험을 통하여 익힐 수 있도록 현장체험이나 직접 경험의 기회를 많이 제공한다.
- 일상생활 속에서의 지속적이고 반복적인 실천으로 올바른 습관이 형성 될수 있도록 지도한다.

출처: 보건복지부(2013). 제3차 어린이집 표준보육과정 교사용 지침서.

마. 사회에 관심 갖기

자신이 속한 지역사회의 다양한 모습과 함께 어울려 지내는 사람들과 사람들의 하는 일과 관계 등에 관심을 가지며, 스스로 사회 구성원으로서의 소속감과 자긍심을 느끼도록 하며, 우리나라를 상징하는 것, 전통, 역사, 문화에 관심을 갖도록 하며, 자랑스러운 우리나라의 역사와 문화에 대하여 자부심을 갖도록 한다. 또한 세계 여러 나라에 대해 관심을 가지고 다양한 인종과 문화에 대해 알고 존중하며 서로 협력해야 함을 알도록 하는 데 주안점을 두고 있다.

◉ 지역사회에 관심 갖고 이해하기

'지역사회에 관심 갖고 이해하기'는 지역사회에 대한 관심을 통해 우리 동네 이름과 우리 동네가 갖고 있는 다양한 특성, 함께 어울려 사는 사람들과 하는 일, 다양한 직업 등 지역사회의 특성과 만나게 되는 다양한 사람들에 대한 구체적인 것들을 알아보는 내용으로 함께 어울려 살아가면서 활용되는 돈의 필요성과 일상생활에서의 쓰임새 등을 알아보는 것을 포함하고 있다.

1 연령별 활동 예시

◉ 내가 사는 동네 알기

수준	활동개요	사진
3세	나와 친구들이 살고 있는 동네 이름, 어린이집 혹은 유치원이 있는 동네 이름을 소개해 보고 어떤 모습을 하고 있는지 돌아보며 동네의 길이나 건물의 형태에 관심을 가져 본다.	
4세	내가 살고 있는 동네와 친구가 살고 있는 동네 이름, 어린이집 혹은 유치원이 있는 동네의 모습을 돌아보고 여러 가지 모양과 형태의 폐품들을 이용하여 동네에서 보았던 건물, 도로 등을 표현해 본다.	
5세	나와 친구들이 살고 있는 동네, 어린이집 혹은 유치원이 있는 동네를 돌아보기 활동에서 보다 구체적인 정보수집 활동을 통해 우리 동네에 있는 장소의 특성과 역할에 대해 알아본 후 동네 구성하기 등의 활동으로 진행한다.	

◉ 우리 동네 사람들의 하는 일과 직업 알아보기

수준	활동개요	사진
3세	다양한 직업을 나타내는 옷 혹은 도구 관련 그림이나 사진 및 인형모형 등을 탐색하며 어떤 일을 하는 사람들의 옷 혹은 도구인지 자신의 경험을 토대로 표현해 본다.	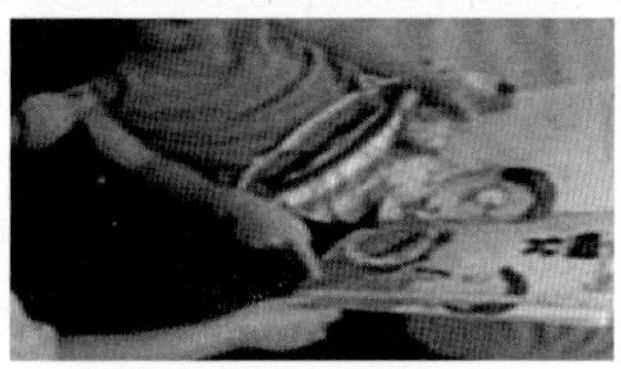

수준	활동개요	사진
4세	다양한 직업을 나타내는 인형을 만들어 구성놀이에 활용해 보거나 역할 소품을 활용하여 직업이 갖는 특성과 역할을 사회극놀이로 표현해 본다.	
5세	우리 주변의 다양한 직업에 대해 관심을 가지고 자신이 하고 싶은 직업이나 알아보고 싶은 직업에 대해 다양한 매체를 통해 알아봄으로써 직업의 다양성을 이해하는 경험을 갖는다.	

◉ 돈의 필요함과 쓰임새 알기

수준	활동개요	사진
4세	유아가 가족들과 가게에 가 보거나 물건을 구입했던 경험을 토대로 가게를 꾸미고 가게에서 일하는 사람들과 물건을 사고파는 과정에 필요한 돈의 쓰임새를 경험해 본다.	
5세	가게에 물건이 오기까지의 과정과 물건의 값, 돈의 단위에 대한 이야기와 함께 직접 가게에 가서 구매해 보는 경험을 해본다. 사고 싶은 것과 필요한 것을 고려하고 우선순위를 정해 계획하여 사 보는 경험을 해본다.	

2 지도지침 및 유의사항

- 유아가 우리 동네 이름을 알고 우리 동네에 있는 다양한 장소를 살펴보면서 우리 동네에 관심을 가지도록 한다.
  (예) "우리 가족과 살고 있는 곳을 무엇이라 부를까?"
  "이곳은 무엇을 하는 곳일까? 가본 적이 있니?"
- 우리 동네의 특징에 대해 알아볼 수 있는 기회를 다양하게 제공한다. 구체적이고 직접적인 정보수집 활동을 통해 자신이 이해하고 개념화한 지식을 표현할 수 있는 기회를 갖는 데 중점을 둔다.
- 동네 사람들의 다양한 모습과 공공기관이나 생활 관련 공간에서 경험한 서비스를 기억하여 놀이로 표현하고 이를 반복해 놀이할 수 있도록 적절한 자료와 환경을 구성한다.

(예) "우리 동네 공원에 산책 갔을 때 무엇을 보았니?"
"우리가 산책공간을 만든다면 어떻게 만들고 싶니?"

- 사회의 일원으로서 지켜야 할 규칙이나 예의범절 등을 놀이를 통해 자연스럽게 접해 볼 수 있는 경험을 제공한다. 무엇보다 대상과 상황에 따라 어울리는 말과 행동을 하는 데 중점을 둔다.
- 성역할 고정개념이 형성되지 않도록 직업과 관련된 책들을 다양하게 비치해 주고 역할 놀이를 통해 다양한 직업의 세계를 체험하도록 하여 일의 소중함, 직업 세계의 다양함, 사회적 역할의 중요성에 대해 생각하고 이야기하는 기회를 제공한다.
- 물건을 사고파는 경험 및 일상생활에서 돈을 사용하는 놀이 등을 계획하여, 유아가 돈의 쓰임새 및 기초적인 경제개념을 이해하도록 한다.

(예) "요리에 필요한 재료를 사러 어디로 가야 할까?"
"이 사과를 사려면 돈을 얼마나 내야 할까?"

- 다양한 직업을 경험하게 해주는 것도 중요하나 성역할 고정관념이 형성되지 않도록 여러 종류의 자료를 풍부하게 준비하고 언어적 상호작용에 있어서도 편견적인 표현이 나타나지 않도록 유의한다.

◉ 우리나라에 관심 갖고 이해하기

'우리나라에 관심 갖고 이해하기'는 우리나라를 상징하는 것, 전통놀이와 풍습, 역사와 문화에 대한 관심을 가짐으로써 우리나라에 대한 자부심을 갖는 것을 내용으로 한다.

1 연령별 활동 예시

◉ 우리나라를 상징하는 것 알기

수준	활동개요	사진
3세	일상생활에서 우리나라를 상징하는 것들에 대해 관심을 가지고 자연스럽게 접할 수 있는 기회와 환경을 제공해 주어 태극기, 무궁화, 애국가 등의 상징물에 지속적인 관심을 갖도록 한다.	
4세	우리나라를 상징하는 것들을 정확히 알고 다른 나라를 상징하는 것 사이에서 변별하여 찾아볼 수 있도록 한다.	

수준	활동개요	사진
5세	국기, 국가, 국화 외에도 우리나라의 상징물들(예: 태극무늬, 한글 등)을 활용하여 창의적 작품을 만들어 보거나 상징물을 대하는 예절은 무엇인지 알아보고 실천해 볼 수 있도록 한다.	

◉ 우리나라 전통놀이와 문화에 관심 갖고 즐기기

수준	활동개요	사진
3세	우리나라 전통 가옥의 이름과 특징(모양, 색깔, 소재 등)에 관심을 갖고 살펴본다.	
4세	전통 가옥의 특징적 모습이 드러나도록 방의 모습을 꾸미고 방에서 사용했던 옛날 물건을 직접 사용하여 놀이하는 경험을 갖는다.	
5세	우리나라 전통 가옥과 현대 가옥의 이름을 알고 차이점을 알아본다. 또한 미래의 우리나라에 어떤 집이 있을지 상상하여 표현해 본다.	

◉ 우리나라의 자랑거리 알아보기

수준	활동개요	사진
4세	어린이집 혹은 유치원 주변에 있는 자랑스러운 문화재를 직접 방문하여 문화재에 대한 관심을 갖고 탐색하고 탐색한 내용을 표상해 보는 경험을 제공한다.	
5세	사람들에게 문화재를 사랑하고 아끼는 마음을 갖도록 알릴 수 있는 방법을 의논하여 제작해 보고, 직접 주변 사람들에게 전달해 보는 경험을 갖는다.	

2 지도지침 및 유의사항

- 유아가 우리 동네 이름을 알고 우리 동네에 있는 다양한 장소를 살펴보면서 우리 동네에 관심을 가지도록 한다.
- 우리나라를 상징하는 것(예: 태극기, 애국가, 무궁화)에 대해 관심을 갖고 살펴보며 이와 같은 상징물이 우리 주변에 다양하게 사용되고 있음을 알아본다.
- 우리나라를 나타내는 상징물(태극기, 애국가, 무궁화)을 대하는 태도와 바른 예절을 알아보고 지키도록 한다.
- 유아가 과거 상황에 대해 가장 흥미롭게 접할 수 있는 방법은 우리의 고유 풍습을 생활 중에 자연스럽게 접하고 친숙함을 가질 수 있게 하는 것이므로 이러한 경험을 풍부하게 제공할 수 있도록 한다.
- 자랑스러운 우리나라의 역사와 문화에 대한 활동을 계획하여 유아가 우리나라에 대해 자부심을 갖게 하는 데 중점을 둔다.
- 우리나라 역사와 문화에 관한 활동은 모든 주제 속에서 조금씩 접근해 볼 수 있는 것으로 명절이나 특정 주제에서만 다루어지지 않도록 유의한다.

◉ 세계와 여러 문화에 관심 가지기

'세계와 여러 문화에 관심 가지기'는 세계 여러 나라에 대한 관심을 통해 서로 협력해야 한다는 것을 경험하고, 다양한 인종과 문화에 대한 관심을 갖고 다양한 인종과 문화에 대해 알아보고 존중하는 것을 내용으로 한다.

1 연령별 활동 예시

◉ 세계 여러 나라의 소식에 관심 갖기

수준	활동개요	사진
4세	다양한 매체를 통해 여러 나라의 소식에 관심을 갖고 궁금한 점을 알아보며 다양한 소식에 대한 느낌과 생각을 표현해 본다.	
5세	여러 나라의 다양한 소식 중에서 어려움에 처한 사람들을 위해 우리가 할 수 있는 일들을 생각해 보고 우리가 도울 수 있는 방법을 선택하여 실천해 보는 경험을 한다.	

◉ 다양한 인종과 문화에 대한 이해와 존중하기

수준	활동개요	사진
4세	세계 여러 나라 사람들의 생김새, 언어, 옷, 음식, 노래와 춤, 풍습, 민속공예품 등을 실물이나 동영상자료, 사진자료 등을 통해 찾아보고 직접 경험해 본다.	
5세	세계 여러 나라의 문화와 관련한 박물관이나 문화원, 우리나라에 있는 세계문화유산으로 지정된 문화재 등을 현장 체험하고 이를 소중히 보호하기 위해 우리가 해야 할 일에 대해 표현해 본다.	

(4) 활동의 실제

활동명	친구와 사이좋게 - 협동화	활동영역	사회관계
대상 연령	3~5세		
활동목표	•친구와 함께 놀이하면서 자신의 감정을 조절할 수 있다. •친구와 협동하는 방법을 안다. (사회관계>정서인식과 조절>자신의 정서를 조절하고 활용하기>또래와 사이좋게 지내기)		
활동자료	친구와 함께 놀이하는 모습을 찍은 사진이나 그림 카드, 천 밴드 줄, 반환점 음악		
활동방법	1. 사진을 보며 친구와 함께 놀이했던 경험에 대해서 이야기 나눈다. "친구와 함께 어떤 놀이를 해 보았니?" "같이 놀이를 해보니 기분이 어땠니? 어떤 점이 좋았니?" 2. 친구와 함께 협동화를 그릴 수 있는 방법에 대해서 이야기 나눈다. "친구와 사이좋게 즐겁게 하나가 되어 그림을 그리려면 어떻게 해야 할까?" "친구와 함께 재료를 나누어 쓰기 위해서는 어떻게 해야 할까?" "각자 자기가 그리고 싶은 것을 선택해 보는 것은 어떨까?" "혼자 재료를 다 가지고 사용하려 하면 어떻게 될까?" 3. 친구와 함께 즐겁게 협동화 그리기 놀이를 한다.		

활동명	친구와 사이좋게 – 협동화	활동영역	사회관계
활동사진			
평가 및 주의사항	• 즐겁게 협동화 그리기를 하기 위해서는 유아들에게 미리 다양한 상황을 유추해 볼 수 있도록 질문을 해주어 스스로 규칙을 정해 보도록 한다. • 친구들 사이의 놀이 경험을 바탕으로 기분을 이야기해 본다. • 즐겁게 협동화 그리는 과정에 충분한 다양한 재료를 준비해 준다.		

활동명	가게놀이	활동영역	사회관계
대상 연령	3~5세		
활동목표	• 가게놀이에 즐거움을 갖는다. • 물건을 사고파는 경험을 갖는다. (사회관계>사회적 지식>경제생활에 관심 가지고 이해하기>또래와 사이좋게 지내기)		
활동자료	재활용할 수 있는 물건들, 유아들이 만든 여러 가지 물건들, 계산기, 돈, 지갑, 리본, 비닐, 장바구니 등		
활동방법	1. 물건을 사고파는 장면이 담긴 사진이나 시청각자료 등을 보여준다(견학이 가능하면 현장학습 후에 활동해 본다). "꽃 가게에서는 어떤 분이 일하시니?" "생선 가게에서 생선을 사 본 경험이 있니?" 2. 다양한 가게놀이를 제안하고 필요한 물건들에 대해서 이야기 나눈다. "가게 놀이를 하려면 어떤 물건이 필요할까?" "가게 이름은 무엇으로 정할까?" "이 가게에서는 어떤 물건들을 팔 거니?"		

<table>
<tr><th>활동명</th><th>가게놀이</th><th>활동영역</th><th>사회관계</th></tr>
<tr><td></td><td colspan="3">3. 활동에 필요한 물건과 소품을 준비하고 유아들과 함께 준비한다.
4. 가게놀이를 하기 위해 역할을 정한다.
"가게놀이를 하기 위해서는 어떤 사람들이 있어야 할까?"<br>"주인이 하는 일은 무엇일까?"<br>"물건을 사는 손님은 어떤 사람들일까?"
5. 역할이 정해지면 가게 놀이를 시작한다.</td></tr>
<tr><td>활동사진</td><td colspan="3"></td></tr>
<tr><td>참고사항</td><td colspan="3">• 활동을 마치고 놀이에 대해 평가를 해 보고 이야기를 나눈다.
"어떤 물건을 제일 많이 팔았니?"<br>"가게 놀이를 하면서 더 필요했던 것은 무엇이 있었니?"<br>"오늘 물건을 판 수익금은 어떻게 사용하면 좋을까?"
• 유아들과 의논 후 결정하도록 한다.
(예) 불우이웃돕기, 양로원 방문 등
• 유아들이 손님과 주인 역할을 골고루 해볼 수 있도록 배려한다.
• 물건의 양을 조절하여 끝까지 흥미롭게 참여할 수 있도록 한다.</td></tr>
</table>

참고문헌

고정곤·이영희·김의석·김운삼·류혜원·김지영(2014). 유아사회교육. 경기: 양서원.

교육과학기술부(2013). 교육과학기술부 고시 제2012-16호 유치원교육과정.

교육과학기술부·보건복지부(2013). 3~5세 연령별 누리과정 교사용 지침서.

____________(2013). 3~5세 연령별 누리과정 해설서.

____________(2013). 3세 누리과정에 기초한 어린이집 프로그램.

____________(2013). 4세 누리과정에 기초한 어린이집 프로그램.

교육부·보건복지부(2019). 2019 개정 누리과정 해설서. 세종: 교육부·보건복지부.

구광현·이희경·김보현(2012). 유아사회교육의 이해. 서울: 동문사.

____________(2014). 유아사회교육의 이해. 서울: 동문사.

구순주(1984). 청소년의 성역할 유형과 창의성과의 관계. 경북대학교 대학원 석사학위논문.

권민균·문혁준·권희경·성미영·신유림·안선희·안효진·이경옥·천희영·한유미·한유진·황혜신(2012). 아동발달. 서울: 창지사.

김명이(2016). 동화재구성을 통한 극놀이 활동이 유아의 창의성 및 조망수용능력에 미치는 영향. 전남대학교 대학원 석사학위논문.

김상돈(2006). 사회경제적 지위가 사회적 신뢰에 미치는 영향: 단체참여와 사회적 지원의 매개효과 분석. 성균관대학교 대학원 박사학위논문.

김수정(2002). 틀린 믿음 표상의 발달적 경향과 언어 능력과의 관계. 연세대학교 대학원 석사학위논문.

김영옥(2015). 유아사회교육. 경기: 양서원.

김정윤(2000). 아동의 친구관계 질과 학교에 대한 태도 연구. 연세대학교 교육대학원 석사학위논문.

김정희·김현주·손은경·송연숙(2014). 유아발달. 서울: 동문사.

김지은·김진숙(2010). 유아관찰 및 평가. 경기: 양서원.

김지현(2003). 3세 및 5세 유아의 또래 갈등 상황에 따른 정서 표현 언어와 정서표현 행동 간의 관계. 서울대학교 대학원 석사학위논문.

김희진·이지현(2001). 유아의 연령 및 성 구성에 따른 또래 간 갈등의 양상. 한국교육학회, 39(2), 99-119.

마송희(1992). 아동의 사회적 수용도에 관한 연구. 중앙대학교 대학원 박사학위논문.

문은정·심희옥(2001). 아동의 친한 친구와의 관계와 자아지각 및 학교적응과의 관계. 아동학회지, 22(4), 99-113.

문혁준·김경은·서소정·성미영·안선희·임정하·하지영·황혜정(2014). 유아발달. 서울: 창지사.

문혁준·서소정·김정희·김혜연·김태은·이종신(2011). 아동학개론. 서울: 창지사.

민경환(2002). 성격심리학. 서울: 법문사.

박경화(2014). 친구 사진 이야기 나누기를 통해서 본 유아들의 우정 이야기. 한국교원대학교 교육대학원 석사학위논문.

박성연·Kenneth Rubin·윤종희·도현심·정옥분(2002). 걸음마기 아동의 행동억제: 아동의 기질 및 어머니의 양육행동과의 관계. 아동학회지, 23(4), 71-88.

박성연·박응임·서소정·안지영·이주연·임희수·장혜성·한세영(2007). 영유아교수법. 경기: 교문사.

박애자(2008). 유아의 마음이론 발달에 기초한 음악극과 역할극의 효과. 전남대학교 대학원 박사학위논문.

박유미(2004). 유아의 기질에 따른 또래갈등상황에서의 전략. 원광대학교 대학원 석사학위논문.

박찬옥·서동미·엄은나(2013). 유아사회교육. 경기: 정민사.

________________(2015). 유아사회교육. 서울: 정민사.

박찬옥·이경림·장명림(2007). 유치원교육과정 사회생활 영역의 개정방향 탐구. 유아교육연구, 27(1), 97-122.

박희숙(1985). 6, 7세 아동의 친구관계 개념발달에 관한 일 연구. 이화여자대학교 대학원 석사학위논문.

배기조·최보가(2002). 학령 전 아동의 마음의 이론과 양육 방식과의 관련성. 대한가정학회지, 148, 71-79.

백경임(2007). 지나치지 않게 자연스럽게 부모가 시작하는 내 아이 성교육. 서울: 샘터.

보건복지부(2012). 5세 누리과정에 기초한 어린이집 프로그램.

_________(2013). 어린이집 표준보육과정에 기초한 0~2세 영아보육프로그램.

_________(2013). 제3차 어린이집 표준보육과정 교사용 지침서.

_________(2013). 제3차 어린이집 표준보육과정.

보건복지부·중앙육아종합지원센터(2013). 제3차 어린이집 표준보육과정에 기초한 연령별 보육프로그램의 활용.

서봉연(1963). 도덕개념 발달에 관한 연구. 서울: 배영사.

서현실(2017). 흙 땅에서 하는 전래놀이가 유아의 문제행동과 우정의 질에 미치는 영향. 한양대학교 교육대학원 석사학위논문.

성혜자·김성민·이정분·김현식·최희숙·장경숙·박계도·김영수·류문숙·송배란·허은주·송석희·박민자·손영빈·이은희(2008). 현장교사들이 풀어쓴 유아사회교육. 경기: 양서원.

송명자(1995). 발달심리학. 서울: 학지사.

______(1999). 발달심리학. 서울: 학지사.

송정·엄정애(2008). 만 4세 유아의 사회극놀이에서의 정신상태 용어와 마음이론과의 관계. 유아교육연구, 28(2), 9-94.

송희원(2002). 사회적 역할놀이 활동이 유아의 조망수용능력과 친사회적 행동에 미치는 영향. 계명대학교 대학원 석사학위논문.

신미양(2003). 어머니의 낙관성과 유아의 정서지능과의 관계. 계명대학교 교육대학원 석사학위논문.

신유림(2004a). 유아의 친구관계 특성에 대한 연구. 유아교육연구, 24(6), 27-42.

______(2004b). 유아의 마음의 이론과 사회적 능력과의 관련성에 대한 연구. 유아교육연구, 24(3), 209-223.

______(2005). 아동의 틀린 믿음 및 정서이해 능력과 인기도 및 친구관계의 관련성. 대한가정학회지, 43(8), 13-23.

신현옥(1995). 자신과 타인이해 활동이 유아의 자아개념, 조망수용 및 친사회적 행동에 미치는 영향. 서울여자대학교 대학원 박사학위논문.

심우엽(2004). 놀이와 아동발달 및 교육. http://star.cnue.ac.kr/~shimwo/article/play.html.

안선·김희진(2003). 유치원 교육활동 자료에 나타난 유아사회교육 관련 활동 분석. 유아교육연구, 22(1), 53-78.

안수영(2004). 어머니의 자아의식과 유아의 정서지능과의 관계. 대구대학교 대학원 석사학위 논문.

안영진·이숙정(2008). 유아사회교육. 경기: 양서원.

양연숙·조복희(2001). 타인 양육 영아의 정서조절: 격리 및 타인 양육 특성과 어머니 및 영아 특성의 영향. 대한 가정학회지, 39(3), 67-81.

엄정례(1997). 유아의 또래 간 갈등상황 분석. 중앙대학교 대학원 박사학위논문.

오채선·이석순·박은미·장혜자·김영신·김미애(2008). 영유아사회교육. 서울: 파란마음.

유인옥(2008). 유아의 마음이론 발달 관련 변인에 관한 탐색적 연구. 충남대학교 대학원 박사학위논문.

윤기영·성혜자·김성민·이정분·김현식·최희숙·장경숙·박계도·김영수·류문숙·송배란·허은주·송석희·박민자·손영빈·이은희(2008). 유아사회교육. 경기: 양서원.

윤보영(2012). 단짝친구 유무에 따른 유아의 자아개념과 감정조망수용능력의 차이 및 관계. 이화여자대학교 대학원 석사학위논문.

이경실(2011). 유아사회교육의목표와내용, 수업운영에 대한 교수와 유치원교사의 인식. 이화여자대학교 대학원 박사학위논문.

이기숙(2000). 유아교육과정. 경기: 교문사.

______(2009). 유아교육과정. 경기: 교문사.

이돈희(1978). 도덕교육. 서울: 교육과학사.

이순복·김성원·김정희·박지영·석은조(2013). 놀이지도. 경기: 양서원.

이시자(2003). 그림동화책에 나타난 마음이론. 미래유아교육학회지, 10(4), 1-24.

이영자·유효순·이정욱(2001). 주제중심의 통합적 접근방법에 의한 유아사회교육. 서울: 교문사.

______________(2007). 주제중심의 통합적 접근방법에 의한 유아사회교육. 서울: 교문사.

이영환(1993). 낯선 상황에서 영아의 아버지에 대한 애착 유형. 경희대학교 박사학위 논문.

이은화·김영옥(2008). 유아사회교육. 서울: 양서원.

이은화·이경우(1987). 한국어머니의 유아 사회성 교육. 이화여자대학교출판부.

이재숙(2007). 유아들의 친구관계 질적 특성에 관한 연구. 한국교원대학교 대학원 석사학위논문.

임지윤(2015). 유아 우정증진교육 프로그램 개발과 효과. 조선대학교 대학원 박사학위논문.

장병림(1982). 아동심리학. 서울: 법문사.

장영희·엄정애·박수진(2007). 유치원 교육과정 사회생활영역 내용에 대한 교사의 인식. 교육연구, 41, 1-34.

장재정(1988). 중년기 여성의 성역할 정체감가 심리적 건강. 고려대학교 대학원 박사학위 청구논문.

장휘숙(2001). 아동발달. 서울: 전영사.

전귀연(1984). 아동의 성역할 유형과 자아존중감과의 관계. 경북대학교 대학원 석사학위 청구논문.

전남련·황연옥·이혜배·강은숙·권경미(2011). 아동관찰 및 행동연구. 경기: 양서원.

전예화·최미현·천희영·서현아·황해익·오경녀(2012). 유아사회교육의 이해. 경기: 양서원.

전철욱(2005). 역할놀이 유형이 유아의 창의성 및 조망수용능력에 미치는 영향. 동아대학교 대학원 박사학위논문.

정미라(2009). 유아의 성역할 정체감에 따른 자아존중감과 사회적 능력에 관한 연구. 아동교육학논집, 13(6), 107-130.

______(2010a). 유아의 성역할 정체감 유형에 따른 유치원 적응력. 아동교육, 19(3), 217 -234.

______(2010b). 유아의 성역할 정체감 형성을 위한 가정-유치원 상호 협력 중심 양성평등교육 프로그램 개발 및 적용. 유아교육연구, 31(4), 201-228.

정옥분(2002). 아동발달의 이해. 서울: 학지사.

______(2004). 발달심리학: 전생애 인간발달. 서울: 학지사.

______(2004). 영유아발달의 이해. 서울: 학지사.

정윤주(2004). 학령기 아동의 또래수용 및 가장 친한 학급 친구의 상호성에 따른 심리사회적 적응. 대한가정학회지, 42(7), 19-32.

정정옥·이경희·임은숙(2007). 아동의 성장과 발달 이해. 서울: 교육아카데미.

정진경(1990). 한국 성역할 검사(KSRI). 한국심리학회지: 사회, 5(1), 82-92.

정혜윤(2003). 통합유치원에서 장애유아의 또래관계와 우정형성에 관한 질적 연구. 부산대학교 대학원 석사학위논문.

정희영·이성복·김성원·윤선화·김정희·김서아·방승미(2014). 유아발달. 파워북.

정희준(2001). 친구선택 요인에 대한 유아 및 어머니의 반응. 중앙대학교 대학원 석사학위논문.

조복희(2008). 아동발달. 서울: 교육과학사.

조순옥·이경화·배인자·이정숙·김정원·민혜영(2007). 유아사회교육. 서울: 창지사.

______________________________________(2009). 유아사회교육. 서울: 창지사.

______________________________________(2010). 유아사회교육. 서울: 창지사.

______________________________________(2014). 유아사회교육. 서울: 창지사.

지성애·홍혜경(2001). 영·유아 생활지도. 경기: 양서원.

지은주·이정순(2007). 유아의 어머니·형제·언어 능력과 마음이론과의 관련성. 열린유아교육연구, 12(2), 185-205.

진명희·서현순(2004). 3, 4, 5세 유아의 놀이선호도와 놀이참여 유형에서의 성유형성 비교 및 성역할 고정관념과의 관련성. 유아교육연구, 24(3), 141-152.

차춘희(1998). 협력학습이 취학 전 아동의 조망수용 능력, 반성적 사고 및 적응에 미치는 영향. 대구효성가톨릭대학교 대학원 박사학위논문.

최경숙·박영아(2005). 아동발달. 창지사.

최기영·우수경·양진희·이학선·이인원(2008). 유아사회교육. 경기: 교문사.

최석란·이경희·이상화·서원경(2006). 놀이지도. 경기: 공동체.

최윤정(1998). 그림책 읽어주기와 토의 활동이 유아의 친사회적인 활동에 미치는 영향. 이화여자대학교 대학원 박사학위논문.
최정혜(2014). 5세 누리과정 교사용 지도서의 사회관계영역 교육내용분석. 유아교육학논집, 18(1), 433-453.
최정희(1997). 유아의 또래 수용도와 감정조망 수용능력과의 관계. 전남대학교 교육대학원 석사학위논문.
최혜순(1986). 유아의 사회성 발달과 지도. 서울: 백록 출판사.
______(1992). 유아사회 교육의 이론과 실제. 서울: 학문사.
______(2012). 유아사회교육. 서울: 동문사.
최혜영(2004). 아동의 또래 상호작용과 교사신념 및 교사 행동 간의 관계. 연세대학교 대학원 박사학위논문.
최혜인(2014). 마음이론 요소가 포함된 그림책 이야기 나누기 활동이 유아의 조망수용 능력에 미치는 영향. 숭실대학교 교육대학원 석사학위논문.
최혜정(2015). 혼합연령집단에서 유아의 사회적 갈등에 대한 질적 사례연구. 한양대학교 대학원 석사학위논문.
하수연·신현경·이해정·정재은·김보경·서영민(2015). 3-5세 연령별 누리과정에 근거한 유아사회교육. 경기: 공동체.
한국유아교육학회 편(1997). 유아교육사전. 한국사전연구사.
한유진(2019). 유아 마음이론 검사 도구의 개발 및 타당화. 한국교원대학교 대학원 박사학위논문.
홍경선(2004). 어머니의 훈육방식과 유아의 기질이 유아의 도덕성에 미치는 영향. 충북대학교 교육대학원 석사학위논문.
홍순정·김희태(2010). 유아사회교육. 경기: 공동체.
홍혜진·조안나(2014). 사회관계 영역에 나타난 사회과학적 지식 관련 활동분석: 3-5세 누리과정 교사용 지도서의 활동목표를 중심으로. 아시아아동복지연구, 12(1), 19-39.
황선희(2003). 유아의 대처능력에 미치는 관련변인 연구. 미래유아교육학회지, 10(4), 173-205.
황옥경(1990). 부모와 교사가 지각한 배척, 소외 아동의 행동상의 문제에 관한 연구. 아동학회지, 11(1), 72-86.

황해익(2004). 아동연구방법. 경기: 정민사.

황해익·임재택(1997). 영유아 관찰 및 평가. 경기: 양서원.

황희정(2006). 또래 상호작용 증진에 대한 교사신념과 유아의 또래 상호작용과의 관계. 연세대학교 교육대학원 석사학위논문.

Adam, E. K., Gunnar, M. R., & Tanaka, A. (2004). Adult attachment, parent emotion, and observed parenting behavior: Mediator and moderator models. *Child Development*, *75*, 110-122.

Ainsworth, M. D. S. (1973). *The development of infant-mother attachment.* In B. M. Caldwell & H. N. Riccuiti (Eds.), *Review of child development research, Vol. 3.* Chicago: University of Chicago Press.

Astington, J. W. (1993). *The child's discovery of mind.* Harvard University press, Cambridge, Massachusetts.

Baillargeon, R. H., Zoccolillo, M., Keenan, K., Cote, S., Perusse, D., Wu, H.-X., et al. (2007). Gender differences in physical aggression: A prospective population -based survey of children before and after 2 years of age. *Developmental Psychology*, *43*, 13-26.

Bandura, A. (1986). *Social foundations of thought and action: A social cognitive theory.* Englewood Cliffs, NJ: Prentical-Hall.

__________ (1993). Perceived self-efficacy in cognitive development and function. *Educational Psychologist*, *28*, 117-148.

Baumrind (1996). The discipline controversy revisited. *Family Relations, 45*, 405-414

Bem, S. L. (1974). The measurement of psychological androgyny. *Journal of Consulting and Clinical Psychology*, *42*, 155-162.

__________ (1981). Gender schema theory: A cognitive account of sex typing. *Psychological Review*, *88*, 354-369.

__________ (1983). Gender schema theory and its implications for child development: Raising gender schematic children in a gender schematic society. *Signs*,

8, 598-616.

Berk, L. E. (2008). *Infants and children (6th ed.)*. Boston: Allyn and Bacon.

_________ (2012). *Child development* (9th Ed.). NY: Pearson.

Bjorklund, D. F., & Pellegrini, A. D. (2000). Child development and evolutionary psychology. *Child Development*, *71*, 1687-1708.

Bowlby, J. (1969). *Attachment and loss: Vol. I. Attachment*. London: Hogarth Press & the Instituth of Psychoanalysis.

Bretherton, I. (1990). Communication patterns, internal working models, and the intergenerational transmission of attachment relationships. *Infant Mental Health Journal*, *11*(3), 237-252.

Brown, J. R., & Dunn, J. (1991). 'You can cry,mum': The social and developmental implications of talk about internal states. *British Journal of Developmental Psychology*, *9*, 237-256.

Bukowski, W. M., & Hoza, B. (1989). *Popularity and friendship: Issues in theory, measurement, and outcome*. In T. J. Berndt, & G. W. Ladd (Eds.), *Peer relationships on child development*. New York: Wiley. pp.71-74.

Butler, R. (1998). Age trends in the use of social and temporal comparison for self-evaluation: Examination of a novel developmental hyphothesis. *Child Development*, *69*, 1054-1073.

Campbell, A., Shirley, L., Heywood, C., & Crook, C. (2000). Infants' visual preference for sex-congruent babies, children, toys, and activities: A longitudinal study. *British Journal of Developmental Psychology*, *18*, 479-498.

Campell, A., Shirley, L., & Candy, J. (2004). A longitudinal study of gender-related cognition and behaviour. *Developmental Science*, *7*, 1-9.

Caplan, M., Vespo, J., Pedersen, J., & Hay, D. F. (1991). Conflict and its resolution in small groups of one- and two-year olds. *Child Development*, *62*, 1513- 1524.

Chandler, M., Fritz, A. S., & Hala, S. (1989). Small-scale deceit: Deception as a marker of two, three, ad four year old's early theories of mind. *Child Develop-*

ment, *60*, 1263-1277.

Collaer, M. L., & Hines, M. (1995). Human behavioral sex differences: A role for gonadal hormones during early development? *Psychological Bulletin*, *118*, 55-107.

Damon, W. (1977). *The social world of child*. San Francisco: Jossey Bass Publishers.

Dunn, J. (1995). Children as psychologists: The later correlates of individual differences in understanding of emotions and other minds. *Cognition and Emotion 9*(2-3), 187-201.

Eagan, S. K., & Perry, D. G. (1998). Does low self-regard invite victimization? *Developmental Psychology*, *34*(2), 299-309.

Fagot, B. (1995). *Parenting boys and girls*. In M. Bornstein (Ed.), *Handbook of parenting*, *Vol. 1* (pp. 163-183). Mahwah, NJ: Erlbaum.

Flavell, J. H. (1991). What young children know about the mind. Contemporance-reality distinction. *Cognitive Psychology*, *15*, 95-120.

Friend, M., & Davis, T. (1993). Appearance-reality distinction: Children understanding of the physical and affective domains. *Developmental Psychology*, *29*, 907-913.

Furman, W., & Bierman, K. L. (1983). Developmental changes in young children's conceptions of friendship. *Child Development*, *54*(3), 549-556.

Gardner, H. (1983). *Frames of mind: The theory of multiple intelligences*. New York: Basic Books.

Gnepp, J., & Gould M. E. (1985). The Development of personalized inferences: Understanding other people's emotional reactions in light of their prior experiences. *Child Development*, *56*, 1455-1464.

Goble, P., Martin, C., Hanish, L., & Fabes, R. (2012). Children's gender-typed activity choices across preschool social contexts. *Sex Roles*, *67*, 435-451.

Goleman, D. (1995) *Emotional intelligence*. New York, NY, England: Bantam Books, Inc.

Gottman, J. M. (1992). Marital processes predictive of later dissolutio: Behavior, physiology, and health. *Journal of Personality and Social psychology, 63*, 221-233.

Harlow, H. F., Zimmerman, R. R. (1959). Affectional responses in the infant monkey. *Science*, *130*, 421-432.

Harris, P. L. (1994). Understanding pretence. In C. Lewis, & P. Mitchell (Eds.), *Children's early understanding of mind: Origins and development* (pp. 235-259). London: Lawerence Erlbaum.

Harter, S. (1990). Causes, correlates, and the functional role of global self-worth: A lifespan perspective. In J. Kolligan & R. Sternberg (Eds.), *Competence considered: Perceptions of competence and incompetence across the life-span* (pp. 67-97). New Haven, CT: Yale University Press.

________ (1996). Developmental changes in self-understanding across the 5 to 7 shift. In A. J. Sameroff & M. M. Haith (Eds.), *The five to seven year shift: The age of reason and responsibility* (pp. 207-235). Chicago: University of Chicago Press.

________ (1998). The development of self-representations. In W. Damon (Series Ed.) & N. Eisenberg (Vol. Ed.), *Handbook of child psychology: Vol. 3. Social, emotional, and personality development* (5th ed., pp. 553-617). New York: Wiley.

Hartup, W. W. (1993). Adolescents and their friends. In B. Laursen (Ed.), *Close friendships in adolescence* (pp. 3-22). San Francisco: Jossey-Bass.

Hetherington, E. M., & Frankie, G. (1967). Effects of parental dominance, warmth, and conflict on imitation on children. *Journal of personality and social psychology*, *6*, 119-125.

Hines, M. (2004). *Brain gender.* New York: Oxford University Press.

Hoffman (1963). Childrearing practices and moral developmenr: Generalizations from empirical research. *Child Development, 34,* 295-318.

Howes, C. (1983). Patterns of friendship. *Child Development*, *54*, 1041-1053.

Hughes, C., Deater-Deckard, K., & Cutting, A. L. (1999). Speak roughly to your little boy? Sex differences in the relations between parenting and preschoolers understanding of mind. *Social Development*, *8*(2), 143-159.

Hyson, M. C. (1998). The emotional development of young children: Building an emotion-centered curriculum, 정미라·박경자·배소연 공역, 유아를 위한 정서교육(원서출간 1994), 서울: 이화여자대학교 출판부.

John, A., Halliburton, A., & Humphrey, J. (2013). Child-mother and child-father play interaction patterns with preschooler. *Early Child Development & Care*, *183*(3/4), 483-497.

Johnson, J. E., Christie, J. F., & Yawkey, T. D. (1999). *Play and early childhood development*. Addison Wesley Longman, Inc.

Jones, W. H., Chernovetz, M. E. O., & Hansson, R. O. (1978). The enigma of androgyny: Differential implications for males and females? *Journal of Consulting and Clinical Psychology, 46*, 293-313.

Kane, W. (2006). "No way my boys are going to be like that" parents' responses to children's gender nonconformity. *Gender & Society*, *20*, 149-176.

Kingsbury, M., & Coplan, R. (2012). Mother's gender-role attitudes and their responses to young children's hypothetical display of shy and aggressive behaviors. *Sex Roles*, *66*(7/8), 506-517.

Kochanska, G., Aksan, N., & Koenig, A. L. (1995). A longitudinal study of the roots of preschoolers' conscience: Committed compliance and emerging internalization. *Child Development, 66*, 1752-7169.

Kohlberg, L. (1966) A cognitive-developmental analysis of children's sex-role concepts and attitudes. In E. Maccoby (Ed.), *The development of sex differences*. London, Tavistock.

Kohlberg, L., & Ullian, D. Z. (1974). Stages in the development of psychosexual concepts and attitudes. In R. C. Friedman, R. M. Richart, & R. L. van Wiele (Eds.), *Sex differences in behavior*. New York: Wiley.

Ladd, G. W. (1990). Having friends, keeping friend, making friends, and being liked by peers in the classroom: Predictors of children's early school adjustment?, *Child Development, 61*(4), 1081-1100.

Ladd, G. W., & Coleman, C. C. (1993). Young children's peer relationships: Forms, feature, and functions. In. B. Spodek (Eds.), *Hand book of research on the education of young children.* New York: Macmilan Publishing Company.

Ladd, G. W., & Golter, B. S. (1988). Parents' management of preschooler's peer relations: Is it related to children's social competence? *Developmental Psychology, 24*, 109-117.

Laible., D. J. (2004). Mother-child discourse surrounding a child's past behavior at 30 months: Links to emotional understanding and early conscience development at 36 months. *Merril-Palmer Quarterly, 50*(20), 979-992.

Leekam, S. (1993). Children's understanding of mind. In M. Bennett (Ed.), *The child as psychologist: An introduction to the development of social cognition.* New York: Harvester Wheatsheaf.

Lewis, M. (1995a). Self-conscious emotions. *American Scientist, 83*, 68-78.

________ (1995b). Embarrassment: the emotion of self-exposure and evaluation. In J. P. Tangney & K. X. Fischer (Eds.), *Self-conscious emotion* (pp. 198-218). New York: Guilford Press.

Lewis, M., & Brooks, Gunn, J. (1979). *Social cognition and the acquisition of self.* N. Y.: Plenum Press.

Maccoby, E. E. (1990). Gender and relationships: A developmental account. *American Psychologist, 45*, 513-520.

Malatesta, C. Z., & Haviland, J. M. (1982). Learning display roles: The socialization of emotion expression in infancy. *Child Development, 53*(4), 991-1003.

Martin, C. L., Ruble, D. N., & Szkrybalo, J. (2002). Cognitive theories of early gender development. *Psychological Bulletin, 128*, 903-933.

Mayer, J. D. & Salovey, P. (1990). Emotional intelligence. *Imagination, Cognition and Personality, 9*, 185-211.

Mayer, J. D., Dipaolo, M. T., & Salovey, P. (1990). Perceiving affective content in ambiguous visual stimuli: A content in ambiguous visual atrium: A component of emotional intelligence. *Journal of Personality Assessment, 54*, 772-781.

Mead, G. H. (1934). *Mind, self, and society*. Chicago: University of Chicago Press.

Meins, E. (1998). The effects of security of attachment and maternal attribution of meaning on children's linguistic acquisitional style. *Infant Behavior and Development*, *21*, 237-252.

Melendez, W. R. Beck, V., & Fletcher, M. (2000). *Teaching social studies in early education*. Albany, NY: Delmar Thomson Learning.

Michael, E. (2004). 간단명료한 심리학. 서울: ㈜시그마프레스.

Michaelis, J. U. (1980). *Social studies for children: A guide to basic instruction* (7th ed). N.J.: Prentice Hall, Inc.

Moreno, J. L. (1953). *Who shall survive?*. Boston: Beacon House, Inc.

NCSS (National Council for the Social Studies) (1994). *Expectations of excellence: Curriculum standards for social studies*. Washington, DC: Author.

Nielsen, M., Dissanayake, C., & Kashima, Y. (2003). A longitudinal investigation of self-other discrimination and the emergence of mirror self-recognition. *Infant Behavior and Development*, *26*, 213-226.

Nucci, L. (1981). Conceptions of personal issues: A domain distinct from moral or societal concepts. *Child Development, 52*, 114-121.

Oettingen, G. (1985). The influences of the kindergarten teacher on sex differences in behavior. *International Journal of Behavioral Development*, *8*, 3-13.

Ogbu, J. (1981). Origins of human competence: A cultural-ecological perspective. *Child Development*, *52*, 137-146.

Papalia, D. E., Olds, S. W., & Feldman, R. D. (2008). *A child's world: Infancy through adolescence* (11th Ed.). NY: McGraw Hill.

Parsons, T., & Bales, R. F. (1955). *Family, socialization and interaction process*.

Glencoe, IL: Free Press.

Pasterski, V., Brain, C., Geffner, M., Hindmarsh, P., Brook, C., & Hines, M. (2005). Prenatal hormones and postnatal socialization by parents as determinants of male-typical toy play in girls with congenital adrenal hyperplasia. *Child Development, 76*(1), 264-278.

Personen, A., Raikkonen, K., Keltikangas-Jarvinen, L., Strandberg, T., & Jarvenpaa, A. (2003). Parental perception of infant temperament: Does parents' joint attachment matter? *Infant Behavior and Development, 26*, 167-182.

Peterson, C. C., & Siegal, M. (2002). Mind reading and moral awareness in popular and rejected preschoolers. *British Journal of Developmental Psychology, 20*, 205-224.

Piaget, J. (1965). *The Moral Judgment of the Child.* New York: The Free Press.

Pillow B. H. (1988). The development of children's beliefs about the mental world. *Merrill-Palmer Quarterly, 34*, 1-32.

Roberts, W., & Strayer, J. (1996). Empathy, emotional expressiveness, and prosocial behavior. *Child Development, 67*, 449-470.

Rochat, P., & Striano, T. (2002). Who's in the mirror? Self-other discrimination in specular images by 4- and 9-month-old infants. *Child Development, 73*, 35-46.

Ruble, D. N., & Frey, K. S. (1991). Changing patterns of comparative behavior as skills are acquired: A functional model of self-evaluation. In J. Suls & T. A. Wills (Eds.), *Social comparison: Contemporary theory and research* (pp. 70-112). Hillsdale, NJ: Erlbaum.

Saarni, C., Mumme, D. L., & Campos, J. J. (1998). Emotional development :

Schickendanz, J. A., York, M. F., Stewart, I. S., & White, D. A. (1990). *Srrategies for teaching young children* (3rd ed.). Englewood Cliff, NJ: Prentice-Hall, Inc.

Seefeldt, C. (2005). *Social studies for the preschool/primary child* (7th ed). Upper Saddle River, NJ: Merrill, Prentice Hall.

Selman, R. L. (1980). *The growth of interpersonal understanding.* NY: Academic

Press.

Selman, R. L., & Schutz, L. H. (1990). *Making in youth: Developmental theory and pair therapy*. Chicago: Chicago University Press.

Serbin, L. A., O'Leary, K. D., Kent, R. N., & Tonick, I. J. (1973). A comparison of teacher response to the preacademic and problem behavior of boys and girls. *Child Development, 44*, 796-804.

Shaffer, D. R., & Brody G. H. (1981). "Parental and Peer Influences on Moral Development", *Parent-Child Interaction*, R. W. Henderson (Ed.). New York: Academic Press.

Slaughter, V., Dennis, M. J., & Pritchard, M. (2002). Theory of mind and peer acceptance in preschool children. *British Journal of Developmental Psychology*, *20*, 545-564.

Spelke, E. S. (2005). Sex differences in intrinsic aptitude for mathematics and science? A critical review. *American Psychologist*, *60*, 950-958.

Stennes, L. M., Burch, M. M., Sen, M. G., & Bauer, P. J. (2005). A longitudinal study of gendered vocabulary and communicative action in young children. *Developmental Psychology*, *41*, 75-88.

Turiel, E. (1983). *The development of social knowledge: Morality and convention*. Cambrige. England: Cambrige University Press.

Van IJzendoorn, M. H., & Sagi, A. (1997). Cross-cultural patterns of attachment: Universal and contextual dimensions. In J. Cassidy & P. R. Shaver (Eds.), *Handbook on attachment theory and research*. New York: Guilford.

VanHover, K. & 문정화 (2001). 나를 찾는 여행(모든 이들의 자아찾기를 도와주는 49가지 활동). 서울: 학지사.

Vygosky, L. S. (1978). *Mind in society: The development of higher psychological processes*. Cambridge. MA: Harvard University Press.

Walter, E., & Deane, K. E. (1985). Definding and assessing individual differences in attachment relationship: Q-methodology and the organization of behavior in infancy and early childhood. In I. Bretherton & E. Waters (Eds.), *Growing points of attachment theory and research.* Monographs of the Society for Research in Child Development. 50 (1-2, Serial No. 209).

Watson, J. K. (1999). *Theory of mind and pretend play family context.* Unpublished doctoral dissertation. University of Michigan.

Wellman, H. M. (1990). *The child's theory of mind.* Cambridge, MA: The MIT Press.

Wellman, H. M., & Banerjee, M. (1991). Mind and emotion: children's understanding of emotional consequences of beliefs and desires. *British Journal of Developmental Psychology, 9*, 191-214.

Wellman, H. M., Cross, D., & Watson, J. (2001). Meta-analysis of theory of mind development: The truth about false belief. *Child Development, 72*, 655-684.

Whiten, A., & Perner, J. (1991). Fundamental issue in the multidisciplinary study of mindreading. In A. Whiten (Ed.), *Natural theories of mind.* Oxford. England: Blackwell.

Ziatas, K., Durkin, K., & Pratt, C. (1998). Belief term development in children with autism, asperger syndrome, specific languagc impairment, and normal development: linksto theory of mind development. *Child Psychology and Psychiatry and Allied Disciplines, 39*(5), 755-763.

저자 소개

문혁준

가톨릭대학교 아동학전공 교수

이희경

부천대학교 유아교육과 교수

권희경

건국대학교 유아교육과 교수

김정희

총신대학교 유아교육과 교수

김혜연

제주관광대학교 유아교육과 교수

이성복

칼빈대학교 아동보육학 교수

강인숙

부천대학교 어린이연구센터 원장(주임 교수)

제2판

유아사회교육

초 판 1쇄 발행 2016년 8월 31일
제2판 1쇄 발행 2020년 2월 27일

지 은 이 | 문혁준 · 이희경 · 권희경 · 김정희
김혜연 · 이성복 · 강인숙
펴 낸 이 | 김기섭
편 집 인 | 김민수
펴 낸 곳 | 창지사 www.changjisa.com
08589 서울시 금천구 가산디지털 1로 83 파트너스타워 1차 9층
전화 (02) 719-2211~3
팩스 (02) 701-9386
등 록 | 1977년 4월 28일 · 제1-421호

ISBN 978-89-426-1326-7 (93370)

값 20,000원

「이 도서의 국립중앙도서관 출판예정도서목록(CIP)은 서지정보유통지원시스템 홈페이지(http://seoji.nl.go.kr)와 국가자료공동목록시스템(http://www.nl.go.kr/kolisnet)에서 이용하실 수 있습니다.(CIP제어번호: CIP2020007569)」